武汉大学国际法博士文库

Series of Doctoral Thesis on
International Law
of Wuhan University

保护公共健康视角下的商标使用限制法律问题研究

Legal Issues on Trademark Use Restriction in the Context of Public Health Protection

肖声高 / 著

WUHAN UNIVERSITY PRESS
武汉大学出版社

图书在版编目(CIP)数据

保护公共健康视角下的商标使用限制法律问题研究/肖声高著.
—武汉：武汉大学出版社,2020.12
武汉大学国际法博士文库
ISBN 978-7-307-22019-5

Ⅰ.保…　Ⅱ.肖…　Ⅲ.商标法—研究　Ⅳ.D913.04

中国版本图书馆 CIP 数据核字(2020)第 250490 号

责任编辑:张　欣　　　责任校对:李孟潇　　　版式设计:马　佳

出版发行：**武汉大学出版社**　(430072　武昌　珞珈山)
(电子邮箱：cbs22@ whu.edu.cn　网址：www.wdp. com.cn)
印刷:广东虎彩云印刷有限公司
开本:720×1000　1/16　印张:20　字数:359 千字　插页:1
版次:2020 年 12 月第 1 版　2020 年 12 月第 1 次印刷
ISBN 978-7-307-22019-5　定价:88.00 元

总　　序

黄　进

《武汉大学国际法博士文库》（以下简称《文库》）终于面世了！这是令人高兴和值得庆贺的事情。作为推动《文库》编辑出版工作的负责人之一，本人有责任也很乐意将我们做这项工作的缘由和初衷告诉读者。

2000年，经过严格的评审，武汉大学国际法研究所被国家教育部确定为“教育部人文社会科学重点研究基地”。随后经过三年的建设，基地又于2004年顺利通过国家教育部组织的合格评估。作为教育部人文社会科学重点研究基地，武汉大学国际法研究所深感任重而道远，自然不须扬鞭自奋蹄，一直在积极探索如何进一步推动我国国际法教学和研究向前发展，勤勉地做了或者正在做一些有益的事情，其中一项举措就是编辑出版《武汉大学国际法博士文库》。

改革开放以来，我国自己培养的国际法专业博士逐年增多。仔细看看他们撰写的博士论文，我们不难发现，博士研究生已经成为我国国际法研究的生力军，他们以博士论文表现出来的许多研究成果或者填补了我国国际法研究的空白，或者开拓了我国国际法研究的新领域，有的甚至还在某些方面代表了我国国际法研究的最高水平。因此，我们感到责无旁贷，有必要精选部分优秀国际法博士论文，以文库的形式编辑之，出版之。这就是我们为什么要编辑出版《文库》的缘由。必须说明的是，我们编辑出版《文库》决不是短期行为，更不是当下时常见到的应景之作，我们是要把《文库》当做法律文化工程和长期经营的品牌来建设的。我们相信，随着《文库》收录的一本本博士论文问世，它们一定会对提升我国国际法研究的学术水平，推进我国国际法学界的学术交流，进而推动我国国际法研究的不断发展，发挥积极的作用。

《文库》的生命力关键在质量。为了保证《文库》的质量，按照我们的设想，《文库》首先要坚持开放性。所谓开放性，一是《文库》收录的博士论文不局限于狭义的国际法或者说国际公法的博士论文，凡是研究国际法律问题、跨国法律问题或者涉外法律问题的博士论文，包括但不限于国际公法、国际私法和国际经济法的博士论文，均在收录之列；二是《文库》收录的博士论文不局限在武汉大学求学毕业的博士的论文，非武汉大学出产的优秀国际法博士论文也在收录之列。坚持开放性实际上是对《文库》收录的博士论文的范围或者外延的界定，表明它有海纳百川的胸怀。其次，《文库》要实行精品化。所谓精品化，就是《文库》收录的博士论文应该是精品，必须是精品，一定是精品。出精品是《文库》质的要求和内涵的要求。为了保证质量，我们在选择收录武汉大学的国际法博士论文时，通常是每年在国际公法、国际私法和国际经济法三个领域各选一篇校内外评阅和论文答辩均获得全优，并获得论文答辩委员会成员一致推荐收录的论文。

《文库》得以顺产是同方方面面的关心、支持或资助分不开的。我们要感谢国家教育部及其社政司、国家社会科学基金，我们要感谢武汉大学社会科学部、研究生院、国际交流部和出版社，我们还要感谢校外参与评阅博士论文和参加博士论文答辩的专家。当然，《文库》的顺产也是我们自己努力的结果。法学院特别是武汉大学国际法研究所的同事们精诚团结，齐心协力，自强不息，追求卓越，每个人特别是担任博士研究生培养和指导工作的教师都为《文库》的编辑出版工作付出了许多心血，尽管《文库》收录的只是部分博士研究生的论文，但大家都把《文库》视为己出，更视为共同的国际法事业的组成部分，对《文库》关爱备至。

一本书也好，一套书也好；“丛书”也罢，“文库”也罢，究竟质量如何，最终还得看读者的评判。所以，我们真诚地希望读者在翻阅了《文库》之后给我们提出真诚的意见或建议，以便我们不断地改进编辑出版工作，将渐臻完善的《文库》奉献给读者。

2004年10月8日于北京大有庄100号

前　言

公共健康保护是一项国际性议题，也是国际法上的一个重要政策目标。由于人类经济社会生活，如贸易、投资、制造等各领域，均会对公共健康造成影响，在法律上，立法者制定的贸易规则、投资规则、环境保护规则均普遍承认公共健康作为各规则体系的重要价值目标，在规则设计中普遍建立了有关公共健康保护的例外条款。同其他规则体系相一致，公共健康也是知识产权法上的重要的政策目标，知识产权法律体系也建立了有关公共健康的限制与例外制度。在传统意义上，专利权被视为与公共健康最为相关的一项知识产权，药品专利的强制许可制度作为一项权利限制与例外规则，曾被广泛讨论与研究。然而，随着公共健康议题范围的不断扩大和情势的发展变迁，商标权保护和运用也逐渐表现出对公共健康的负面效应，商标权限制尤其是商标使用限制也开始作为一则例外条款被立法者关注并最终付诸立法实践。

将商标使用限制作为一项公共健康保护规则并付诸立法的首次尝试是乌拉圭的烟草控制法案。为减少烟草消费、保护公众健康，乌拉圭于2008年颁布了《烟草控制法案》及相关的配套法令，规定在其国内生产和销售的烟草产品应提高包装上的健康警示内容比例，必须配备政府指定的几组健康警示图片，并禁止使用误导性商标标识和商品名称。这一法案公布后，迅速遭到了国际烟草生产商的反对，认为该法案剥夺了其商标权这一投资者权利，对其财产权益构成了实质性征收，且立法本身也不符合国际投资法上的“公平公正待遇”原则，并以上述理由向国际投资仲裁庭提起了仲裁。继乌拉圭之后，澳大利亚于2011年颁布的《烟草平装法案》更是将商标权与公共健康之间的关系推向紧张。澳大利亚《烟草平装法案》规定，在澳大利亚境内生产和销售的烟草产品必须采用统一规格、统一颜色的外包装，且只能以政府指定的字体、字号、颜色在指定的包装区域对烟草名称和企业名称进行展示，同时禁止在包装上展示任何形式的其他图形商标标识，且健康警示图片必须至少占包装正面的75%以及背面的90%，警示文字也必须按照指定进行标识和展示。该法案同样遭到了几大烟草生产商的反对，认为法案构成对其私有财产权和投资利益的征收，立法本身违反其国内宪法和相关的投资协定，并启动了对澳大利亚政府的国内宪法诉讼和国际投资仲裁。同时，烟草生产商还积极游说烟草制造业较为发达的国家向 WTO 提起争端解决。当时已经有乌克兰、洪都拉斯、多米尼加、古巴、印尼等五个国家以澳大利亚法案违反 GATT、TRIPS、TBT 等 WTO 相关协定为由提起了 WTO 争端解决。但这并未阻止“烟草平装运动”的蔓延，继澳大利亚之后，新西兰、爱尔兰、英国等几个国家也正式启动了烟草平装法案的立法程序。欧盟通过修改《烟草产品指令》也试图引入烟草平装规则措施。受烟草平装法影响，国际上对酒精产品和肥胖食品的包装规制也逐渐进入公众和立法者视野，在这两种产品上引入平装措施的讨论日益强烈。综上，商标使用限制及其法律争端反映出了商标权和公共健康保护之间存在某种紧张关系，能否以公共健康保护为由对商标权进行限制，如何进行限制或何种程度上的限制方能保证两种价值得到合理平衡等实践问题需要得到理论回应。

以公共健康保护为由的商标使用限制是否具备理论正当性是需要讨论的首要问题。公共健康和商标权这一对权利价值的关系如何是这一问题的关键。首先，在法理学上，权利体系和价值序列理论认为，公共健康源于健康权这一法律权利，健康权是一项基本人权，而商标权则是一项法律拟制的私权利，在人类权利体系上健康权的价值位阶要高于商标权。健康权的实现需要国家“提供基本健康条件”和“消除一切健康威胁”；而作为法律拟制的商标权，因其权利形式本身是立法所创造，其权利内容实现也必然需要国家通过行政措施和司法措施进行保障。健康权和商标权的权利内容并不直接冲突，而其实现方式则可能存在冲突。其次，从知识产权法哲学上看，公共健康是一种全体人口的“共同受益”，也是全体人民均可分享的“公共产品”，还是“社会正义”和“国家利益”的体现，属于知识产权法上的公共利益。如果这一公共利益受到私权利的不良制约，那么知识产权法就需要通过权利限制实现对公共健康这一公共利益的保护。再次，从法经济学的角度看，商标权的基本经济功能是识别功能和通信功能，即通过“商标”来减少消费者的搜寻成本，体现为一种“消费者导向”的商标理念。随着经济社会的发展，商标功能逐渐扩大到广告功能和说服功能，即通过“商标”来宣传提升厂商的品牌价值，商标理念从“消费者导向”逐渐异化为“厂商导向”。商标功能和商标理念的异化其实在某种意义上造成了商标权的过度保护，从而使特定产品(如烟草、酒精、肥胖食品等)形成了若干厂商的垄断市场，特定产品的消费也广为流行，最终表现为对商标权保护造成了公共健康的不良影响。但商标权的限制措施在法经济学上并不会对商标基本经济功能发挥作用，只是对两种异化功能进行限制，从而有助于阻滞垄断市场的扩张以及特定产品的消费流行，其在法经济学上具备科学性和可操作性。

虽然商标使用限制措施具备理论正当，但作为一项权利限制，仍需要满足一定的实体要求方能实施。首先，权利限制的范围对象应有所框定。由于公共健康情势主要包括传染性疾病和非传染疾病控制两大内容。而商标使用限制的主要领域是在非传染性疾病方面，传染性疾病由其他行政法措施(如紧急隔离、卫生防疫等)予以解决。烟草、酒精饮料和肥胖食品是非传染性疾病全球流行的主要原因之一，而烟草商标、酒精商标和肥胖食品商标对该些产品的全球消费增加贡献巨大，因此商标使用限制措施的主要对象应当是上述三类商标。其次，权利限制的内容应合理恰当。商标使用限制主要是通过降低商标标识的吸引性以及提高健康警示信息的警示效果来达到减少产品消费的目的，因此，商标使用限制的主要内容包括对商标标识本身的展示限制以及对商标标识展示环境的限制两种。再次，权利限制应满足必要性检验要求。国际知识产权法上对权利限制与例外设定了一系列的适用条件，国内立法也需要满足该些条件方能实施商标使用限制措施。TRIPS 协定第 8 条对成员国采取的公共健康保护措施设定了“必要性检验”要求，成员国在满足政策目标的重要性、政策措施的有效性和替代措施的有限性三个条件时方可采取商标权限制这一公共健康保护措施。同时，TRIPS 协定第 17 条和第 20 条对商标使用限制也设定了“三步检验”要求和“合理限制”要求，成员国需要满足该些条件方能对商标使用进行限制。

商标使用限制作为一项私权限制的公共健康政策，除了需要满足上述实体要求之外，还需要满足公共健康规制理论上的程序要求。首先，在法律制定上，应当充分满足民主立法和科学立法的基本要求。在现代规制理论中，公共健康立法一般由政府部门主导。商标使用限制的立法直接涉及私权限制，政府主导的立法过程应广泛纳入商标持有者以及其他相关权利主体，使得各方利益主体能够在立法环节达成利益协调，保障政策法律的有效实施。另外，公共健康立法富有较强的技术性，因此在立法过程中应当建立科学的规制影响评估体系，将商标使用限制这一规制措施对政府、社会、个人等各方面所带来的成本收益进行系统评估，通过科学分析以确定立法的可行性和可接受性；其次，商标使用限制作为一项新的公共健康规制措施，在执行过程中需要严密监测实际执行效果，建立起一套科学的立法后评估指标，以确定其是否能够顺利达成预计的立法目标，并以此决定是否继续实施。再次，商标使用限制作为一项私权限制，应当对私权权利人(即商标持有者)设置一套便利的法律救济机制，以保证权利人能够有效应对法律实施的某些负面效果。例如，对法律实施可能带来的假冒产品增多，政府应当设计一套迅速启动的行政执法程序进行应对；另外，在商标权人提起有关司法诉讼时，也应当在司法程序上保障商标权人的司法权利。

由于知识产权保护和公共健康治理均是全球性议题，在规则冲突日益激烈的情势下，两种规则体系应当实现协调合作。在知识产权保护的议题上，国际社会已经形成了以 TRIPS 协定为主的一套规则体系，且 WTO 在处理专利权和公共健康关系问题上已经积累了一定的规则协调经验，并达成了《多哈宣言》等法律解决方案。因此，在处理商标权和公共健康之间关系的问题上，可以遵循《多哈宣言》的解释精神，将《多哈宣言》的适用扩大到商标权和公共健康关系问题上，对 TRIPS 协定中的商标权限制条款进行解释；在公共健康的议题上，WHO 是全球健康治理的主导机制，以 FCTC 为代表的国际公约是全球健康治理的主要国际规则。然而，FCTC 对成员国所施加的义务与 TRIPS 协定对成员国所施加的义务有所冲突，如何在国际法上协调全球健康治理和知识产权保护，是国际社会需要解决的重要问题。首先，FCTC 和 TRIPS 协定两个国际公约的条款冲突应当按照《维也纳条约法公约》的规定进行解释和解决；其次，WHO 和 WTO 应当建立起有效的合作机制，以确保在公共健康治理和知识产权保护达成平衡与共识；再次，WHO 可以在和 WTO 有效沟通的前提下，制定有关商标使用限制(主要是包装要求)的实施标准，以软法形式向国际社会推广，既可有效保护公共健康，又不致知识产权主体的强烈反对，这样才可能形成公共健康和知识产权两项议题上的价值平衡与规则协调。

目　录

英文对照表

BIT	双边投资协定
DSU	关于争端解决规则与程序的谅解
FCTC	烟草控制框架公约
FDA	美国食品药品监督管理局
GATT	关税与贸易总协定
GATS	服务贸易总协定
GDP	国内生产总值
ICESCR	经济社会与文化权利公约
ICSID	国际投资争端解决中心
OECD	经济合作与发展组织
SPS	实施动植物卫生检疫措施的协议
TBT	技术性贸易壁垒
TRIPS	与贸易有关的知识产权
TPP	跨太平洋伙伴关系协议
UN	联合国
UNCITRAL	联合国国际贸易法委员会
UDHR	世界人权宣言
UNICEF	联合国儿童基金会
WHA	世界卫生组织大会
WHO	世界卫生组织
WIPO	世界知识产权组织
WTO	世界贸易组织

导　论

一、研究背景及研究意义

2011年，澳大利亚颁布《烟草平装法案》(Tobacco Plain Packaging Act 2011)和《烟草平装规则》(Tobacco Plain Packaging Regulations 2011)。法案规定，从2012年10月1日起，在澳大利亚境内销售的所有烟草产品须统一采用深棕色包装，并禁止在零售香烟包装上印刷商标及标志语，烟草公司的品牌名称须采用统一字体印刷，并要求在烟草产品上的健康警示图片须占整个包装的主要部分，品牌文字和宣传语将被禁止。澳大利亚政府声称，澳大利亚每年吸烟导致1.5万人死亡，并且每年在健康和公共场所中禁烟耗费达31亿美元；14岁或以上的人口中每日吸烟者占15%，烟草已经构成对澳大利亚公共健康的最大威胁，应当采取措施予以防治。《烟草平装法案》正是基于上述事实制定的。

澳大利亚《烟草平装法案》遭到了众国际烟草巨头的一致反对，并从各种途径寻求法律救济：英美烟草公司对该法案向澳大利亚高等法院提起诉讼，指控该法案妨碍其商标权这一私权，并构成宪法上的财产征收，违反了知识产权法和宪法的相关条款；菲利普莫里斯则认为该法案违反了《1993年香港-澳大利亚双边投资协议》，并依据UNCITRAL仲裁规则提起投资仲裁。众烟草公司更是积极游说世界烟草生产国家向WTO就澳大利亚的法案提起争端解决程序。2012年，乌克兰、洪都拉斯、多米尼加就澳大利亚《烟草平装法案》向WTO争端解决机制提起磋商请求，但并未在规定时限内达成谅解，WTO争端解决机制特成立专家组对该法案进行审理。2013年，古巴和印度尼西亚也提起了对澳大利亚的WTO争端解决程序。

澳大利亚《烟草平装法案》出台后，引起了学界、实务界、产业界等多方关注。该法案涉及一国国内宪法、知识产权法、国际投资法、国际贸易法、国际知识产权法等多个领域；同时，该法案在全球健康治理和知识产权国际保护上带来了新的问题，即公共健康与商标权保护之间的关系问题。本书试图从《烟草平装法案》出发，系统阐释该法案所引发的国际法问题，深入分析公共健康和商标保护之间的关系及其背后法理，并提出若干改进建议，协调当前全球公共健康与商标权保护之间存在的紧张关系。

本书研究具有以下理论价值：

第一，本书系统阐述了全球公共健康与商标权保护这一国际经济法研究前沿问题和热点问题。由于《烟草平装法案》的出台及其所引起的国际投资仲裁、WTO争端解决等问题的出现，需要在国际法规则和理论上对这一国际新问题作出回应，从国际法规则和理论层面对这一问题进行阐释，以更好地解决实践中出现的新问题，并对规则和理论的进一步创新提供一定指导。

第二，本书从全球公共健康和商标权保护冲突的现实表现出发，深入分析在冲突下所蕴含的法理基础和理论问题，以权利限制为视角，考察作为公共利益的公共健康和作为拟制权利的商标权之间的内在关系，论证商标权的权利属性，探寻公共健康在知识产权限制制度中的地位，论证以公共健康保护为目的的知识产权限制制度的正当性问题，试图在权利限制理论上寻求一定突破，并探寻在人类权利体系中的人权和私权之价值序列问题。

第三，本书对当前全球健康治理与商标权保护冲突所反映出的规则缺陷和机制缺陷进行了深入探索。从知识产权限制理论出发，结合当前全球公共健康与商标权保护的实践问题，提出当前国际知识产权法上的规则缺陷以及全球健康治理上的机制缺陷，试图从这一新问题的角度对当前知识产权限制理论和全球健康治理理论作出新的探索和贡献。

本书具有以下实践价值：

第一，本书对公共健康与商标权之间关系这一理论和实践中所出现的新问题进行了系统阐释，并深入分析了全球公共健康和商标保护冲突的内在原因，从国际法规则、权利价值序列、国际机制等多角度进行论述，提出了相关应对措施和建议，为立法机关、政府、执法机关等实务部门在了解全球公共健康治理上的最新问题提供了实践梳理、理论参考以及应对策略，有助于立法部门和执法部门在公共健康尤其是烟草控制领域内制定合理的规则制度及规范的执行方法。

第二，本书对当前在全球公共健康尤其是烟草控制上出现的新趋势进行了系统介绍，并详细分析了其内在原理，有助于产业界（尤其是烟草产业界）、非政府组织、公民团体（尤其是控烟运动团体）详细了解当前的控烟实践及其背后原理，为产业界的对外投资、公民团体的控烟行动提供实践参考。

二、国内外研究现状

目前国内学界尚无对公共健康和商标权关系的系统研究成果。只有若干针对澳大利亚《烟草平装法案》WTO 争端解决和国际投资仲裁上的案例研究。

王燕发表在《武大国际法评论》(第 15 卷第 2 期)的《WTO 体制下公共健康治理和商标保护冲突的评述》从澳大利亚《烟草平装法案》的 WTO 争端解决出发，论述该法案在 WTO 规则下的合法性问题，该文主要分析了《烟草平装法案》与 TRIPS、TBT 相关条款的关系。该文研究结论认为法案削弱了商标识别商品来源、防止混淆的功能，与 TRIPS 协定第 20 条可能不符；另外，法案对商标的限制和禁止使用虽可能满足目标正当的要求，但仍可能因为欠缺科学依据，不相称地限制商标指示来源的核心功能和价值，被认为构成不必要的贸易限制而违反 TBT 协定第 2 条的规定。

胡加祥、彭德雷发表于《比较法研究》(2013 年第 3 期)的《TBT 视角下澳大利亚〈香烟简明包装法〉的法律刍议与分析》一文也是从该法案的 WTO 争端解决出发，分析该法案是否符合 TBT 协定的相关条款。该文研究结论认为法案虽然与 TBT 协定“保护人类生命健康”的宗旨是一致的，但恐怕难以满足 TBT 对技术法规的“必要性”检验要求。

从上述总结可以得知，国内关于公共健康和商标权之间关系问题的研究基本上停留在对国际法的规范解释层面，着眼于当前 WTO 争端解决下的案例实践，结合案例对 WTO 的相关规则进行解释分析，并未深入分析在法律规则之下的深层次法理以及相关理论问题，对公共健康和商标保护出现的冲突实践并未进行理论层面的探索，研究现状尚处于起步阶段。

除对《烟草平装法案》及其国际争端进行评述外，国内对公共健康、知识产权和人权之间的关系领域则具有较为丰硕的研究成果。陈颖健所著《公共健康全球合作的国际法律制度研究》(上海社会科学出版社 2010 年版)一书主要分析了当前在公共健康全球合作机制的实践，从国际组织的层面对当前的全球健康治理进行了系统研究。郑万青《全球化条件下的知识产权与人权》(知识产权出版社 2006 年版)一书从人权和知识产权的冲突出发，论述该两种权利范畴的内涵及其国际体制，并深入分析了两种权利的冲突原因、冲突表现和冲突的全球治理。衣淑玲著《国际人权法视角下〈TRIPS 协定〉的变革研究》一书系统论证了国际人权法视野下的知识产权保护问题，并在理论层面阐述了知识产权在国际人权法上的地位，提出知识产权具有人权属性。该著作还分析了当前人权保护和知识产权保护存在着较多领域的冲突，并在此基础上提出对该些冲突的协调方式，其基本研究结论是《TRIPS 协定》需要进行若干修改。

除上述研究成果外，国内对公共健康与药品专利保护的研究也颇为全面，对本书具有一定的参考意义。这一方面的主要研究成果包括冯洁菡著《公共健康危机与 WTO 知识产权制度的改革：以 TRIPS 协定为中心》(武汉大学出版社 2005 年版)、杨军博士论文《医药专利保护与公共健康的冲突及国际协调机制研究》(华东政法大学 2006 年)等。

国外对公共健康与商标权关系的研究则更为全面和深入，鉴于《烟草平装法案》在澳大利亚的颁布和实施，澳大利亚学者在这一领域的研究成果较为丰硕。其他国家和地区如欧洲、美国的学者在这一问题上也具有一些研究成果。

墨尔本大学法学院 Tania Voon 和 Andrew D. Mitchell 等学者主编的"Public Health and Plain Packaging of Cigarettes：Legal Issues"(EDWARD ELGAR 2012)为目前全面介绍《烟草平装法案》和公共健康相关法律问题的系统著作。该书首先分析了在 WHO 框架下烟草控制与烟草平装法案的关系，进而详细阐述了澳大利亚烟草平装法案出台的社会背景和立法过程；同时，该书还对英美烟草公司在澳大利亚高等法院的宪法诉讼进行了介绍，并对烟草平装与宪法规定的财产权利之间的关系进行了论述；最后，该书详细论证了烟草平装法案的国际法影响及其在国际知识产权法、国际投资法、WTO 法下的合法性问题，还对烟草平装法案在欧盟法上的推行进行了介绍。

乔治城大学 Benn McGrady 教授所著"Trade and Public Health：The WTO，Tobacco，Alcohol and Diet"(Cambridge 2011)系统阐述了 WTO 贸易体制与公共健康的关系。该书着重选取烟草、酒类和食品作为研究对象，论述在该些研究对象上存在的公共健康问题，并从 WTO 体制及其相关国际条约进行论述。该书首先提出在烟草、酒类和食品上所隐含的公共健康问题的重要性，并提出针对该些问题需要在贸易体制框架下慎重对待贸易和公共健康之间的平衡；在此基础上该书提出"规范整合"(normative integration)的概念，力图在 WTO 项下的各协定的解释上融合公共健康这一普遍承认的政策目标，并提出在烟草、酒类和食品领域内各国有权自由采用税收、补贴和相关市场限制措施以保护公共健康。该书还从 GATT、SPS、TBT 协议等 WTO 规则出发，论述在该些规则项下有关公共健康保护的一些必要措施，最后提出公共健康治理国际机制上存在的不足和可能采取的解决措施。

荷兰马斯特里赫特大学 Valentina Vadi 所著"Public Health in International Investment Law and Arbitration"(Routledge 2012)一书从公共健康和国际投资法的关系这一研究视角出发，对公共健康在国际投资法和国际投资仲裁中的体现进行阐述。该书以"一国是否能够自由采取政策措施以保护公共健康"为命题进行研究，着重于对国家监管自治和国际投资规则之间存在的冲突进行分析。该书首先对外国直接投资和公共健康两个领域的定义和联系进行论述，并详细介绍了当前外国投资和公共健康保护冲突的国际实践，如药品专利作为投资和国际投资法的关系、商标保护和烟草控制在国际投资法上的体现等。最后该书对如何协调国际投资法上的公共健康和投资者权利以及国家规制自由之间的关系进行了论述，提出了关于如何在三者之间需求平衡的解决措施。

杜克大学 Laurence Helfer 和墨尔本大学、惠灵顿维多利亚大学 Graeme Austin 两位教授合著的"Human rights and Intellectual Property：Mapping the Global Interface"（Cambridge 2011）一书以人权和知识产权的关系为研究视角，论述当前知识产权保护和人权保护之间存在的冲突，该书从国际法、国内法多个方面对当前知识产权保护与人权保护之间存在的冲突实践进行了阐述，在专利药品的获得与健康权、作为人权的创作者权和作为人权的财产权、言论自由、文化参与和科学进步惠益权与知识产权等多个领域上所体现的人权与知识产权的冲突实践进行系统论述，认为在知识产权和人权之间的交叉冲突是不可避免的，并对当前现有的知识产权和人权协调方式进行评估。

在期刊方面，目前国际上有关公共健康和商标权保护的论文逐渐增多，研究视角和研究深度也不断拓展。在澳大利亚《烟草平装法案》颁布及其在 WTO 被提起争端解决的初期，学界的研究角度主要是对该法案在国际投资法以及 WTO 体制下的合法性问题进行研究。研究方法大都采用规范分析方法，将《烟草平装法案》内容与 TRIPS 协定、TBT 协定以及相关的 BIT 条款进行规范分析，研究该法案是否符合 WTO 规则和双边投资协议。主要的文献有：Valentina S. Vadi 发表在"European Journal of International Law"（2009）上的"Trade mark protection，public health and international investment law：strains and paradoxes"，Tania Voon 和 Andrew D. Mitchell 发表于"Public Law Review"（2011）上的"Face off：Assessing WTO challenges to Australia's scheme for plain packaging"，Mark Davison 发表在"European Intellectual Property Review"（2012）上的"Plain packaging of tobacco and the right to use a trade mark"，Phillip Johnson 发表在"European Intellectual Property Review"（2012）上的"Trade marks without a brand：the proposal on plain packaging of tobacco products"，Javier Garcia Olmedo 发表在"International Arbitration Review"（2012）上的"The use of tobacco trademarks versus public health：a new trend in investor-state arbitration”, Enrico Bonadio 发表在“European Intellectual Property Review”(2012)上的“Plain packaging of tobacco products under the EU intellectual property law”, Sam Foster Halabi 发表在“Catholic University Law Review”(2012)上的“International trademark protection and global public health: a just-compensation regime for expropriation and regulatory takings”。这些文献主要研究了在TRIPS协定上商标保护的具体内容、商标保护的形式、使用商标的方式等具体内涵，并对TRIPS协定中关于公共健康保护的必要措施需要与TRIPS协定相一致的条款的法理内涵及其在其他WTO案例中专家组的解释方法等进行了阐述。其中代表性的研究结论主要是《烟草平装法案》并未剥夺商标注册和使用的权利，该法案只是对商标的使用方式作出了一定的规定，并不违反TRIPS协定的相关条款；同时，TRIPS协定中关于商标限制措施需要满足“必要性”和“一致性”的要求，而对“必要性”和“一致性”的解释可以援引多哈部长级会议中《公共健康宣言》的规定进行解释，使得法案能够符合TRIPS协定的相关条款。在国际投资法上，现有的研究文献一般也是从投资仲裁案例中的双方诉求和相关双边投资条约以及其他国际条约对该问题进行研究。研究重点包括《烟草平装法案》是否构成了对商标权的间接征收，而这一问题自然又回到了商标权的内容到底是什么这一基础问题上。因此，国际投资法的文献主要基于BIT中的投资认定条款以及TRIPS协定的相关条款进行分析，分析结论和上述结论并无太大的差异，也是认为商标权并非是积极性权利，而只是一种消极性权利，即要求第三人不得对注册商标进行仿冒。据此认为该法案并未形成对商标权的间接征收，而没有违反相关双边投资协定。

随着研究的深入，国外学界对公共健康和商标保护的研究视野得到进一步拓宽，且引起了越来越多的研究机构和学者的研究兴趣。从最新发表的文献来看，对公共健康和商标保护的研究拓展到了对知识产权、贸易、投资和公共健康之间的关系问题、公共健康全球治理与商标国际保护体制的关系等问题。主要的文献有 Henning Grosse Ruse-Khan 在马克思普朗克知识产权法和竞争法研究所研究报告上发表的“A conflict-of-laws approach to competing rationalities in international law: the case of plain packaging between IP, trade, investment and health”, Bryan Mercurio 发表在“Journal of International Economic Law”(2013)上的“Awakening the sleeping giant: intellectual property rights in international investment agreements”, Valentina S. Vadi 发表在“Stanford Journal of International law”(2012)上的“Global health governance at a crossroads: trademark protection v. tobacco control in international investment law”等。从研究内容上看，该些文献在前述关于公共健康和商标保护在国际法规范层面分析的基础上，对由商标权保护这一知识产权问题在国际公法、国际私法和国际投资法上所可能引起的多种权利或价值之间的冲突形式作出了有意义的研究。国际投资法学者尤其关注由《烟草平装法案》所带来的知识产权作为资产在东道国进行投资被征收而无法得到保护这一现象可能会有所扩展的问题，并就国际投资法上的知识产权保护问题进行了更为深入的研究；国际经济法理论上的研究则主要针对由烟草平装法案引起的国际经济法律规则制定中科学证据和科学评估问题，例如在必要性检验上分析方法的科学性和主观性问题。

三、研究方法与主要内容

本书主要研究对象是以烟草平装法案为代表的商标限制措施。从前述的立法实践来看，该种措施主要是对商标权人在商标使用上的某种限制，如对商标的展示规格、展示形态和展示位置进行限制，而并不涉及对商标注册的限制。因此，本书的研究对象也限定在“商标使用”这一主题上。

鉴于本书属于问题导向型研究，故本书的研究思路将采取传统的“提出问题——分析问题——解决问题”的研究路径，从当前全球公共健康与商标权保护的冲突实践出发，提出在这一实践现象背后的公共健康和商标权的关系问题，进而法理上分析公共健康保护下商标使用限制的理论正当性，从价值理论、法哲学和法经济学等理论角度论证能否基于公共健康保护而对商标权这一私权进行限制；再从制度设计的层面论述如何对商标使用进行限制，阐述对商标使用限制的适用条件、使用对象和主要内容，并对商标使用限制措施的程序规则进行论述；最后在上述论证的基础上从国际法层面分析当前知识产权国际公约中的商标使用限制条款以及全球健康治理机制上存在的不足，并根据前述研究结论，提出若干改进建议。在研究方法上，由于本书主要是针对公共健康和知识产权之间的关系问题进行研究，其中涉及的大都是规范分析、价值判断、利益衡量等问题，故在研究方法上主要采用定性研究，对选题中所涉及的法律现象、法律规范和法学理论之间的关系进行分析，深入考察该些研究对象的相互以及发展演变过程，以求在理论和实践上寻找到科学的应对办法。规范分析方法是本书主要运用的研究方法。本书研究涉及大量的国际法规范，其中既包括国际投资法、世界贸易组织法、国际知识产权法等国际经济法规范，还包括世界卫生组织法、国际人权法等国际公法规范。对这些国际法规则进行合理解释和分析是本选题的应有之义，同时也是本选题研究希望能够达到的研究目标之一。本书也采用了比较分析方法进行研究。主要表现为烟草平装法案在各国推行的现状进行国别比较研究、对全球健康治理国际机制与知识产权国际保护机制的比较研究等。

本书的结构安排主要包括五个部分：第一章为对公共健康视角下商标使用限制的立法实践和国际争端进行系统梳理，并通过实践分析明确本书所要研究的研究对象和研究范围；第二章为对公共健康视角下商标使用限制措施的理论正当性进行分析。本书选取了价值序列论、知识产权法哲学和法经济学三个理论维度对商标使用限制的理论正当进行分析；第三章为对公共健康视角下商标使用限制措施的实体要求进行分析，论述了商标使用限制的适用对象、主要内容和适用条件；第四章为对商标使用限制规则的程序要求进行分析，论证了作为一项公共健康法律的商标使用限制在法律制订、法律执行和法律救济三个层面上的程序要求；第五章则从国际法的角度论述全球健康治理和商标保护二者之间的关系问题，探讨如何在国际知识产权法上解释和适用商标使用限制条款，以保护和促进全球公共健康，分析如何完善知识产权保护国际机制和全球健康治理机制，以机制协调的方式保护和促进人类健康。

第一章 公共健康视角下商标使用限制的缘起、现状与趋势

人本主义时代，公共健康保护逐渐成为一项全球关切的议题，其在各国国内也是一项重要的公共政策。不管是全球议题，还是国家公共政策，“公共健康”作为共同的政策目标，其合法性从来不受质疑。① 在法律上，国际法和各国国内的部门法均承认公共健康这一政策目标且普遍建立了有关公共健康保护的例外规则。然而，在各种法律规范中的公共健康例外规则与其他法律原则的关系如何却存在争议，在理论和实践中也产生了一系列问题。基于公共健康保护的商标使用限制问题即是其中一例。

烟草控制是全球公共健康保护的一项重要内容。根据 WHO 的统计，全球每年约有 500 万人因烟草使用(本人吸烟或受他人吸烟影响)导致死亡，若不及时采取烟草控制措施，这一数字将达到 800 万。② 在 WHO 的倡导下，一些因烟草流行而造成公共健康问题突出的国家颁布和实施了烟草控制法和烟草平装法，这些法案的基本特点即是对烟草商标进行严格限制。根据这一特点，本书将这种法律实践称之为“公共健康视角下的商标使用限制”。这种商标限制的立法实践在推行过程中产生了极大的法律争议，从国内诉讼、投资者与东道国之间的国际投资仲裁发展到国家和国家之间的 WTO 争端解决，其已然成为了当前国际经济法上的热点问题。

在进入到理论分析之前，有必要对这种公共健康视角下商标使用限制的实践过程进行综合考察，系统梳理这一立法实践在各国国内法的产生、发展和演变过程，以及在国际争端上的主要论争，以界定研究对象、明确研究范围，再从理论上进行综合探讨。本章即对烟草控制法和烟草平装法及其所引

① 参见 Valentina S. Vadi. Global Health Governance At A Crossroads：Trademark Protection v. Tobacco Control In International Investment Law. Stanford Journal of International Law. 2012(93)：95。

② 参见：WHO. Tobacco Fact Sheet No. 339 (July，2011)，http：//www. who. int/mediacentre/factsheets/fs339/en/。访问时间：2019 年 11 月 25 日。

起的国际争端进行系统分析，梳理出商标使用限制问题在实践中的发展脉络。

第一节　肇始：乌拉圭烟草控制法案及其争端

一、乌拉圭烟草控制法案简介

作为南美地区首个批准加入 WHO《烟草控制框架公约》(FCTC)的国家，乌拉圭在烟草控制上一直采取较为严厉的政策措施。其也是中产国家中首个实行所有场合全面无烟立法的国家。正因为这些严厉的控烟政策，在 2006 年至 2009 年间，乌拉圭是世界上“城市地区成人烟草消费率”下降最快的国家。该国的烟草控制政策也被誉为是世界上最为成功的范例之一。[1]

乌拉圭最早于 1968 年就开始制定和执行烟草控制政策，1977 年即颁布了卫生场所的禁烟令，1981 年又颁布了公共交通场所的禁烟令及烟草广告禁止令。一系列法令的颁行使得烟草控制逐渐成为乌拉圭国内的一种政策文化和社会习惯。2004 年乌拉圭加入 FCTC 后，政府更是加大了在烟草控制上的法律制定和执行力度，并在 2008 年实施新的烟草控制法。[2] 与 2008 年颁布的法律相配套，乌拉圭还颁布和实施了一系列的法令加大对烟草产品消费的限制力度，主要包括 287/009 号总统令(Presidential Decree N° 287/009)、466 号法令(Ordinance N°466)和 514 号法令(Ordinance N°514)，这一系列法令遭到了烟草公司的法律诉讼。

287/009 号总统令于 2009 年 6 月 15 日颁布，自 2009 年 12 月 12 日开始生效。该总统令即是 2008 年烟草控制法的实施规则。根据烟草控制法 9 条的规定，“烟草产品的所有封包包装以及烟草产品的外观包装均须含有健康警示、描述烟草使用的危害性效果的图片和象形图案以及其他的恰当信息。这些警示和信息必须得到国家公共卫生部的批准且必须是可视的、易辨认的。该些信息必须至少占有外包装主要展示区域的 50%。”该法案还规定，关于健康警示的内容和展示规格等决定，属于国家自由裁定的范围。287/009 号总统令根据该条以及乌拉圭宪法第 44 条(即国家有义务通过任何与公共健康和卫生有关的立法，以促进全体公民的体质、道德和社会幸福感)的

---

① 参见世界银行网站：http://www.worldbank.org/en/events/2013/05/20/dia-mundial-tabaco-tabare。访问时间：2019 年 11 月 25 日。

② Law 18.256.6 March 2008 (unofficial translation).

授权，总统令规定："烟草产品外包装上的健康警示(包括图片、象形图案和文字信息)在烟草产品外包装的双面均须至少占有80%的比例。"①

466号法令则是对上述总统令中的健康警示图片和文字进行详细规定的法令。该法令于2009年9月1日颁布，2010年2月28日起生效。总统令规定"健康警示图片和文字等信息由公共卫生部门具体制定"，且2008年法案第8条规定"禁止使用任何可能直接或间接产生一种特别的烟草产品会比其他烟草产品更少危害的错误判断的术语、词句、商标或其他形象符号"，466号法令根据上述依据，规定：1. 本法令附件中规定的6组图片和配附的文字信息(正面和背面)须打印在烟草产品包装正反面区域的80%；2. 烟草产品正反两面均须以白底黑字的形式印上"本产品含有尼古丁、焦油和一氧化碳"。②

514号法令则是关于禁止使用误导性商品名称的法令。该法令于2009年8月18日颁布，2010年3月14日生效。该法令规定："每一个烟草产品商标均只能用一种包装设计，禁止使用任何可能直接或间接产生一种烟草产品会比另一种烟草产品更不具危害性的错误信息的词语、描述性因素、商品名称、商标、形象符号或任何颜色、颜色组合、字母、数字等组成的标识。"③

综上，乌拉圭法案提高了烟草产品包装上健康警示图片和文字的展示比例，强制性要求外包装上印刷规定的健康警示图片和文字信息，并要求每一种商标下的烟草产品只能有一种包装设计。这三种措施对烟草产品的商标使用构成了极大限制。其中，健康警示图片和信息在包装上的版面增加，意味着商标本身在烟草包装上的展示面积需要相应地缩小；烟草产品包装上只能印刷规定的6组健康警示图片和文字，对烟草商标持有人根据商标特色(文字、图案或颜色)设计包装的自由权利造成一定影响；而要求每一个烟草商标下只能有一种包装设计，禁止使用任何其他的颜色或颜色组合等，则构成

① 参见 Presidential Decree No. 287/009 (unofficial translation). http://www.tobaccocontrollaws.org/files/live/Uruguay/Uruguay%20-%20Decree%20No.%20287_009.pdf last visit: 26 Oct, 2019。

② 参见 Ordinance No. 466 (unofficial translation). http://www.tobaccocontrollaws.org/files/live/Uruguay/Uruguay%20-%20Ordinance%20No.%20466.pdf last visit: 26 Oct, 2019。

③ 参见 Ordinance No. 514 (unofficial translation). http://www.tobaccocontrollaws.org/files/live/Uruguay/Uruguay%20-%20Ordinance%20No.%20514.pdf last visit: 26 Oct, 2019。

了对烟草产品商标注册和商标使用的限制。

根据烟草经济学，烟草产品的最大价值来源于其商标。烟草产品本身的生产成本(包括烟草原材料、烟丝、加工工艺等)并不昂贵，对烟草企业而言，为企业带来最大价值的是企业产品商标及其商誉。因此，烟草企业最为重视和维护的莫过于其烟草商标。菲利普莫里斯是全球最为著名的烟草生产商，也是乌拉圭国内最大的烟草制造企业，上述法案的颁布实施对其产品的生产和销售带来了极大的影响。基于其在乌拉圭国内享有外国投资者地位，菲利普莫里斯决定启动对乌拉圭的投资仲裁，将乌拉圭烟草控制法案诉诸国际投资仲裁庭。这是基于公共健康的商标权限制问题第一次出现在国际法律争端解决之中。

二、菲利普莫里斯与乌拉圭仲裁案

菲利普莫里斯通过其瑞士公司启动仲裁。瑞士公司曾将乌拉圭国内第二大烟草生产商 Abal 公司收购，并要求 Abal 公司与其签订了商标许可使用协议，Abal 公司可在乌拉圭使用菲利普莫里斯的 Marlboro、Fiesta、Philip Morris 等烟草商标。

Abal 公司在乌拉圭国内使用众多菲利普莫里斯的注册商标，包括 Marlboro 项下的 7 个商标、Fiesta 项下的 5 个商标、Philip Morris 项下的 2 个商标，其还拥有自己注册的 Premier 和 Casino 两个商标。

作为乌拉圭第二大烟草生产商，Abal 公司在乌拉圭烟草市场占有较大的市场份额，在 514 号法令实行之前，其大约占有 20%的市场。据 2009 年 2 月统计，Marlboro 产品占市场的 7. 6%，Fiesta 为 6. 6%，Philip Morris 为 3. 2%，Premier 和 Casino 两个商标共占 2. 2%。在上述五大商标之下，Abal 公司共生产和销售 12 种烟草产品。例如，在 Marlboro 商标之下，共有 Marlboro Red、Marlboro Green、Marlboro Gold、Marlboro Blue 四种不同的产品，四种产品分别代表不同的口味，如 Marlboro Green 是指含薄荷味的香烟，而其他类型的产品则没有。其他的商标产品则包括 Fiesta、Fiesta Blue、Fiesta 50&50、Philip Morris、Philip Morris Blue、Premier、Premier Extra 和 Casino。每种产品在各商标下的市场比例也不一样，如在 2008 年，Marlboro Green、Marlboro Gold、Marlboro Blue 在 Marlboro 商标下的市场为 40. 5%，Marlboro Red 则为 59. 5%；其他各个商标下不同产品也有着不同市场份额。

在 514 号法令颁布之前，2008 年烟草控制法规定“禁止使用任何术语、描述性特征、商标、象形标识或任何其他标识，只要该种标识可能直接或间接地产生一种烟草产品会比另一种烟草产品更不具备危害性的效应。”287/

009 号总统令第 12 条又规定“禁止使用任何术语、描述性特征、商标、象形标识或任何其他标识，如颜色、颜色组合、数字、字母等，只要该种标识可能直接或间接地产生一种烟草产品会比另一种烟草产品更不具备危害性的效应。”Abal 公司认为其烟草包装符合上述两个条款，因为该公司从未被乌拉圭相关部门通知其旗下的 12 种产品的外包装会造成有关其危害性的误导性效果。然而，卫生部的 514 号法令第 3 条却规定“任何烟草产品商标下只能有一种包装展示，禁止使用任何术语、描述性特征、商标、象形标识或任何其他标识，如颜色、颜色组合、数字、字母等，只要该种标识可能直接或间接地产生一种烟草产品会比另一种烟草产品更不具备危害性的效应。”Abal 公司认为该法令是对上述两个法案的规定的“歪曲和极度夸大解释”。Abal 公司意识到该法令会使其在一个商标下只能选择一种产品进行生产和销售，而其他类型的产品则无法继续生产销售。并认为该法令对其私有财产权利构成了侵犯，不仅违反了上述两个法案，同是还违反了乌拉圭行政法和宪法，以及国际贸易法、国际知识产权法和国际投资法等相关国际法，并在乌拉圭国内提起了行政诉讼，要求中止该法令的执行。但因程序事项被乌拉圭法院驳回。

关于对烟草产品包装 80%的健康警示图片和文字展示的 287/009 号总统令，Abal 公司认为该法令同样会对其私有权利(商标权及其他财产权)构成限制，认为该法令违反宪法，因为其赋予了执法部门以无限制的权力对私人权利强加限制。并以此为由向宪法法院提起诉讼，该诉讼程序正在进行当中。

关于公共卫生部发布的 6 组健康警示图片，Abal 公司认为并不能产生实际的吸烟有害健康的效果，这些图片均是一些让人感到极度不适、反感甚至恐怖的图片，将这些图片印在载有商标的烟草产品包装上，会实质性地损害到烟草商标的良好形象和信誉，因此对商标权带来严重干扰，并实质性地剥夺了商标权利。

上述三个法令严重减少了 Abal 公司在乌拉圭的销售额，且剥夺了 Abal 和菲利普莫里斯的知识产权及其商业价值和良好信誉，对菲利普莫里斯的控股利益造成损害。在 514 号法令生效后，Abal 公司 12 种烟草产品中须减掉 7 种产品，如 Marlboro 中只能保留 Marlboro Red 一种产品，而其他三种则不能出现在市场上；同理，Fiesta、Philip Morris、Premier 和 Casino 各系列中也只能保留一种产品。法令也对 Abal 的销售额造成了损失。根据 2009 年 12 月 31 日的统计，514 号法令已经造成 Abal 公司的销售额下降了约 15%。由于法令使得每一商标下只能销售一种产品，这就使得其他产品的所有销售额均无法实现。

菲利普莫里斯还认为法令实质性地剥夺了其在乌拉圭所享有的知识产权，至少有7个注册商标被实质性地剥夺了，因为无法在烟草市场上使用从而使得其商业价值被完全抹去。287/009号总统令的80%健康警告展示规定也对其商标权造成了严重的、不公正的限制，由于其80%的大幅度展示比例，使得商标权人无法正当地、以合法保护的形式使用其商标，因而实质性地剥夺了商标权。416号法令所要求展示的6组健康警示图片，由于其内容使人们感到极度不适和反感，也完全超出了保护公共健康的政策目标，对产品商标及其良好信誉造成了损害，剥夺了其商业价值。

综上，这三个法令使得菲利普莫里斯的产品销售额及其商标权和其他知识产权造成了严重损害和剥夺，菲利普莫里斯认为上述法令违反了乌拉圭在《瑞士-乌拉圭双边投资协定》中的如下义务：1. 不得对投资施加不合理的措施，损害投资的管理、维护、使用、享有、收益和处分(第3.1条)。2. 不得对投资采取征收措施或其他相同性质或效果的措施，除非这种措施是在正当程序下并给予了适当有效的补偿(第5.1条)；3. 对投资提供公平公正待遇(第3.2条)；4. 遵守其他有关瑞士在乌拉圭投资的承诺(第11条)。具体理由如下：

首先，514号法令的统一包装展示法令构成了“不合理的措施”。第一，法令禁止使用任何包装，不管其术语、描述性因素、商标、象形标识或其他标识是否造成有关产品危害性的误导，而2008年法案和284/008总统令均只对用以区分不同产品的方式进行规定，从而认可不同产品包装的合法性；514号法令却强加统一包装要求，而其他的包装并未造成有关误导性指示。因此该法令过度宽泛且并不合理；其次，统一包装要求与政府的公共健康措施之间并不存在合理关联。事实证明，选择何种商品进行销售或不销售是烟草公司的自由权利，并无事实证明称一个商标之下销售多种产品会产生误导性效果，统一包装要求的法令并未实现其为了消除包装上可能产生对产品相对危害性判断的误导性效果的目的。相反，其专断地减少了大量原本可供销售的产品，却无任何合理的保护公共健康的理由，对产品销售带来了严重的负面影响。

其次，287/009号总统令的80%健康警示图片要求，实质性地损害了商标权利，却也无任何的合法政策理由。该法令超出了对保护公共健康的合理政策范围，如在其他国家被证明完全有效的50%展示，既能达到警告吸烟危害的效果，又不至于损害到烟草商标权。而设计这些令人反感甚至恐怖的图片，既不必要也不能证明其能够有效警告消费者吸烟的有害性。

再次，514号法令的统一包装展示要求构成了对合法注册商标的实质剥夺，使得商标权持有人无法继续使用该些商标；而扩大健康警告展示比例和“观感不适”的图片展示要求也构成了对商标权的一种间接征收。根据《瑞士-乌拉圭双边投资协定》第5条的规定，征收须符合正当程序且给予适当有效的补偿，乌拉圭政府则是用公共健康治理措施来达到征收目的，且并无任何补偿，显然违反了上述协定。

另外，虽然国家对其管制政策(包括公共健康政策)的调整享有自主权，但该种政策法律的改变须公正、公平，且能够给予投资者合理期待。而乌拉圭上述法令的颁布施行并未给予投资者一种稳定的、可预见的合理期待。同时，上述法令与其他有关私有财产权利保护的国内法律并不相符，而这则是外国投资者在东道国投资的最基本合理期待。

最后，上述法令违反了公平公正待遇。法令与乌拉圭在TRIPS协定和巴黎公约项下的国家义务相违背，乌拉圭并未对投资者的知识产权进行保护，违反了上述协定，也即是违反了公平公正待遇。同时还违反了投资协定第11条中关于遵守其他承诺的规定。

基于上述理由，申请人请求仲裁庭裁决：1. 乌拉圭违反了《瑞士-乌拉圭双边投资协定》第3条、第5条和第11条以及其他国际法；2. 立即中止514号法令的第1条和第3条的执行；3. 立即中止287/009号总统令的执行；4. 补偿相关损失。

ICSID于2013年7月2日对该案的管辖权做出裁定，认为ICSID对该案有管辖权。① Philip Morris公司对管辖权裁定表示欢迎，并期待仲裁庭对上述乌拉圭“专断且不必要的”的法案进行充分、独立的评估，庭审将于2014年底或2015年初进行。②

三、乌拉圭烟草控制法案及其国际投资争端述评

乌拉圭烟草控制法案并不是第一个有关烟草包装限制的法案，但却是第一个被提起国际争端解决的法案。在乌拉圭烟草控制法案被提起国际投资仲裁前，烟草控制一般作为公共健康规制的议题进行讨论，并未引起国际法学界的广泛关注。在该法案被提起ICSID仲裁之后，学术界和实务界对烟草控

① 参见 https：//icsid.worldbank.org/ICSID/FrontServlet? requestType=CasesRH&reqFrom=ListCases&caseId=C1000&actionVal=viewCase last visit：29 Oct，2019。

② 参见 http：//investors.pmi.com/phoenix.zhtml? c=146476&p=irol-newsArticle&ID=1835071&highlight= last visit：29 Oct，2019。

制及其相关问题的关注和讨论才开始慢慢增多，且讨论范围也不仅仅局限在公共健康规制这一维度上，而是扩展到国际投资法、国际贸易法和知识产权法等多个维度。

在国际投资法上，乌拉圭仲裁案是第一起关于商标权投资的争端。与传统的国际投资仲裁案件不同，乌拉圭案中的投资形式并非传统的有形财产投资，而是以作为无形资产的知识产权进行投资。那么，作为一种非传统的投资形式，知识产权投资在国际投资法中的地位和待遇是否具有一些特殊性质？同时，由于知识产权这种财产形式具有地域性，认定其构成国际投资法上的“投资”是否存在特殊的判断标准？在乌拉圭仲裁案中，乌拉圭对菲利普莫里斯提起的仲裁请求的答辩意见中就指出其知识产权以及相关财产权利并不构成双边投资协定中的“投资”。另外，该案中菲利普莫里斯认为乌拉圭的烟草控制法案属于对其投资的不合理的规制措施，并构成对其投资的“间接征收”，违反了国际投资法上的公平公正待遇。由于知识产权的拟制性，知识产权的获得须通过国家法律许可，那么，在国际投资法中有关知识产权的“不合理措施”如何认定？是否应当与有体财产权利的“不合理措施”有所区分？这可能是国际投资法学界需要考虑的新问题，当然也是国际投资仲裁庭需要直面的问题。另外，由于知识产权的无体性，在国际投资法上考察对知识产权投资的“间接征收”和公平公正待遇是否也应当与对待有体财产进行区分？这一系列问题均是学术界和实务界需要研究的新问题。

在知识产权法上，乌拉圭烟草控制法案同样也带来了新的问题。在菲利普莫里斯向 ICSID 提出的仲裁请求中多次提到乌拉圭烟草控制法案对其商标权的使用构成极大的限制，从而使得商标的经济价值无法实现，实质上是对其知识产权的一种剥夺。根据主流的知识产权法理论，知识产权作为一种激励工具，是国家法律赋予权利人在一定时期内的一种特许，其主要目的是通过赋予权利来激励权利人进行创新，最终促进整个社会的进步发展。因此，知识产权从赋权开始就承载着公共利益促进的职能。乌拉圭烟草控制法案的目标是为了促进公共健康，那么，如何通过商标权限制的手段来达到公共健康保护的目的？公共健康保护之下的商标权限制又应该存在何种限度？这是知识产权法上面临的新问题。另外，在乌拉圭仲裁案中，菲利普莫里斯在仲裁请求中提出其“承认国家享有公共健康治理的主权，但国家不能滥用该种权力以侵犯到受法律保护的私有权利。”如上所述，知识产权法承载着保护公共利益的功能，知识产权法上通过设置权利限制来实现对公共利益的保护，即限制私权的过度滥用以保护社会公共利益。因此，在公共健康保护上，知识产权法如何通过限制知识产权的手段来到达保护公共利益的目标，知识产权的限制又应当具备何种条件和范围，而不至于过度限制权利的行使对知识产权法的初衷造成违反，这同样需要深入研究。再次，乌拉圭仲裁案中，菲利普莫里斯还认为乌拉圭的烟草控制法案违反了 TRIPS 协定和《巴黎公约》等国际法，从而违反了公平公正待遇，也违反了双边投资协定中关于遵守其他国际公约的承诺。这也是关于"公共健康视角下的商标使用限制"是否违反知识产权国际公约在国际争端解决中的第一次考察。虽然是投资仲裁，但仲裁庭将必须正面回应乌拉圭的烟草控制措施是否构成对上述国际知识产权法的违反。这一点也是知识产权法学界关心的重要问题。TRIPS 协定中有相关条款涉及国家管制措施和履行知识产权保护之间的关系问题，如何让通过国际法上的条约解释更好地在公共健康治理和知识产权保护限度上找到平衡点，是国际法学界的一个重要使命，也是本书致力创造贡献的方向。

第二节　升级：澳大利亚烟草平装法案及其争端

一、澳大利亚《烟草平装法案》简介

澳大利亚于 2011 年颁布《烟草平装法案》(Tobacco Plain Packaging Act 2011)，执行比乌拉圭更为严厉的烟草控制措施。该法案共包括六章：第一章为一般条款，规定了法案生效时间和法案相关词语的定义；第二章为法案的核心内容，即对烟草产品空白包装和外观展示的要求；第三章为违反该法案的法律责任，第四章为对违反法案的调查权力规定，第五章为法案的执行，第六章为附则。另外，澳大利亚政府还出台了对该法案的实施细则(Tobacco Plain Packaging Regulations 2011)，本节重点讨论法案的第二章以及实施细则。

法案第二章共有三个部分组成：[①] 第一部分为简要概述，第二部分为对烟草产品零售包装和外观展示的要求，是法案的核心内容；第三部分为附则，规定法案与商标法等其他法律的关系。

第二部分第一节是对烟草产品零售包装要求的规定。第 18 条规定的是零售烟草产品的盒体要求。第 19 条则是对烟草产品外观包装的颜色规定。该条规定，对烟草产品的包装，包括外表面和内表面，均须采用实施细则中规定的一种颜色，如无特殊规定，则须统一采用单调黑棕色(drab dark

---

① 澳大利亚《烟草平装法案》的体例为 Chapter、Part、Division、Section，本书表述分别对应章、部分、节、条。

brown)。但对于健康警示以及商品名称等的颜色则不须满足上述要求。实施细则第 2.2.1 条规定，烟草产品的外包装须采用国际潘通标准色卡中的 448C 颜色，即单调黑棕色。① 烟草产品的内在包装则须采用白色。

第 20 条规定，禁止任何商标、标识出现在零售烟草商品的包装上，但烟草商品的品牌名称、企业名称(brand, business or company name)则可以出现在包装上。② 第 21 条则规定了品牌名称和企业名称的展示要求，这些名称只能选择展示在外包装的正面、底部或顶部中的一面，不得进行多面展示；且展示须与健康警示并排展示。实施细则第 2.4.1 条进一步规定，任何品牌名称、企业名称等须用 Lucida Sans 字体打印，字号不得超过 14 号，首字母使用大写、其他任何字母均不得大写，颜色须采用潘通色卡的 2C 颜色，即冷灰色。

第二节则是单根卷烟的外观(appearance)要求，该节项下只有第 22 条单独一个条款，该条规定任何商标、标识均不能出现在卷烟品的任何外观上。实施细则第 3.1.1 条规定，卷烟纸套管须采用白色，卷烟纸上可以使用字母代码，但代码只能使用一个，代码用不超过 8 号字大小的 Lucida Sans 字体打印，颜色为黑色。该代码不得产生任何的烟草促销或广告效应，也不得产生任何有关一种香烟比另外一种香烟更不具危害性的暗示。

另外，有关健康警示用语和图片的法律规定继续有效。根据《竞争和消费者法案》(Competition and Consumer Act 2010)及其实施细则(Competition and Consumer (Tobacco) Information Standard 2011)的规定，健康警示图片须至少占烟草产品外包装正面的 75%、背面的 90%。

澳大利亚《烟草平装法案》普遍被认为是世界上最严厉的烟草控制法案。根据上文论述，澳大利亚《烟草平装法案》不仅对烟草产品外包装的盒体形状、材料以及整体颜色作出了严格的要求，还作出了“烟草产品的商标和其他标识禁止出现在外包装以及单根卷烟上”的明确规定，烟草产品外包装上只能出现烟草品牌名称和企业名称，且这些名称均须按照规定的字体、大小以及颜色进行展示。在多数国家，传统的烟草控制法一般只针对包装上健康警示用语和图片的展示面积进行规定，而澳大利亚则扩大了传统烟草控制法

① 研究者认为，潘通色卡的 448C 颜色被普遍认为是“死亡、肮脏”的代名词，该种颜色不能提供任何积极效果。见：http://print21.com.au/pantone-448c-hits-streets-with-new-cigarette-packaing-laws/52607 访问时间：2019 年 11 月 27 日。

② Section 20 (1): No trade mark may appear anywhere on the retail packaging of tobacco products,... (2) No mark may appear anywhere on the retail packaging of tobacco products,...

的规制范围，不仅涵盖了传统的烟草控制措施，还包括了对烟草商标的使用限制——将非文字的商标从烟草产品包装上完全抹去，只能保留品牌名称和企业名称。这一法案的颁布和实行完全超出了烟草生产商的可承受预期，一些大型烟草生产商陆续发起对该法案的国内诉讼和国际争端解决。

二、《烟草平装法案》的国内诉讼

《烟草平装法案》第 15 条规定，“本法案无意于产生任何有关对私有财产的征收效果，但构成具备正当条件的征收除外。”①基于该条规定，日本烟草公司(JTI)和英美烟草公司(BAT)分别对法案发起了诉讼，认为该法案构成了对其知识产权和商誉资产的一种征收，违反了澳大利亚《宪法》第 51(xxxi)条。日本烟草公司认为其注册商标构成《宪法》第 51(xxxi)条中的“财产”，国家对其进行征收需要具备正当条件，而《烟草平装法案》构成的征收却不具备任何正当条件，故提起诉讼；② 英美烟草公司的诉讼请求更为广泛，其主张《烟草平装法案》构成了对其版权、注册商标、设计、专利权等知识产权的征收。③

2012 年 8 月 15 日，澳大利亚高等法院以 6 比 1 的裁决，判定《烟草平装法案》不构成《宪法》第 51(xxxi)条所规定的财产征收。判决书于 2012 年 10 月 5 日对外公布。该案的主要焦点在于两个：一为原告主张的这些知识产权是否构成《宪法》第 51(xxxi)条上的“财产”；二为《烟草平装法案》是否构成《宪法》第 51(xxxi)条上的“征收”。④

在第一个问题上，多数派法官认为版权、注册商标、设计、专利等均构成“财产权”，能够获得《宪法》第 51(xxxi)条的保护。但法官认为，“一项为法律所创制的权利范围可以被后续的立法修改，该立法没有构成财产征收，该修改也要依靠法律所创制权利的性质。”知识产权法下的权利是一种“社会拟制产品”，因此，对其是否构成财产这一问题上需要进一步论证。法院认为，注册商标等相关财产权利仅仅是“法律所创制的排他性使用，并非是一种积极的使用权利。”《烟草平装法案》也仅仅是对这种排他性使用施加限制，

---

① The Tobacco Plain Packaging Act 2011 (Cth) ss. 15.

② JT International SA v Commonwealth of Australia [2012] HCA 43, Matter No S409/2011.

③ British American Tobacco Australasia Limited v Commonwealth of Australia [2012] HCA 43, Matter No S389/2011.

④ 参见 High Court Judgment：http：//www. austlii. edu. au/au/cases/cth/HCA/2012/43. html last visit：27 Nov 2019。

并未对其法律所授予的权利进行任何剥夺。虽然该方案会限制商标使用，但商标的注册并不会遭到任何妨碍。另外，《宪法》第51(xxxi)条中所规定的“财产”一般是指实质性的有关所有权的财产权益或利益，而并非指向一种商业价值或者商业地位，尽管法案会对烟草生产商的商业价值或者商业地位产生负面影响，造成商业贸易上的损失，但该种损失不能认为是《宪法》第51(xxxi)条上的“财产”的剥夺。

在第二问题上，法官认为需要区分财产剥夺和财产征收二者之间的区别，财产剥夺意味着所有权人失去财产，而财产征收意味着财产被征收者获得。French法官认为，权利的消灭仅仅是指权利人对权利的丧失，而不必要包括权利被其他人获得这一条件。多数法官均认为《宪法》第51(xxxi)条所规定的“征收”应当包括财产被征收者获得这一必要条件，而《烟草平装法案》并没有使得澳大利亚政府获得任何财产。因此，多数派法官同意，“如果政府或者其他人没有获得财产性利益，无论该种利益多么轻微或者非实质，那就不存在征收财产的行为。”然而，唯一持反对意见的Heydon法官认为，征收的构成只需要满足“一些明确的、可衡量的利益或优势”被政府或其他人获得这一条件即可，而《烟草平装法案》使得财产所有权人行使某些权利的方式受到了限制，其不能自由地控制和使用该些权利行使方式，因为法案将些权利行使方式赋予给了联邦政府，权利人必须按照联邦政府在法案中规定的的方式行使权利。这构成了《宪法》第51(xxxi)条所规定的“征收”。

《烟草平装法案》在澳大利亚的国内诉讼是烟草平装措施第一次在一国国内法院遭受宪法审查。通过判决，澳大利亚高等法院对烟草平装措施所涉及的商标权以及其他知识产权在宪法上的地位进行了分析，虽然法院认定商标权等知识产权属于宪法保护的财产权利，但也认为该种权利与传统的有形财产权利相比具有一定特殊性，从而使得商标权等知识产权的权利行使方式和实现方式也与传统财产权利不尽相同，国家立法以及相关规制措施在对待知识产权上可以存在若干限制；另外，高等法院对《烟草平装法案》是否构成宪法上的财产征收的判决也值得关注，判决认为应当对财产剥夺和财产征收进行区分，虽然法案规定的烟草平装措施并不能形成宪法上的财产征收，但多数法官均指出了烟草平装措施会对商标权人控制和使用商标带来限制，由于诉讼请求的缘故，虽然在国内诉讼中高等法院并无必要对该种效果进行宪法审查，但并不意味着该种措施一定符合其他的国内法或国际法。而且，高等法院在判决中也认可烟草平装措施对商标权的使用构成了若干限制，虽然不构成《宪法》上的财产征收，但可能构成对财产的剥夺。这一认定可能使得《烟草平装法案》在是否符合澳大利亚参加的国际知识产权公约或双边投资协定的问题上带来不利；而且在财产征收的认定上，澳大利亚国内法的判定规则和国际投资法上判定规则也存在差异。因此，除了合宪性审查之外，《烟草平装法案》还需要得到国际法的检验。也正基于上述考虑，烟草生产商们发起了针对《烟草平装法案》的国际投资仲裁。

三、《烟草平装法案》的国际投资争端

2011年7月15日，菲利普莫里斯①向国际常设仲裁庭提起投资仲裁，诉称其在澳大利亚的投资(包括所设立的公司、知识产权以及在澳大利亚积累的商誉等)受《香港-澳大利亚促进和保护投资协定》(以下称“《投资协定》”)的保护，而该些投资却遭到澳大利亚《烟草平装法案》的抵制和剥夺，违反了《投资协定》的相关条款，其主要理由包括：

1. 烟草平装法案构成间接征收。菲利普莫里斯称，“烟草平装立法实质性地剥夺了知识产权和商誉，构成了对菲利普莫里斯投资的间接征收结果。”②知识产权是菲利普莫里斯的重要资产，具有重要的经济价值。也正是该些知识产权使得菲利普莫里斯在烟草市场上拥有主导地位。菲利普莫里斯的某些品牌商标的使用已经超过50年，且一些著名品牌如Marlboro、Peter Jackson等在香烟消费者中具有崇高地位。然而，烟草平装立法严格禁止菲利普莫里斯在烟草产品及其包装上使用知识产权，且只能按照政府所规定的字体字号使用品牌名称，将使得菲利普莫里斯的品牌遭到实质性地去除，严重损害了知识产权以及商誉价值。烟草平装法案剥夺的知识产权和商业品牌——被菲利普莫里斯认为是“烟草平装立法的核心目标”;③ 另外，知识产权对菲利普莫里斯产品和其他竞争产品以及假冒产品的区分有种重要作用，无该些知识产权，菲利普莫里斯的产品将无法与其他竞争产品相区分，结果是“菲利普莫里斯必须减少生产相关产品，从而带来经济上的损失。”④而且，

---

① 本案中的仲裁申请人为菲利普莫里斯亚洲公司(为香港公司)，其拥有菲利普莫里斯澳大利亚公司100%的股权，菲利普莫里斯澳大利亚公司则拥有菲利普莫里斯有限公司(为澳大利亚国内公司)100%的股权。为全文表述统一，本目之下所称的“菲利普莫里斯”均指本案的仲裁申请人——菲利普莫里斯亚洲公司。

② 参见Notice of Claim Under the Australia/Hong Kong Agreements for the Promotion and Protection of Investment(15 July 2011), at para 10(a)。

③ 参见Notice of Claim Under the Australia/Hong Kong Agreements for the Promotion and Protection of Investment(15 July 2011), at para 33。

④ 参见Notice of Claim Under the Australia/Hong Kong Agreements for the Promotion and Protection of Investment(15 July 2011), at para 34。

没有该种区分功能，“会给廉价的假冒产品带来更多的需求和供给，反而将出现与立法目标相反的结果。”①

根据《投资协定》第 6 条的规定，东道国不得剥夺或者采用与剥夺效果相同的方式剥夺投资者的投资，除非是基于东道国国内需要相关的公共利益，并在正当程序之下，非歧视性地、给予补偿情况下的剥夺。虽然对政府是否在正当程序之下通过烟草平装立法尚不清楚，但该种剥夺并非基于东道国的国内公共利益，也没有给予任何补偿，因而违反了《投资协定》的规定。②

2. 烟草平装法案不符合《投资协定》的公平公正条款。《投资协定》第 2.2 条规定，东道国应当对投资者的投资及其回报给予公平公正待遇。而烟草平装立法严重削弱了知识产权以及商誉价值，对菲利普莫里斯在澳大利亚的投资产生了严重的负面影响。另外，烟草平装立法违反了澳大利亚在 TRIPS 协定、《巴黎公约》和 TBT 协定项下的国际义务，且烟草平装措施并不能实现所谓的“减少流行吸烟”的立法目标，其所称的“公共健康保护”也只是一种臆断推测，更为有力的证据证明该种措施将造成相反结果。总体上看，“烟草平装立法造成的害处将远远超过它所带来的益处（如果有的话）”，③ 与《投资协定》第 2.2 条中规定的公平公正待遇条款相违背。

3. 烟草平装法案也构成一种对投资的不合理损害（unreasonable impairment），违反了《投资协定》第 2.2 条。该条规定，东道国应当对投资者的投资及回报予以充分的保护和保障；不得以不合理的或歧视性的措施对投资者投资及回报的管理、维护、使用、处分或保留造成损害。而基于上述原因，菲利普莫里斯认为烟草平装立法对其投资构成了一种“不合理的损害”，违反了《投资协定》第 2.2 条的规定。

4. 烟草平装法案违反了《投资协定》中的保护伞条款。《投资协定》第 2.2 条规定，“一方须遵守任何与另一方投资者投资有关的需要遵守的义

① 参见 Notice of Claim Under the Australia/Hong Kong Agreements for the Promotion and Protection of Investment (15 July 2011), at para 35。

② 参见 Notice of Claim Under the Australia/Hong Kong Agreements for the Promotion and Protection of Investment (15 July 2011), at para 44。

③ 参见 Notice of Claim Under the Australia/Hong Kong Agreements for the Promotion and Protection of Investment (15 July 2011), at para 45。

务。”①如上所述，烟草平装立法违反了澳大利亚在 TRIPS 协定、《巴黎公约》和 TBT 协定项下的国际义务。TRIPS 协定第 20 条规定，“不得对贸易过程中的商标使用施加特殊要求以造成不正当妨碍，如要求与其他商标共同使用，要求以某种特殊方式进行使用，或要求以损害商标将一实体的商品或服务区别于其他实体的商品或服务之功能的方式进行使用。”菲利普莫里斯认为，“烟草平装立法对其商标使用施加了特殊要求，且明显损害到了其商标的基本功能，即将其产品与其他产品进行区分。”②因而违反了 TRIPS 协定第 20 条。另外，TBT 协定第 2.2 条规定，“各成员应保证技术法规的制定、采用或实施在目的或效果上均不对国际贸易造成不必要的障碍。为此目的，技术法规对贸易的限制不得超过为实现合法目标所必需的限度，该类合法目标包括：人类健康……”烟草平装立法属于技术性法规，其“缺乏强有力的证据说明烟草平装措施能够达到立法目的，且目前存在强有力的证据证明该措施将造成与合法目标相反的效果”，③ 因而超出了为实现合法目标的必要限度，违反了 TBT 的规定。澳大利亚违反了上述有关投资者投资的、且其必须遵守的国际义务，违反了《投资协定》中的保护伞条款。

澳大利亚政府在答辩意见中全部否定了菲利普莫里斯的仲裁请求。在“间接征收”问题上，澳大利亚政府认为，菲利普莫里斯在澳大利亚的投资(所设立的公司、知识产权等)能够继续进行，没有任何投资在事实上被澳大利亚政府剥夺；烟草平装措施是一项非歧视性的规制措施，澳大利亚政府基于公共健康保护的公共福利目标制定和通过了该立法，并不构成间接征收；④ 在公平公正待遇问题上，由于烟草平装措施始于 2010 年 4 月，而菲利普莫里斯进入澳大利亚进行投资是 2011 年 2 月，因此，烟草平装立法应当属于“合理期待”，且烟草平装措施是澳大利亚政府通过科学论证、得到国际公共卫生专家支持的措施，其立法程序也完全公开透明，并不违反公平

① Article 2(2) of the Hong Kong—Australia BIT: “Each Contracting Party shall observe any obligation it may have entered into with regard to investments of investors of the other Contracting Party.”

② 参见 Notice of Claim Under the Australia/Hong Kong Agreements for the Promotion and Protection of Investment(15 July 2011), at para 39。

③ 参见 Notice of Claim Under the Australia/Hong Kong Agreements for the Promotion and Protection of Investment(15 July 2011), at para 40。

④ Australia's Response To the Notice of Arbitration (21 December 2011), at paras 44~46.

公正待遇条款;① 在“不合理损害”问题上，澳大利亚烟草平装法案是根据澳大利亚法律、合法通过的一项政府规制法案，不存在任何“不合理、歧视性”情形,② 菲利普莫里斯的投资应当受到澳大利亚法律的规制；在“保护伞”问题上，澳大利亚政府认为该事项不属于私人——国家的投资仲裁争端，“保护伞”条款中所称的“义务”是指国家和国家之间的条约义务或公约义务，应当在国家间的争端解决程序中解决。③

澳大利亚《烟草平装法案》的国际投资仲裁将该法案置于国际投资法上进行检验。《烟草平装法案》能否得到国际投资仲裁庭的支持对烟草平装措施的全球推行具有重要影响。当然，烟草平装所涉及的相关法律问题如何解决、相关理论如何解释，也是实践如何进一步发展的重要指向。学界对该案的分析观点也不尽相同，有学者完全支持《烟草平装法案》，认为仲裁请求中所称的该些问题均不构成,④ 也有学者持相反观点。⑤ 对本书主题来说，主权国家基于公共健康保护的政策目标对作为一种投资形式的商标权进行限制，是否具有国际投资法上的正当性，这一问题是本书所需要关注的重点。另外，在该案中菲利普莫里斯在仲裁请求中也提到烟草平装立法构成对《TRIPS 协定》和《巴黎公约》等知识产权公约的违反，仲裁庭如何对待这一问题，也是本书密切关注的。当然，下文将要讨论的《烟草平装法案》的 WTO 争端解决案也将继续这一问题的梳理。

四、《烟草平装法案》的 WTO 争端解决

2012 年 3 月 15 日，乌克兰向 WTO 争端解决机构提起磋商程序，指控澳大利亚《烟草平装法案》施加的“商标限制”和有关烟草产品及包装的其他要求违反了 TRIPS 协定、TBT 和 GATT。⑥ 具体包括：澳大利亚法律未能给

① Australia's Response To the Notice of Arbitration (21 December 2011), at 49.

② Australia's Response To the Notice of Arbitration (21 December 2011), at 51.

③ Australia's Response To the Notice of Arbitration (21 December 2011), at 58.

④ Tania Voon & Andrew Mitchell. Time to Quit? Assessing International Investment Claims Against Plain Tobacco Packaging in Australia [J]. Journal of International Economic Law. Volume 14, Issue 3, 2011.

⑤ Stephen Stern & Olivia Draudin. Generic Packaging—A Bridge (over the body of IP rights) Too Far? Australia Intellectual Property Law Bulletin. 2011(23): 146.

⑥ 参见 Australia-Certain Measures Concerning Trademarks and Other Plain Packaging Requirements Applicable to Tobacco Products and Packaging. Request for consultations by Ukraine, WT/DS43/1, IP/D/30, G/TBT/D/39, G/L985 (2012)。

予商标权持有人以有关其商标的合法权利，且基于商品的性质对烟草商品的商标予以歧视性对待，未能对商标给予有效的保护，违反了 TRIPS 协定第 1.1 条、2.1 条、15 条和 16 条以及《巴黎公约》第 6 条、7 条和第 10 条；澳大利亚法律构成对商标使用的不合理的妨碍，违反 TRIPS 协定第 20 条；澳大利亚法律所规定的技术措施构成对贸易的不必要的阻碍，且超出了完成其国内卫生目标的必要构成贸易限制，违反了 TBT 第 2.2 条；最后，澳大利亚未能向外国商标持有人以及进口烟草产品提供公平竞争的机会，使其享有与国内烟草产品和商标持有人相同的待遇，违反了 GATT 第 3 条规定的国民待遇。①

与乌克兰的磋商请求相类似，洪都拉斯、多米尼加、古巴和印度尼西亚等国也就澳大利亚《烟草平装法案》向 WTO 提起了争端解决程序。

五、《烟草平装法案》及其争端述评

澳大利亚《烟草平装法案》及其所涉及的商标使用限制措施从最开始的国内诉讼、到投资者—东道国的国际投资仲裁最终演变为国家和国家之间的国际争端。虽然该限制措施是否违反 WTO 各项协议尚需等待争端解决机构的最终裁决，但与《烟草平装法案》有关的 WTO 诸协议的条款解释以及 WTO 如何在新形势下应对以烟草平装法为代表的商标使用限制措施等核心问题，却已经引起了学界的广泛讨论。

学界在烟草平装法是否符合 TRIPS 协定的问题上观点并不一致，支持者和反对者各自一派。烟草平装法在 TRIPS 协定中所涉及的条款主要是第 15 条、第 16 条、第 17 条和第 20 条，以下结合这些条款，对学界观点作一简要综述。

TRIPS 协定第 15 条第 1 款规定，“任何标记或标记组合，只要能够将一实体的商品或服务区别于其他实体的商品或服务，即能够构成商标。此类标记，特别是单词，包括人名、字母、数字、图案和颜色的组合以及任何此类标记的组合，均应符合注册为商标的条件。”该条被认为是对商标核心功能的规定，即要求能够成为注册的商标应当具有“区分”功能。烟草平装法的反对者认为，烟草平装措施将使得烟草商标丧失了该种区分功能，从而“市

① 参见 Australia-Certain Measures Concerning Trademarks and Other Plain Packaging Requirements Applicable to Tobacco Products and Packaging. Request for consultations by Ukraine, WT/DS43/1, IP/D/30, G/TBT/D/39, G/L985 (2012)。

场上所有的烟草产品趋于相同或近似，产生了混淆风险”①、“产品上所附着的商标将丧失其功能”。② 支持者认为，烟草平装法并未剥夺烟草商标的区分功能，理由在于烟草平装法允许烟草生产商在烟草产品上使用文字商标和品牌名称(用法律规定的字体和字号在外包装上展示)，虽然以这种方式展示商标和品牌名称是否就一定对消费者带来“混淆”的风险并没有确定性的答案，但至少可以证明烟草平装法并未将商标功能“完全”剥夺。③

印度尼西亚在其磋商请求中还诉称，澳大利亚《烟草平装法案》以商品性质为由阻碍商标注册，违反了 TRIPS 协定第 15 条第 4 款。④ 该款规定，“商标所适用的商品或服务的性质在任何情况下都不得形成对商标注册的障碍。”该条一般被认为是 TRIPS 协定对商标注册要求的规定，与《巴黎公约》第 7 条表述相同。烟草平装法的反对者认为，商标的使用与商标注册是无法分开的(inextricably)，“商标注册”本身就暗含了“商标使用”的内容，⑤ 烟草平装法使得烟草商标无法使用，因此构成了对烟草商标注册的障碍。另外，虽然《巴黎公约》第 6 条规定了商标注册的例外情形，该条规定，“本条项下的商标不得被不予注册或归于无效，但下列情形除外：……(3)当商标与公共秩序或公共道德相违背时，或造成欺骗公众的……”但反对者们认为，该条并不能“为限制烟草商标提供正当理由。”⑥支持者们则认为，“烟草平装

① 参见 Memorandum from Lalive to Philip Morris International Management SA, Why Plain Packaging is in Violation of WTO Members' International Obligations under TRIPS and Paris Convention (July 23, 2009), para 7。

② 参见 Report by Daniel Gervais for Japan Tobacco International, Analysis of the Compatibility of certain Tobacco Product Packaging Rules with the TRIPS Agreement and the Paris Convention (November 2010), para 10。

③ 参见 Javier Garcia Olmedo. The Use of Tobacco Trademarks Versus Public Health: A New Trend in Investor-state Arbitration. International Arbitration Review. 2012, 15(2): 46。

④ 参见 Australia-Certain Measures Concerning Trademarks, Geographical Indications and Other Plain Packaging Requirements Applicable to Tobacco Products and Packaging. Request for consultations by Indonesia, WT/DS467/1, G/TBT/D/46, IP/D/34, G/L1041 (2013)。

⑤ 参见 Memorandum from Lalive to Philip Morris International Management SA, Why Plain Packaging is in Violation of WTO Members' International Obligations under TRIPS and Paris Convention (July 23, 2009), para 17, 20。

⑥ 参见 Report by Daniel Gervais for Japan Tobacco International, Analysis of the Compatibility of certain Tobacco Product Packaging Rules with the TRIPS Agreement and the Paris Convention (November 2010), para 61。

法并未阻止任何新商标的注册，也不对任何已注册商标撤销或归于无效。"① 而且，TRIPS 协定第 15 条并未规定商标注册需要以商标在先使用为前提，该种要求是 TRIPS 协定成员国可根据国内情况制定不同的国内法。因此，第 15 条中所规定"商标注册"并不暗含"商标使用"的意义。

TRIPS 协定第 16 条规定，"注册商标的所有权人享有专有权，以阻止第三方未经其同意在贸易过程中对与已注册商标的商品或服务的相同或类似商品或服务使用相同或类似标记，如此类使用会导致混淆的可能性……"而第 17 条则规定了商标权的限制，即"各成员国可对商标权利规定有限的例外，如描述性词语的合理使用，只要此类例外考虑到商标所有权人和第三方的合法利益。"烟草平装法的反对者认为，烟草平装法构成一种"有限的例外"(limited exception)，也并未考虑到烟草商标持有人的合法利益，违反了第 17 条。② 支持者们则认为，烟草平装法并未对"商标权利"形成限制，因为根据第 16 条的规定，第 17 条中所表述的"商标权利"是一种"消极权利"(negative rights)，即"阻止第三方未经权利人同意使用其商标"的权利，而并不是一种"积极权利"(positive rights)。烟草平装法案并不影响商标权人行使其"阻止第三人使用商标"的权利，并不违反第 17 条。③

烟草平装法的反对者还认为，烟草平装法对烟草商标的使用施加了一些特殊要求，构成了对商标使用的不合理的妨碍。违反了 TRIPS 协定第 20 条的规定。④ 该条规定，"不得以施加特殊要求的方式对在贸易过程中的商标使用构成不合理的妨碍，例如要求与另一商标一起使用，以特殊形式使用或要求以损害其将一实体的商品或服务区别于另一实体的商品或服务的能力的方式使用。"支持者们则认为，烟草平装法确实对烟草商标的使用施加了若

---

① 参见 Andrew Mitchell. Australia's Move to the Plain Packaging of Cigarettes and its WTO Compatibility[J]. Asian Journal of WTO & International Health Law and Policy. 2010 (5): 405。

② 参见 Memorandum from Lalive to Philip Morris International Management SA, Why Plain Packaging is in Violation of WTO Members' International Obligations under TRIPS and Paris Convention (July 23, 2009), para 27~31。

③ 参见 Tania Voon & Andrew Mitchell, Implications of WTO Law for Plain Packaging of Tobacco Products, Melbourne Legal Studies Research Paper No. 554: 8。

④ 参见 Memorandum from Lalive to Philip Morris International Management SA, Why Plain Packaging is in Violation of WTO Members' International Obligations under TRIPS and Paris Convention (July 23, 2009), para 34~35。

干特殊要求，但 TRIPS 协定中允许该种措施，只要不构成“不合理的妨碍”即可。[①] 因此，只要烟草平装法是一种“合理的妨碍”即可达到 TRIPS 协定的要求。然而，何为“合理”却需要根据 WTO 体制下的判断标准进行分析。在 WTO 争端解决机制中，条约解释方法一般适用《维也纳条约法公约》第 31 条的规定，目的解释是该条规定中的一种重要解释方法。根据该种解释方法，对 TRIPS 协定第 20 条的解释应当结合 TRIPS 协定第 7 条和第 8 条来进行。第 7 条规定，“知识产权的保护和实施应有助于促进技术革新及技术转让和传播，有助于技术知识的创造者和使用者的相互利益，并有助于社会和经济福利及权利与义务的平衡。”第 8 条规定，“在制定或修改其法律和法规时，各成员可采用对保护公共健康和营养、促进对其社会经济和技术发展至关重要部门的公共利益所必需的措施，只要此类措施与本协定的规定相一致。”在上述条款项下，“公共健康保护的政策目标应当能够毫无争议地为第 20 条规定的妨碍提供正当理由”。[②]

第三节　扩展：烟草平装法案的全球推行

一、烟草平装法案的国别推行：新西兰、爱尔兰、英国

澳大利亚颁布《烟草平装法案》后，将烟草平装作为最新烟草控制措施这一议题引起了国际社会的广泛关注。由于以往的烟草控制主要集中在广告禁令、公共场合控烟等措施方法上，且这些传统方法只能约束“消费者”，其控烟效果并不理想，而澳大利亚的《烟草平装法案》将传统控烟措施扩展到对烟草产品本身的限制，约束对象是烟草生产商，从而被认为是一种最为严厉也最能发挥实质效果的控烟措施。正是这一效应，使得多个国家考虑引入澳大利亚的烟草平装措施，且已经有些国家已经启动了烟草平装的立法程序。

新西兰是在澳大利亚颁布《烟草平装法案》之后最早宣布考虑制定烟草平装法的国家。新西兰每年因吸烟或因烟草消费引起的死亡人数达到 5000

---

① 参见 Tania Voon & Andrew Mitchell, Implications of WTO Law for Plain Packaging of Tobacco Products, Melbourne Legal Studies Research Paper No. 554：12。

② 参见 Tania Voon & Andrew Mitchell, Implications of WTO Law for Plain Packaging of Tobacco Products, Melbourne Legal Studies Research Paper No. 554，14。

人，对于只有四百多万人口的新西兰来说，这是一个高比例数字。① 正因如此，新西兰政府在 2012 年 4 月即声明"原则上"同意引进烟草平装措施，并启动了就烟草平装立法的公众咨询程序，由新西兰卫生部于 2012 年 7 月发布了"关于在新西兰引入烟草产品空白包装的建议"征询意见稿，② 该咨询程序在 2012 年 10 月 5 日完成，内阁已经发布了公众咨询结果报告。③ 该报告称，在卫生部收到的 293 份有效个人意见中，63%的民众支持烟草平装法案，37%的民众反对；另外，还有超过两万人通过信件、电子邮件、明信片等方式表达其支持或反对，其中 41%的民众支持，59%的民众反对，但在反对的民众中有 16%是来自于烟草零售商烟草产业代表。④ 报告声称虽然公众咨询意见中支持者和反对者的比例相当，但目前具有充分的证据证明烟草平装措施能够有效实现保护和促进公共健康的政策目标，政府应当继续推进烟草平装措施的立法进程。新西兰卫生部已于 2014 年 2 月正式向议会提交了烟草平装立法的议案(bill)，议会已经组织相关委员会进行一读程序。⑤

爱尔兰是欧洲国家中对烟草平装立法最为热衷且已经采取相关实质措施的国家。其烟草平装立法活动的推进也被 WHO 视为是烟草平装措施在欧洲推行的重要一步。⑥ 爱尔兰 2012 年在其《健康就是财富——为建设更加健康的爱尔兰的政策框架 2012—2020》的公众征询意见中发布了《公共健康和法律：一部新公共健康法案的建议稿》，该文件中明确提出要引入和澳大利亚相类似的烟草平装法案，并就该法案向公众征询意见。⑦ 2014 年 1 月，爱尔兰卫生部门已经正式提交关于烟草平装的立法议案，并启动了这一议案的听

① 参见 http：//www. beehive. govt. nz/release/government-moves-forward-plain-packaging-tobacco-products last visit：28 Nov，2019。

② Ministry of Health，2012. Proposal to Introduce Plain Packaging of tobacco Products in New Zealand：Consultation document.

③ 参见 http：//www. health. govt. nz/our-work/preventative-health-wellness/tobacco-control/plain-packaging last visit：28 Nov，2019。

④ 参见 Cabinet Social Policy Committee：Plain Packaging of Tobacco Products。

⑤ 新西兰的《烟草平装法案》(议案)全文见：http：//www. legislation. govt. nz/bill/government/2013/0186/latest/DLM5821008. html? src=qs last visit：28 Nov，2019。

⑥ 参见 http：//www. euro. who. int/en/countries/ireland/sections/news/2013/05/ireland-joins-tobacco-plain-packaging-leaders last visit：28 Nov，2019。

⑦ Technical Supplement：A Discussion Paper on Public Health and the Law，including Proposal for a New Public Health Act，Draft Document for Consultation，16 April，2012，page 60. 参见 http：//www. dohc. ie/consultations/closed/yourhealth/Legislation. pdf? direct = 1 last visit：28 Nov，2019。

证程序。① 爱尔兰卫生部部长信心十足地向公众表示“烟草平装法案有望在2014年即付诸实施。”②

与爱尔兰相一致，英国对引入烟草平装法案也表现出了积极的态度。2012年4月16日，英格兰、苏格兰、威尔士和北爱尔兰的卫生部门联合发布了《烟草产品统一包装的咨询意见》(Consultation on standardised packaging of tobacco products)，就烟草产品的统一包装立法进行公众咨询。咨询程序于2012年8月10日截止，英国卫生部门共收到2444份反馈意见，其中公众人士意见1343份、公共卫生护理专家意见351份、商业贸易人士意见220份、社会组织意见530份。经过统计，在2444份意见中与烟草产业直接相关的占比8%，无关联的意见占比70%，其他的占比22%。目前英国政府卫生部应经就公众咨询意见发布了咨询结果报告。③ 报告显示，在“烟草产品统一包装的态度”问题上，有53%的公众表示支持统一包装，43%的公众则倾向于对现有包装不作任何改变，其余4%的公众表示中立或没有任何意见；在“烟草统一包装措施是否比现有的烟草控制措施更加能够促进公共健康”的问题上，有54%的公众表示同意，44%的公众表示反对。除上述一般公众咨询意见外，卫生部还收到大量公民团体和商业团体的“请愿运动意见”(campaign responses)，结果显示支持意见占36%，反对意见占64%。④ 在综合评估公众咨询意见后，英国政府认为目前公众对烟草统一包装措施的意见分歧较大，且其实施效果尚未得到检验，英国政府宣布推迟对烟草统一包装措施的立法程序。⑤

---

① PUBLIC HEALTH (STANDARDISED PACKAGING OF TOBACCO) BILL 2013，参见 http：//www. dohc. ie/publications/pdf/General_Scheme. pdf? direct=1 last visit：28 Nov，2019。

② 参见 http：//www. irishexaminer. com/breakingnews/ireland/health-minister-reveals-smoking-heartache-595861. html last visit：28 Nov，2019。

③ 参见 Consultation on standardised packaging of tobacco products：Summary report. https：//www. gov. uk/government/uploads/system/uploads/attachment_data/file/212074/Summary_of_responses_to_consultation_-_standardised_packaging_tobacco. pdf last visit：28 Nov，2019。

④ 参见 Consultation on standardised packaging of tobacco products：Summary report. https：//www. gov. uk/government/uploads/system/uploads/attachment_data/file/212074/Summary_of_responses_to_consultation_-_standardised_packaging_tobacco. pdf last visit：28 Nov，2019。

⑤ BBC News，Government Rejects Labour's Cigarette ‘U-turn’ Claim，12 July 2013. http：//www. bbc. co. uk/news/health-23281804 last visit：28 Nov，2019.

二、烟草平装法案在欧盟的立法尝试

世界上最大的区域性组织——欧盟也在积极考虑和评估是否引入烟草平装措施。欧盟 28 个成员国每年共有约 70 万人死于烟草消费，将近 1300 万人遭受烟草有关疾病的困扰。欧盟每年因烟草消费而带来的医疗保险费用以及其他支出超过 5000 亿欧元，占欧盟 GDP 的 4.6%。① 然而，由于欧盟国家具有世界上最大的烟草消费市场以及影响力巨大的烟草生产商，受诸多利益因素和游说力量的影响，欧盟的烟草控制措施并未到达世界先进水平。欧盟在 2001 年制定的《烟草产品指令》所规定的烟草控制措施只是一些通用措施。正因如此，欧盟的控烟政策一直广遭公民团体诟病。2012 年，受澳大利亚《烟草平装法案》的影响，且爱尔兰、英国等国家也在积极推行与澳大利亚类似的烟草控制措施，欧盟委员会于 2012 年 12 月 19 日向欧洲议会提交了一份关于修改 2001 年《烟草产品指令》的建议稿，其中包括类似烟草平装措施的建议。例如，欧盟委员会建议在烟草产品包装上应当联合使用文字和图片的健康警示，且该种警示应当在烟草产品包装的正反两面占有 75% 的比例。另外，应当禁止在烟草产品上标识任何可能引起消费者对烟草产品危害性比较的误导信息，如“轻型”“超轻型”等信息。欧盟成员国还有权立法对烟草包装的颜色和大小进行规定。在商标展示的问题上，欧盟委员会的建议稿并未完全采纳澳大利亚的做法，而是建议“保证健康警示信息的有效性并留出一定的空间以展示商标”。② 按照欧盟议事程序，该建议稿本应在 2013 年 9 月份的欧洲议会全体会议上表决，但欧洲议会将该建议稿的表决推迟到了 10 月进行。有媒体披露称烟草生产商组成了强大的游说力量对欧洲议会进行游说，推迟表决是游说中的一个核心目标。③ 果然，在 2013 年 10 月 8 日的全体会议上，欧洲议会通过了对《烟草产品指令》的修改，但其中只是将健康警示信息的占比提高到 65%，并禁止销售水果味、薄荷味和小包装的烟草产品。平装措施并未在表决中得到体现。④ 有消息称，欧洲议

---

① 参见 http：//www. epha. org/a/5806 last visit：28 Nov，2019。

② European Commission：Proposal For A Directive of The European Parliament And of The Council on The Approximation of The Laws，Regulations And Administrative Provisions of The Member States Concerning The Manufacture 12/0366（COD）.

③ 参见 http：//www. epha. org/a/5806 last visit：28 Nov，2019。

④ 参见 http：//www. europarl. europa. eu/news/en/news-room/content/20131004IPR21539/html/Tobacco-larger-warnings-flavours-banned-e-cigarettes-regulated last visit：28 Nov，2019。

会声明拒绝在《烟草产品指令》的修改中引入烟草平装要求，是因为该种措施可能将构成对知识产权、尤其是商标权的侵犯，该知识产权受到《欧洲基本权利宪章》第17条以及《欧洲人权公约》第1条的保护，因此拒绝引入烟草平装要求。①

本章小结

烟草控制是保护全球公共健康的重要方式。在FCTC达成后，各成员国均在国内制定了相关的烟草控制措施。乌拉圭作为世界上烟草控制较为严厉的国家，其颁布实施了一系列的烟草控制法案，要求在烟草产品包装上展示更大面积的健康警示，并对误导商标予以禁止；澳大利亚则颁布了更为严厉的烟草平装法，要求烟草产品的包装设计采用统一的规格和颜色，烟草商标也须使用统一的规格、字体和颜色在包装上展示，且对图案商标直接予以禁止。乌拉圭法案和澳大利亚烟草平装法案引起了烟草生产商的反对，认为烟草平装法案禁止其对商标的自由使用，且在商标展示上施加了诸多要求，侵犯了其商标权及与商标权相关投资者权利，违反了国内法律和国际投资条约，以此积极寻求国内和国际的法律救济；另外，在WTO法上，相关国家也认为澳大利亚的《烟草平装法案》违反了TRIPS协定的商标条款，并据此提起了WTO争端解决程序。

烟草平装法案也是全球第一起以公共健康保护为目标的商标使用限制措施，且大有全球推行之势。而且，在酒精产品、肥胖食品等其他与公共健康有关的产品上采取平装措施的呼声也越来越高。② 据此，作为商标使用限制的平装措施不仅在烟草领域上扩展到全球其他国家，还逐步推向其他产业。然而，烟草平装法案在国内法和国际法上所引起的法律争端却证明其在实践中上尚存在较大争议，需要在法律理论上进行深入探索。对于知识产权法而言，公共健康与商标权之间的关系问题也是首次进入研究视野，需要对这种公共健康视角下的商标使用限制措施进行理论验证。由于实践现象和理论研究对象尚存在一定距离，因此在进入理论探讨之前，应当将理论研究对象界

① 参见 http：//catallaxyfiles. com/2013/10/09/eu-rejects-plain-packaging/ last visit：28 Nov，2019。

② Is Alcohol Plain Packaging Next? 参见 http：//www. managingip. com/Article/3106292/Is-alcohol-plain-packaging-next. html last visit：28 Nov，2019；Introduce Plain Packaging For High Fat & High Sugar Content Foods. 参见 http：//epetitions. direct. gov. uk/petitions/42681 last visit：28 Nov，2019。

定清楚：本书所讨论的商标使用限制措施即是指以烟草平装为代表的包装限制措施，其基本内容是对商标在商品包装上的展示形式进行限制以及展示环境的限制，其根本目标是保护和促进公共健康。这种商标使用限制构成商标权限制的一项内容，虽然不能代替商标权限制的全部内容，但其根本性质即是商标权利的限制。由于这种公共健康视角下的商标使用限制措施已经成为立法实践，那么该种立法措施的正当性何在，能否以保护公共健康为理由对商标权进行限制，则是理论验证需要解决的首要问题。

第二章　公共健康视角下商标使用限制的正当性分析

公共健康视角下的商标使用限制措施是商标权权利限制的一项内容，这种权利限制需要得到理论上的正当性支持。首先，公共健康能够当然地成为一项原则性政策目标，但作为具体法律制度中的概念原则，则需要对“公共健康”在法律上的内涵外延进行界定，而“公共健康”的内涵外延又是建基于“健康权”这一法律权利之上的；其次，商标权限制是一项私权限制制度，公共健康保护需要通过私权限制的方式得到实现，即通过限制商标权来保护健康权(或者“公共健康”)。如此看来，在商标权和健康权之间似乎存在着某种权利冲突，如何界定两种权利之间的关系是考察商标权限制正当性的重要课题；再次，在知识产权法理论上，通过权利限制来保护公共利益也是一项基本原则，而知识产权法上的公共利益到底是什么，公共健康是否属于“公共利益”；最后，商标权的保护是否会对公共健康产生负面影响？如果商标权保护不利于公共健康，那么商标权利的运行何以影响公共健康？对商标权的限制又是否对商标权经济功能和商标权的私权价值造成冲击？本章将对上述问题进行探讨。

第一节　公共健康与商标权的价值序列分析

一、健康权：作为一项基本人权的考察

健康权概念的讨论早在18世纪即展开，欧洲早期的健康保险服务分配问题引起了学者和政府的关注，并在这一问题的讨论中引申出了经济社会权利的概念，并将“健康”作为一项基本个人权利进行探讨。[①] 在20世纪，联

① 参见Chuang-feng Wu. State Responsibility for Tobacco Control: The Right to Health Perspective. Asian Journal of WTO & International Health Law & Policy. September, 2008(3): 379。

合国《世界人权宣言》(UDHR)将人权分为两种：公民权利政治权利和经济社会文化权利。健康权属于经济社会文化权利的一种。UDHR 第 25 条规定，“每人均有权获得一种能够充分保障本人和家人健康的生活标准，包括食品、衣物、住房、医疗保障和必要的社会服务。”①在该条的基础上，《经济社会文化权利公约》(ICESCR)第 12.1 条声明各国承认“每人均享有获得最高身体和心理健康标准的权利”。② 关于上述联合国人权公约中所规定的“健康”之含义，《世界卫生组织宪章》在序言中认为，“健康是一种完整的身体、心理和社会存在状态，而不仅仅是免于疾病和虚弱。”“获得最高的健康标准是一项人人均享有的基本权利，不分种族、宗教、政治信仰和经济社会地位。”③健康权也被有关消除种族歧视以及妇女儿童保护的国际人权公约广泛认可，④ 区域性人权公约和非政府组织文件中也对健康权具有相同或者类似的规定。⑤

一般认为，健康权(right to health)即是指 ICESCR 规定的“获得最高身体和心理健康标准的权利”(The right to the highest attainable standard of physical and mental health)。⑥ 2000 年，联合国经济社会文化权利委员会通过了关于健康权的第 14 号一般评论，认为 ICESCR 第 12 条所规定健康权

---

① Universal Declaration of Human Rights, U. N. Doc. A/810, Dec. 10, 1948. (Article 25: . Everyone has the right to a standard of living adequate for the health and well-being of himself and of his family, including food, clothing, housing and medical care and necessary social services ...)

② Article 12. 1 of the ICESCR states “parties recognize the right of everyone to the enjoyment of the highest attainable standard of physical and mental health ...”

③ The preamble of WHO Constitution asserts that “health is a state of complete physical, mental and social well-being and not merely the absence of disease or infirmity,” and “the enjoyment of the highest attainable standard of health is one of the fundamental rights of every human being without distinction of race, religion, political belief, economic or social condition.”

④ 如《消除一切形式的种族歧视公约》(International Convention on the Elimination of All Forms of Racial Discrimination)第 5 条、《消除一切形式的妇女歧视公约》(Convention on the Elimination of All Forms of Discrimination against Women)第 11 条和第 12 条、《儿童权利公约》(Convention on the Rights of the Child)第 24 条。

⑤ 如《欧洲社会宪章》(European Social Charter)第 11 条、《非洲人权和人民权利宪章》(African Charter on Human and Peoples' Rights)第 16 条、《美洲关于经济、社会、文化权利的人权公约附加议定书》(Additional Protocol to the American Convention on Human Rights in the Area of Economic, Social and Cultural Rights)第 10 条。

⑥ Jennifer Prah Ruger. Toward A Theory of A Right To Health: Capability And Incompletely Theorized Agreements. Yale Journal of Law & the Humanities. 2006(18): 273。

“不仅包括及时和恰当的健康保障，还包括关于健康的决定因素，如获得安全和洁净的饮水以及充足的卫生条件，对安全食品、营养、住房、健康的生存环境条件，获得有关健康如性健康和生殖健康的教育和信息。”①上述国际人权公约中的健康权概念引起了学术界的广泛讨论，其中涉及对健康权的范围界定、健康权逐步实现原则和健康权的行使和执行方式等，本章以下进行详细论述。

(一)健康权的范围

区别于国际人权公约的阐述，学术界对健康权有着不同的定义方式。有学者认为，健康权应当理解为“一种能够获得系统有效健康体系的权利，该体系应当包括健康保障和健康决定因素，能够满足国家和地方的优先需求并使全体国民能够获得。”②还有学者对国际人权公约中健康权概念进行解构，认为健康权包括“获得健康保障(如医疗保障、疾病预防保障等)的权利和享有健康决定条件(如洁净水、空气、住房和衣物等)的权利”两种;③ 也有学者认为健康权包括消极权利和积极权利两种，消极权利(negative right)是指一种个人免于遭受身体和健康干预和妨碍的权利，即每个人有权对自己身体和健康情况的自由安排(freedom)，免于遭受酷刑、非自愿的药物治疗或药物试验的权利；积极权利(positive right)是指人人有权获得国家医疗保障资格(entitlement)的权利，即每个人应当成为国家医疗保障系统中的一员，国家应当为每个人在“获得最高健康标准”的权利上提供公平的健康保障机

① U. N. Econ. and Soc. Council [ECOSOC], Committee on Economic, Social, and Cultural Rights, General Comment No. 14: The Right to the Highest Attainable Standard of Health, U. N. Doc. E/C. 12/2000/4 (July 4, 2000)。

② 参见 Paul Hunt: Report of the Special Rapporteur on the Right of Everyone to the Enjoyment of the Highest Attainable Standard of Physical and Mental Health. E/CN. 4/2006/48, March 2006. (The right to health can be understood as “a right to an effective and integrated health system, encompassing health care and the underlying determinants of health, which is responsive to national and local priorities, and accessible to all”.)。

③ Chuan-feng Wu. Raising the Right to Health Concerns Within the Framework of International Intellectual Property Law. Asian Journal of WTO & International Health Law & Policy. 2010(5): 141. [The right to health should include both (1) the right to access health care (including medical care, preventive and primary health care, pre- and post-natal health care, mental health care), and (2) the right to enjoy underlying preconditions for health (including clean water, decent housing, and proper clothing).]

会。[①] 将健康权内容分为消极权利和积极权利两类的观点在学界虽然存在争论，但该种分类却得到了联合国等国际组织的认可，联合国开发计划署(UN Development Programme)在关于健康权内容的法律文件中认为，健康权包括权利自由和权利资格两个方面，国家在实现健康权的这两项内容上负有消极义务和积极义务，消极义务包括国家不应当采取健康损害行为，诸如酷刑、污染企业设立等；积极义务主要是指国家应当向国民提供生命健康所必需的条件，如洁净水、空气、卫生的生活环境和职业环境等。[②] 在此基础上，著名的公共健康法专家 David Fidler 教授将健康权的范围划分为四个层次，并用四个圈层来表述健康权的四个主要内容：最核心圈层为健康权的核心内容，即免于遭受刑讯、酷刑、非人道待遇等侵犯基本公民权利和政治权利且危害到生命健康的权利。例如 1994 年美洲国家间人权委员会在一起系列案件中将刑讯(torture)行为认定为违反了《美洲人权利义务宣言》中的健康权条款，即是该权利内容的一种体现；次级圈层为“人人有权免于遭受因政府不当行为而产生的健康损害。”这项权利内容是指如果国家未能有效应对因公共行为或私人行为引起的、可预见的健康威胁，则将构成对健康权的违反；再次级圈层为“政府向所有民众提供必要健康服务的义务”，如提供医疗保障、健康教育和信息等；最外围内容则是“政府向所有民众提供必要健康决定因素的义务”，如提供洁净水、空气、卫生的生活环境和职业环境等。[③] 从学界对健康权范围的界定上看，健康权的核心内容是消极权利，即免于遭受国家实施的健康损害行为，包括免于酷刑和免于监管失灵产生的健康威胁；积极权利则是健康权的另一重要内容，其包括获得国家基本健康服务和国家提供必要健康决定条件两项内容。

(二)健康权的实现

ICESCR 对健康权内容的实现方式规定了一项“逐步实现原则”(principle of progressive realization)。[④] 该原则要求健康权的基本内容应当根据各国的

---

① 参见 David P. Fidler. International Law and Public Health: Materials on And Analysis of Global Health Jurisprudence. New York: Transnational Publisher, Inc., 2000: 303。

② 参见 U.N. Development. Programme, Human Development Report 2000, para 93. http://hdr.undp.org/en/media/HDR_2000_EN.pdf last visit: 29 Nov, 2019。

③ 参见 David P. Fidler.. International Law and Global Public Health[J]. University of Kansas Law Review. 1999(1): 43。

④ 参见 article 2 of the ICESCR: “Each State Party undertakes to take steps ... to the maximum of its available resources, with a view to achieving progressively the full realization of the rights recognized in the present Covenant”。

经济发展水平和技术水平逐渐实现，健康权的全部内容不可能在短时期内覆盖全球所有人口，应当允许世界各国在健康权实现水平上存在差异。学术界对“逐步实现原则”的理念持认同态度，并对如何具体落实和实施“逐步实现原则”这一问题进行了详细论述。① 根据上述健康权范围的划分方式，第一，在免于遭受酷刑和其他有关生命健康的公民权利政治权利侵犯上，不得适用“逐步实现原则”。世界任何国家均不得以经济社会条件或者其他理由声称其可以对民众实施酷刑或者非人道待遇，各国应当无条件地承诺并完全实现该项健康权内容。第二，在免于遭受因政府监管失灵而引起的健康危害上，“逐步实现原则”应当有条件地适用。政府监管行为如果造成了实际健康危害，只有在下列情形下才能免责：①政府行为是按照法律规定或法律并未禁止而执行的；②政府行为与重要的公共利益相关；③ 政府行为是为了实现重要公共利益而采取的，且该政府行为只产生了最小的健康危害，且能够有助于实现该项公共利益。除了上述情形，政府行为产生了健康危害则将构成对健康权的初步(prima facie)违反。第三，在获得政府健康服务和必要健康因素这一内容上，“逐步实现原则”可以完全适用。由于世界各国经济社会发展水平不同，而健康服务和必要健康因素的提供需要以大量财政支出为保障，这与国家经济能力和财政收入直接相关。因此在政府提供健康服务和必要健康因素上允许各国存在差异，各国可以按照其经济水平的变化以“逐步实现”该项权利内容。② 但有学者认为，即便在这一项健康权内容上，各国也应当至少保证实现以下几项基本内容：一为基本医疗保障，包括育儿医疗保障、主要传染病的预防接种、普通疾病的适当治疗以及核心药物的基本供应；二为基本健康条件的供给，包括安全用水和基本卫生条件的保障以及免受严重环境污染所致的健康威胁。③

(三)健康权的行使和执行

健康权的行使和执行(implementation and enforcement)是指在侵犯健康权的情形下通过何种途径以寻求救济。在国际人权法上，健康权属于经济社会

---

① 参见 David P. Fidler. International Law and Public Health: Materials on And Analysis of Global Health Jurisprudence[M]. New York: Transnational Publisher, Inc., 2000: 306; Brigit C. A. Toebes. The Right To Health As a Human Right In International Law[M]. Antwerp/Oxford/Groningen: Intersentia, 1999: 284。

② David P. Fidler. International Law and Public Health: Materials on And Analysis of Global Health Jurisprudence. New York: Transnational Publisher, Inc., 2000: 306~307。

③ Brigit C. A. Toebes. The Right To Health As a Human Right In International Law. Antwerp/Oxford/Groningen: Intersentia, 1999: 284。

文化权利的一种，对健康权的救济途径可以从国际人权法上寻求。然而，在当前的国际人权条约中，并无任何一项关于违反健康权的个人或者国家申诉制度。国际人权法上只确立了国家报告程序，即由国际人权公约的成员国将公约在国内的实施情况向特定机构报告，国际人权公约的相关机构以此监测成员国的公约实施情况。然而，国际人权法上的这项国家报告程序并没有得到充分的发挥，在现实中并无多少成员国能够充分执行国家报告程序，且该种报告也是由成员国自行拟定、自我监督，并不具有充分的公信力。至于在健康权这一项具体的经济社会文化权利上，则更无相关监督执行机制的存在。有学者认为 ICESCR 委员会是“以一种肆意无序的方式来处理健康权问题”①，并没有充分促进健康权的有效执行。

在区域人权公约上，《欧洲社会宪章》在 1995 年通过了一项附加协定的谈判，该附加协定中设置了一项“机构申诉”(organization complaint)的权利，即机构可以就违反《欧洲社会宪章》的行为进行申诉，但个人不得进行申诉。然而，该附加议定书尚未生效。②《非洲人权和人民权利宪章》则规定，机构和个人均可以就侵犯人权的行为向委员会申诉。由于《非洲人权和人民权利宪章》中规定的基本人权包括健康权，因此从理论上说，健康权能够在该条约之下得到执行。但实践中尚无任何案例。③《美洲人权利义务宣言》和《美洲人权公约》也都规定个人可以就侵犯人权行为向相关机构进行申诉，④且已经出现了相关案例。如上文所述的系列案件，美洲国家间人权委员会判定刑讯逼供行为构成对健康权和其他公民权利的侵犯。除此之外还有其他两起案例：第一起是 1977 年的 Ache 部落诉巴拉圭政府案。⑤ Ache 部落认为巴拉圭政府在传染疾病流行的情况下将其部落成员抓捕却不予治疗侵犯了其健康权，美洲国家间人权委员会认可了该申诉，判定巴拉圭政府违反了《美洲人

---

① Brigit C. A. Toebes. The Right To Health As a Human Right In International Law. Antwerp/Oxford/Groningen: Intersentia, 1999: 284. (The Committee deals with the right to health in a somewhat haphazard fashion.)

② Additional Protocol to the European Social Charter Providing for a System of Collective Complaints, Strasbourg, 9. XI. 1995. See http: //conventions. coe. int/Treaty/en/Treaties/Html/158. htm last visit: 29 Nov, 2019.

③ African Charter on Human and Peoples' Rights. http: //www. achpr. org/instruments/achpr/ last visit: 29 Nov, 2019.

④ American Convention On Human Rights. http: //www. oas. org/dil/treaties_B-32_American_Convention_on_Human_Rights. htm last visit: 29 Nov, 2019.

⑤ Case 1802—Paraguay, in Annual Report of The Inter-American Commission On Human Rights 1977, April. 20, 1978, OEA/Ser. L/V/Ⅱ. 43.

权利义务宣言》的规定，对 Ache 部落成员的健康权和其他公民权利构成侵犯；另一起是 1985 年的 Yanomami 部落诉巴西政府案。[①] 该案为巴西政府启动了一项公路修筑计划，将 Yanomami 部落的居住地暴露在传染疾病的流行之中，使得部落中爆发了传染性疾病危机而巴西政府并未就此进行解决。美洲国家间人权委员会最终判定巴西政府违反了《美洲人权利义务宣言》的规定，侵犯了部落成员的健康权。

综上论述，健康权是以"基本人权"的角色与定位存在于人类权利体系之中的，健康权的国际法渊源是国际人权公约。从国际人权法上看，健康权内容更多的是体现为一种国家义务，即国家应当实现哪些条件、不得采取哪些措施，以此来保障公民能够达到一种"身体、心理和社会存在的完整统一"状态。从法律权利理论的角度上看，健康权则是指个人在健康状态获得上所应当享有的一种能力、资格或者待遇(权利)，而与此相对应的则是国家及政府在该种能力、资格或者待遇的获得和赋予上所应当承受的负担和职责(义务)。在权利内容及其实现方式上，健康权更多地强调国家对个人健康状态获得上的具体义务和职责。换言之，健康权在本质上应当是一种国家义务，即国家如果采取了适当的措施、禁止了某些政府行为，即可以认定健康权得到了充分实现。国际法学界对此也形成一致观点，即"健康权"(right to health)不能理解为"健康者权"(the right to be healthy)，[②] 国家及政府不可能也不应当对每一位个人的健康状态进行担保(guarantee)。由于每位个人的先天身体条件和后天生活习惯以及诸多客观因素均存在差异，国家和政府不可能保证每一个人均是"健康者"，而每一个人也不能以自己在通常意义上的健康状况不佳而主张"健康权"(right to health)，或者以此为由主张国家或政府侵犯了其"健康权"。只要国家和政府在上述健康权的内容和实现方式上充分地履行了相关义务，即可认定为其对全体国民实现(或部分实现)了"健康权"。

二、商标权：作为一项拟制私权的考察

商标权作为一种法律拟制的知识产权，其进入人类权利体系的历史并不

① Case 7615—Brazil, in Annual Report of The Inter-American Commission On Human Rights 1984—1985, Oct 1, 1985, OEA/Ser. L/V/Ⅱ. 66.

② Illari Aragon Noriega. Judicial Review of the Right To Health and Its Progressive Realisation: the Case of the Constitutional Court of Peru. UCL Journal of Law and Jurisprudence. 2012(1): 166~187. (The right to health is not equivalent to the right to be healthy)。

长远。现代意义上的商标权成为一项正式的法律权利，应当是在18世纪的工业革命和机器化大生产时期。商标权作为一项与商品信息和商业活动密切相关的权利，其只有在商品市场发展到一定时期才能完全发挥其权利功能。工业革命通过机器化大生产使得厂商大幅度提高了商品生产制造能力，从而使得市场上的同类商品逐渐增多；另一方面，机器化大生产进一步促进了社会分工，工作职业的精细化使得社会成员均需要通过商品交换的形式来实现物质需求，而机器大生产在提高厂商生产效率的同时也促进了工人的薪资水平提高及消费能力的提高。在这一社会背景下，同类产品增多，消费市场扩大，需要法律对商品市场上的相关利益关系进行调整，以明确交易规则、减少交易成本，促进商品市场的进一步完善。在商品市场中极为重要的一种利益关系即是商品生产商或者销售商之间的竞争关系。由于商品市场的不断扩大，商品除了在厂商生产地进行本地流通外，还大量地向外地甚至外国流通。在这种情形下，如果某一生产商生产的商品具有较高的品质，其在商品市场上的销售量比其他同类生产商生产的商品更高，就将使得其他的同类生产商处于竞争劣势。对这些竞争者而言，提高销售量的最有效方式即是将厂商标识换成市场认可度高的那一个厂商标识(因为商品本身是一样的)，这样至少可以在短时间内获得利润，且没有任何风险。当然，这对于被仿冒的生产商而言，则会带来巨大的商品销售损失。随着类似纠纷的增多，普通法在审判实践中开始慢慢确立起了一种基于欺诈行为和不正当竞争的判例原则来处理类似案件，这是商标权保护在普通法上的雏形。英国法院在1824年处理的Sykes v. Sykes案，即是在普通法判例确立起商标保护原则的第一例案件。① 该案原告是一家生产子弹带和火药桶的厂商，其在商品上记载了“Sykes Patent”的标记以区别其他商品。原告的商品质量优良，在市场上享有极大的声誉。被告则对原告的标记进行仿冒，也将“Sykes Patent”的标记用于其生产的商品之上。原告诉诸法院，法院最终以禁止欺诈的理由确认了原告对标记的使用权，并禁止被告使用原告的标记。在此案形成先例之后，普通法均是以禁止欺诈的理由来处理类似案件。然而，随着工业文明的进一步发展，商品市场在经过长时间的发展后进一步成熟，一些品质较高的商品已经在市场中形成了稳定的声誉。在此背景下，生产商迫切希望通过国家立法的形式对其商业标记赋予专有的财产权，以减少诉讼成本，强化商业标记

① 参见Keith M. Stolte. How Early Did Anglo-American Trademark Law Begin? An Answer To Schechter's Condundrum. Fordham Intellectual Property Media & Entertainment Law Journal. 1998(8): 505。

保护。但这一立法动议在英国国会遭遇了激烈争论，是否对商业标记赋予一种专有的垄断权利是争论的焦点。① 生产商以其在商业标记的声誉形成上付出了大量的经营投入为由，极力主张其应当获得专有的财产权利；但反对者认为如果对其赋予专有权，则会导致商业标记的自由转让，不利于保障商品质量的提升，且将使得劣等商品标有优等商品的标记，实际产生欺诈效果，与现有的普通法判例精神不符。最终英国国会拒绝了对商业标记赋予财产权，而只是将现有的普通法判例精神以立法形式确定下来，即通过立法禁止他人仿冒原持有人的商业标记，违法者将要受到刑事处罚。

现代商标法和国际条约均是以上述权利内容为基础来设置权利条款的。商标权的核心内容即是防止他人未经商标权人同意使用其商标。法律对商标权人赋予的这一权利内容是一项消极权利，在立法上并未明确赋予商标权人以一种"排他的商标使用"自由和权能，商标权人对商标标记的"使用"权利只是得到了一种立法上默许，本章将该权利内容称之为附属内容，禁止使用应当是商标权的核心内容。商标权的核心价值则是通过禁止他人使用商标来避免商品混淆，从而保护消费者在商品搜寻和商品获得上的权益。在这一时期，商标权也仅仅是在"同类商品"这一范围上适用。然而，随着商品经济的发展，强大的商人利益驱动使得商标权的适用范围越来越大，逐渐从"同类商品"扩展到"相关商品"的范围上，也就是说，法律不仅禁止在同类商品上使用商标权人的商标，还禁止在相关商品上使用。另外，随着商人利益集团的不断壮大，某些大型品牌商标在本国市场甚至世界市场上均具有极高的知名度，使得法律进一步扩展对商标权的适用范围，即在驰名商标的保护上将商标权适用范围扩展到全部商品种类，商标权的核心价值也从混淆避免扩展到淡化避免(本章第三节将会重点论述)。

考察商标权的历史发展可以发现，商标权本身并不是一项自然权利，而是在人类文明发展到一定阶段的产物，并且可以随着人类文明的进步在法律上不断扩大其适用范围。商标权是一项法律拟制权利，其权利内容、适用对象和适用范围均需要通过法律予以明确规定，这即是学界讨论的"知识产权法定"原则。② 从现代商标立法发展来看，法律虽然一直在扩展着商标权的适用范围，但其核心权利内容并无实质变化，即"禁止他人未经同意使用商

① 参见 Report From The Select Committee On Trade Marks Bill, and Merchandize Marks Bill, 12 Parliamentary Papers 1862。

② 参见郑胜利：《论知识产权法定主义》，载《北大知识产权评论》第 2 卷，法律出版社第 2004 年版，第 57 页。

标”，变化的只是这一权利内容的适用范围。法律通过对商标权的拟制，赋予商标权人以一项“禁止他人使用”的消极权利，这也即意味着商标权人的权利行使方式更多需要通过司法和行政的手段进行主张(当然商标权的立法有助于仿冒者认识到其违法成本和风险)，换言之，法律创设的这一项权利，更多地需要国家在对这项权利的保护上承受司法和行政执法上的负担。这一点与健康权的权利性质类似，国家需要对法律认可的商标权(即注册商标)提供保护，保护方式即是通过被动的司法诉讼以及主动的行政执法以惩处仿冒行为。

三、人权与私权：人类权利体系中的价值序列

作为基本人权的健康权和作为拟制私权的商标权本是人类权利体系下两个相对独立的法律权利，两种权利在各自的规则体系下相安无事地运行。然而，随着人类活动领域的拓展以及权利规则适用的扩大，不可避免地会在某一法律事件(或法律现象)上使得两种各自独立的权利开始走向交集，基于公共健康保护的商标权限制措施即是典型体现。从表面上看，健康权的某些权利内容需要通过限制商标权的方式得以实现，如此似乎很容易可以得出健康权和商标权之间存在“权利冲突”这一结论。然而，健康权和商标权之间果真存在权利体系上的“冲突”吗？还是因为在权利体系外部的某些制度发生了兼容调试上的问题，使得两种本来互相独立的法律权利开始针锋相对？这一问题或许可以从学界对专利权和健康权之间关系的讨论中找到启示。学界对专利权和健康权的关系问题存在三种不同的观点：第一种观点认为健康权属于人权，专利权也属于人权，健康权要优先于专利权。① 该观点将专利权归入人权的主要理由来源于 UDHR 第 27 条和 ICESCR 第 15 条的规定，这两个条文均规定“每人均享有对其作为作者或发明者的科学产品中获得的人身利益或实际利益进行保护的权利”。从该条文中引申出专利权应当属于人权范畴；第二种观点认为专利权和健康权是直接冲突的两种权利。理由在于专利权保护是侵犯最不发达国家人民健康保障这一基本人权的最大原因，“强大的专利保护损害了基本人权，尤其是经济社会文化权利。专利保护与

---

① 参见 P. K. Yu. Reconceptualizing Intellectual Property Interests in a Human Rights Framework. University of California Davis Law Review2007(40)：1039，1084。

人权义务范围存在根本的不兼容。”①联合国的一份报告也持相同观点，“在TRIPS协定的执行和经济社会文化权利的实现上存在着实际和潜在的冲突。”②关于如何解决该种冲突，有学者提出应当将更优先的地位赋予健康权这一基本人权，而知识产权则是次要的私权，方可以解决当前在国际法实践中存在的冲突；③ 第三种观点则认为专利权和健康权是共存(coexistence)的两种权利。该观点认为专利权和健康权应当是两种并行不悖的权利，而且专利权通过赋予创新者一定的激励，能够进一步地促进人类健康水平的提高，从而有助于健康权的实现。两种权利能够通过相关的制度安排进行协调，不存在根本性的冲突。专利权应当是健康权实现的一种途径或者其中的应有之义，而不应是健康权的对立。④

通过上述关于专利权和健康权关系的回顾，可以发现在分析两种权利之间的关系时应当注重对两种权利的价值位阶、权利内容和权利实现方式进行“解构式”的多层次分析，方能得到较为科学的结论。本章以下即从上述几点分析健康权和商标权之间的关系问题。

(一)价值位阶

健康权是一项基本人权，其作为一项经济社会文化权利存在于国际人权法之中。而在经济社会文化权利体系上，健康权居于首要地位。这源于人类生命健康是一切经济社会价值目标的重中之重，如果生命健康受到威胁或者严重不佳，那么其他的经济权利、社会权利和文化权利将必定不能得到很好的享有和实现。健康权是保证个人生命和人类整体生存和发展的基础，在价值属性上其具有超越一切其他价值的地位。商标权是一项法律拟制权利，其不具有人权意义，不应当成为人权体系下的一种权利。著作权和专利权在一

① 参见 L. R. Helfer. Human Rights and Intellectual Property: Conflict or Coexistence? Minnesota Intellectual Property Review. 2003(5): 48. (“Strong patent protection undermines — and is therefore incompatible with — a broad spectrum of human rights obligations, especially in the area of economic, social and cultural rights.”)。

② 参见 UN Economic and Social Council: Sub-Commission on Promotion and Protection of Human Rights, Intellectual Property Rights and Human Rights, 17 August 2007, Res 2000/7 UN Doc E/CN. 4/SuB2/RES/2000/7, para. 11. (Actual or potential conflicts exist between the implementation of the TRIPS Agreement and the realization of economic, cultural and social rights)。

③ 参见 L. R. Helfer. Human Rights and Intellectual Property: Conflict or Coexistence?. Minnesota Intellectual Property Review. 2003(5): 48。

④ 参见 C. G. Weeramantry. Human Rights and the Global Marketplace. Brooklyn Journal of International Law. 1999(25): 27。

定意义上归入人权范畴尚可得到哲学理论支持，但作为一种标识性权利（而非创造性权利）的商标权在理论和实践上均不应当是一种基本人权。商标权就是一项经济权利，其价值在于为人类经济活动提供某种交易规则，稳定交易秩序，优化竞争环境。因此，从价值属性上看，作为首要人权的健康权在价值位阶上应当优于作为经济权利的商标权，在人类权利价值上健康权的层次要高于商标权。基于以上分析，如果在某些法律实践或法律现象上两种权利出现交集，需要在两种权利之间进行取舍，那么健康权应当取得更优地位。当然，这种取舍只是基于价值判断上的取舍，由于健康权和商标权各自具有独立的权利保护制度和权利实现方式，如果能够通过制度协调的方式解决两种权利之间的表面冲突，使得两种权利回归平衡，则是最佳解决之道。

（二）权利内容

根据上述分析，健康权的权利内容包括积极权利和消极权利。积极权利是指获得某些必要的健康条件的权利，消极权利是指免于遭受健康威胁的权利。对政府而言，健康权要求政府提供必要的健康条件和禁止实施危害健康的政府行为；商标权的核心权利内容是“禁止他人未经同意使用商标”，即权利人有权要求他人在商品交易活动中不得使用其商标标记，同时获得在法律允许的情形下对商标的使用资格。因此，从权利内容上看，健康权和商标权应当是两项共存的权利，因为二者的权利内容不发生任何的重叠交叉，权利主体在享有健康权的同时并不排斥商标权的同时运行。换言之，健康权所要求的健康条件（如空气、水、健康保障、健康教育）以及健康威胁避免（如刑讯、传染疾病控制失当等）与商标权所要求的“禁止使用商标”可以同时存在，商标权人禁止他人使用商标以及自行使用商标并不会阻碍他人对健康条件的获得以及对健康威胁的避免。

（三）权利实现方式

如上所述，健康权的权利内容更多的是强调政府义务，即要求政府在健康权内容上负担职责，也就是说，政府是健康权的义务主体。健康权的实现方式是由政府提供必要的健康条件和政府不得实施某些必要的行为；商标权的实现方式也需要得到国家保障，因为“禁止他人使用”商标的消极权利需要通过司法程序和行政执法获得支持。另外，“允许本人使用”也需要得到国家法律的保障和支持。因此，国家通过法律拟制了商标权这一项法律权利，即向国家（政府）施加了一种“商标保护”的义务，如果商标权人主张侵权，则国家有义务对侵权者予以打击。另外，法律拟制的商标权还允许权利人在拟制范围内对商标进行“个人使用”，又向国家（政府）施加了一种对“商标本人使用”的容忍（当然该种容忍是以法律规定为前提的）。在一般情形下，对健康权实现的国家义务和对商标权实现的国家义务并不发生冲突，但随着两种权利(尤其是商标权)在实践中的不断扩展，使得国家在履行两种义务上可能发生冲突。例如，卫生健康的生存环境和职业环境是健康权的内容之一，该权利内容的实现需要国家采取一系列措施提供和保证生存环境和职业环境的卫生；商标权保护则要求国家提供司法资源和行政资源以打击“他人使用商标”并依法允许“本人使用商标”，在国家采取了强有力的司法措施和行政措施对商标权进行强力保护，商标在市场上的认知度越来越高，而商标之下的商品消费也越来越多，最终使得商品在全社会流行开来。如果这种商标是烟草商标，商品为烟草商品，烟草商品在社会的广泛流行则必然会导致生存环境和职业环境的不卫生，而提供卫生的生存环境和职业环境又是国家在健康权实现上的义务，健康权实现和商标权保护上的两种国家义务之间最终发生了对抗。然而，国家义务(或者政府行为)是一个制度概念，即政府应当作为和如何作为是根据一国的行政制度而定的，政府在国家治理过程中需要履行多种多样的义务，该些义务的履行和职责分配均是国家治理体系中的具体环节。因此，在具体的国家义务发生冲突时，应当通过治理体系下的制度协调以合理解决义务履行上的冲突。以上述生存环境和职业环境的卫生保障为例，政府在履行这一义务上可以采取多种措施实现该权利内容，例如公共场所禁烟令、烟草广告禁止令等，烟草商标限制也可以成为一项制度措施，但前提必须是有证据证明烟草商标及烟草产品的流行是生存环境和职业环境不卫生的重要原因，并且对烟草商标进行限制需要通过法律的授权方能采取，该种限制还需通过科学的评估论证以保证商标权限制程度是在健康权实现这一目标范围之内，使得商标权和健康权仍然能够达到共存与平衡(本书第三章和第四章将重点讨论该问题)。

综上论述，与其说健康权和商标权之间存在“权利冲突”，倒不如说是两种权利的实现方式发生了冲突，且该种冲突还是一种“间接冲突”。事实上，该结论也可以从国际组织文件中得到支持，上文所述的联合国文件即认为“TRIPS 协定的执行和经济社会文化权利的实现之间存在着实际和潜在的冲突”，即商标权的执行和健康权的实现上存在冲突。然而，权利执行和权利实现是一种制度安排，可以通过制度协调的方式来解决该种冲突。总之，健康权和商标权能够在人类权利体系中相互共存，商标权不应当成为健康权实现的一种障碍，这需要在两种权利的实现方式上进行制度协调，以保证两项权利的共同实现。

第二节　公共健康视角下商标使用限制的法哲学分析

一、公共健康：作为“公共利益”的法哲学基础

(一)公共健康的概念

“公共健康”作为一项具体法律制度或者法律部门的政策目标，必须对其内涵外延进行清晰界定。然而，对一项法律术语进行定义却是法律科学中最为困难的问题。有学者戏称，公共健康的定义可以从“WHO 对健康理想状态的乌托邦式定义到具体的公共健康实践清单”中找到无数种定义方式。①在学术界和立法实践中，对公共健康的定义确实存在多种观点。但各方均比较认同和接受的定义是 1988 年美国医学会在一份名为《公共健康的未来》的报告中所表述的定义，该报告认为，“公共健康是指我们作为一个社会整体，通过集体行动来保障人民成为健康者的各种条件。这要求那些对公共性健康的持续性或突然性威胁进行有效的解决。这些威胁包括突发性危机，如艾滋病流行；也包括持续性威胁，如受伤和慢性疾病；还包括日益凸显的挑战，如人口年龄、现代经济下的有害产品及其毒性次生品通过水、空气、土壤和食物传播毒性。这些以及其他的公共问题对国家健康保护提出了更多要求，并需要通过公共部门采取有效的、有组织的、可持续的努力予以解决。”②根据这一定义，首先可以明确的是，公共健康是以社会整体为对象的，且公共健康是以一种“集体行动”的方式而不是以个人行动的方式采取措施。③ 然而，上述公共健康定义中所述的“使人民成为健康者的条件”并不明确哪些条件能够“使人民健康”。可以说，“条件”的多少将直接影响公共健康的范围大小。学术界在对公共健康的定义和范围界定存在差别即来自于对上述“使人民健康条件”的不同理解，公共健康在理论上存在广义与狭义之分。

---

① Lawrence O. Gostin, Conceptualizing the Field After September 11th: Forward to a Symposium on Public Health Law. Kentucky Law Journal. 2002 (90): 791, 793 ~ 794. (“Ranging from the utopian conception of the World Health Organization of an ideal state of ‘physical, mental and social’ health to a more concrete listing of public health practices.”)

② 参见 Institute of Medicine., Comm. for the Study of the Future of Public Health, The Future of Public Health 1988: 19.

③ Wendy E. Parmet. Populations, Public Health, and the Law. Washington: Georgetown University Press, 2009: 8.

广义上的“公共健康”是一种“人口健康”(population health)。[①] 该观点认为，“大多数人类活动和环境特征均会对人口中的健康分配和人口健康水平产生影响”。[②] 公共健康威胁不仅仅是指生物学意义上的疾病病原体、有害性病毒细菌及其对人体造成的伤害，还包括社会学意义上的人类活动和生活方式。并且，随着时代的不断进步，人类行为俨然成为多种疾病发生的罪魁祸首，例如癌症、心脏病和中风等疾病的发生，主要原因均是以不良饮食习惯、吸烟、酗酒为代表的人类生活方式。[③] 另外，从更广泛的意义上看，健康问题还是一种经济、社会、文化、政治、环境等多方面影响的产物。因此，公共健康威胁应当是一个完整的“生态系统”，其中即包括了生物学意义上的病原体作用而直接引发的健康问题，也包括人类不当行为以及经济社会文化政治等多种因素的综合作用而产生的健康问题。因此，在认定“使人民健康的条件”问题上，应当囊括在这一“生态系统”内的所有因素，即“使人民健康的条件”应当广泛包括一切生态要素。在这个意义上，囊括生态系统一切要素的健康条件所指向的对象则应当是一个社会整体或者“人口整体”，而不应当是单独的某个个体。公共健康关注的是一个不特定数量的人口群体，其本质是一种“人口健康”。与人口健康相对应的是“个体健康”(individual health)，其是一种医学意义上的概念，指具体个人出现健康问题以寻求医疗解决，其核心是个案病人的医学治疗。人口健康关注人口整体的健康水平，而个体健康关注的是具体个人健康。因此，公共健康是一种人口导向(population oriented)概念，其注重对人口整体的健康条件和流行病学分析，而个体健康是一种个体病人导向(individual patient oriented)概念，其单纯注重于个体病人的医疗治愈。总之，“作为一项国家公共政策目标，公共健康即意味着一般人口和社会大众享有普遍的健康和卫生条件，并免于遭受

---

① Lawrence O. Gostin. Theory and Definition of Public Health Law. Journal of Health Care Law and Policy. 2007(10): 7. (“Public health is organized to provide an aggregate benefit to the mental and physical health of all the people in a given community. Classic definitions of public health emphasize this population-based perspective.”)

② 参见 Scott Burris. Making the Case for Laws and Improve Public Health: A Framework for Public Health Law Research, 88 Milbank Q. 174 (2010). http://www.atds.org.tn/Laws_Improving_Health.pdf. last visit: 29 Nov, 2019.

③ Lawrence O. Gostin, Scott Burris, & Zita Lazzarini. The Law and the Public's Health: A Study of Infectious Disease Law in the United States. Colum. L. Rev. 1999: 59, 70。

因一般疾病或流行疾病所带来的伤害或死亡。”①“对个体健康而言，病人是一个特定个人；对公共健康而言，病人则是一个群体或者是一个人口整体。公共健康的目标即是在全体人口中减少疾病和死亡。”②

狭义的公共健康仅仅是指国家政府在卫生监管和健康治理上的权力、义务和职责，其本质是一种“公共性健康”(the health of public)。该观点认为，“公共健康指向应当是一种对权力、义务、权利和职责的描述，公共健康应当适用到具体的机构和个人之中，如公共卫生部门和公共卫生人员。”③狭义的公共健康概念是从政府健康规制措施的角度出发的，其认为“公共健康”应当是一个严谨且有所特指的法律概念，其对象只是那些政府有权力、有义务和有职责进行干预的健康事项，公共健康的范围只能包括这些事项而不能随意扩大。“政府干预型公共健康是指政府人员根据具体的法律规定，在综合平衡公共利益和私人权利之后采取适当措施以保护的那些公共性健康。”④狭义的公共健康概念认为，政府干预只有在以下情形中才具备正当性：①公共性健康被病原体传播(如传染性疾病)或污染物质(如水污染)等事项遭受威胁时；②只有政府才具备某种能力和资格时(如疾病监测等)；③政府行为更加有效或者更加可能产生效果时(如新生儿筛查)。⑤ 狭义的公共健康概念侧重于指向具体的、需要政府干预的健康事项，一般而言，只有在重大的集体行为问题上才需要政府干预。因此，狭义的公共健康主要是指以传染性

① 参见 Black's Law Dictionary, 8th ed. 2004: 737. (“ Public health means the prevailingly healthful or sanitary condition of the general body of people or the community in mass, and the absence of any general or widespread disease or cause of mortality.”)。

② D. E. Beauchamp and B. Steinbock. Population Perspective. D. E. Beauchamp and B. Steinbock. New Ethics for the Public's Health. New York: Oxford University Press, 1999: 25. (“Whereas in medicine, the patient is an individual person, in public health, the ‘patient’ is the whole community or population. The goal of public health is to reduce disease and early death in populations.”)

③ Mark A. Rothstein. Rethinking the Meaning of Public Health. J. L. Med. & Ethics. 2002(30): 144. (The term ‘ public health’ is a legal term of art, and it refers to specifically delineated powers, duties, rights, and responsibilities. Even beyond its legal usage, public health applies to specific institutions and individuals, such as public health departments and public health officials.)

④ Mark A. Rothstein. Rethinking the Meaning of Public Health. J. L. Med. & Ethics. 2002(30): 146.

⑤ 参见 Mark A. Rothstein. Rethinking the Meaning of Public Health. J. L. Med. & Ethics. 2002(30): 146。

疾病为代表的重大健康危机，并以此寻求的政府干预。①

（二）公共健康的哲学基础

从功利主义或结果主义的角度上看，无论是广义的还是狭义的公共健康，其价值目标都是为最广大的人口群体实现最大化的健康福利。也就是说，公共健康是一种公共的整体福利，希望在全体民众之间实现最大健康效果。从这个意义上讲，为了达到这种最优效果，“公共健康可以被认为是一种最重要的利益”，② 而允许对相关个人利益进行必要的牺牲。然而，在狭义概念上，公共健康的最大追求应当是以最小的个人利益妨碍来实现最大人口的健康福利。例如，国家政府在对待烟草控制、清洁空气和安全工作环境上是希望达到一种“全体受益”（common good）的目标。③ 虽然公共健康的保护会对某些个人利益造成损失，但一般而言，公共健康措施只会对那些危及到全体人口健康水平的个人利益或者商业利益产生影响，相比之下，全体的受益要远远大于个体损失。因此，公共健康追求的全体人口的整体福利在增加，而在这一政策目标之下将必然要采取一些对个人利益存在妨碍的措施。然而，每一社会成员均对其他成员负有增进“共同利益”（common good）的义务，④ 因此在公共健康范式下，每一社会成员应当对其某些权利和自由有所让渡，只要该让渡是基于增进整体福利的目的。

其次，公共健康提供的是全体社会成员均能受益的“公共产品”（public good）。根据上述公共健康的定义(无论广义还是狭义)，公共健康所指向的核心内容是“使人民健康”的条件，这种健康条件即是一种全体社会成员均能获得和享有的公共产品，如洁净水、清洁空气等。从这个意义上看，公共健康既是一种价值目标也是一种公共产品，因为如果实现了一种“最大人数上的最优”（即实

① 参见 Mark A. Hall, The Scope and Limits of Public Health Law, 43 Persp. Biology & Med. 2003：S204。

② Lawrence O. Gostin. Theory and Definition of Public Health Law. Journal of Health Care Law and Policy. 2007(10)：7.（“Population health becomes a transcendent value because a certain level of human functioning is a prerequisite for activities that are critical to the public's welfare—social, political, and economic.”）

③ Lawrence O. Gostin. Public Health, Ethics, and Human Rights：A Tribute to the Late Jonathan Mann. The Journal of law, medicine & ethics. 2001(29)：125. [Public health focuses almost exclusively on one vision of the “common good” (health, not wealth or prosperity), but this is not the same thing as sacrificing fundamental interests to produce the best overall outcome.]

④ Lawrence O. Gostin. Public Health, Ethics, and Human Rights：A Tribute to the Late Jonathan Mann. The Journal of law, medicine & ethics. 2001(29)：125.（“Members of society owe a duty — one to another and to all — to promote the common good.”）

现了“公共的健康”),[①] 每一社会成员均能在这一状态之下获得利益。

再次，公共健康是社会正义(social justice)的基本要求和基本内容。[②] 社会正义是指对各社会成员应当得到的待遇予以公正的、公平的和适当的分配。其核心在于分配的正义。公共健康是一种社会整体均能受益、有助于每一社会成员的生命质量提高的状态，且公共健康能够通过此种状态来实现对社会弱势群体和弱势成员的需求分配。[③] 公共健康本身就是一种社会正义。

最后，从国家概念上看，公共健康也处于国家主权的核心地位。原因在于更好的社会环境有助于提升其政府的执政合法性和权威性，还在于公共健康是国家管辖下人口的必要条件。在国际法上，“固定的居民”(即人口)是国家构成的首要因素。因此，有学者将公共健康认定为一种“国家利益”(national interest)，即国家把其国内人口居民的整体健康视为最重要利益，[④] 公共健康是国家构成上的重要内涵，蕴含着政府合法性、公民权利获得和人民福祉实现等多重价值，而且在一定程度上还是这些价值的根本基础。

二、公共健康保护与私权干预规则

从政治哲学的角度看，无论将公共健康定义成人口健康还是公共性健康，都具有政治哲学意义上的“公共性”。政府对这种公共性事务负有义务和职责。政府对公共性事务的义务和职责来源于政治共同体理论(theory of political communities)。该理论认为，“政治团体中的成员关系极为重要，因为政治团体中的每一位成员都与其他成员互相依赖且互负义务，而最为重要的一种依赖即是对集体性安全和福祉的依赖。”[⑤]而公共健康应当是这种“集

① 参见 Peter D. Jacobson & Soheil Soliman. Co-opting the Health and Human Rights Movement. J. L. Med. & Ethics. 2002(30): 709。

② 参见 Dan E. Beauchamp. Public Health as Social Justice. Dan E. Beauchamp & Bonnie Steinbock. New Ethics for the Public's Health. New York: Oxford University Press, 1999: 101, 105。

③ 参见 Lawrence O. Gostin & Madison Powers, What Does Justice Require for the Public's Health? Public Health Ethics and Policy Imperatives. Health Affair. 2006(4): 1053-60。

④ 参见 David Fidler. International Law and Public Health: Materials On and Analysis of Global Health Jurisprudence, New York: Transnational Publisher, 2000: 68。

⑤ Michael Walzer. Sphere of Justice: A Defense of Pluralism and Equality. New York: Basic Books, 1983: 64. (Membership is important because of what the members of a political community owe to one another…and the first thing they owe is the communal provision of security and welfare.)

体性安全和福祉”的重要内涵。在政治团体中维系这种团体成员之间的依赖关系需要将个体成员的一部分福利进行让渡，以维持“集体性安全和福祉”。“有组织的社会保障是有关健康、福祉和安全的共同受益，而社会成员应当将其福利置于社会整体福利之下。”全体社会通过达成这一项福利让渡的社会契约，并通过其民主选举产生的政治团体组织来实现对全体社会成员的“集体性健康、安全和福祉”。在法学理论上，即国家政府根据宪法规定采取相关的政府行为，保障全体人口的公共健康福利。只有宪法授权下的政府行为才能对个人权利和自由实施某种限制，因此，也只有政府才能承担起公共健康保护的义务和职责。

国家政府负有保护公共健康的义务和职责，而政府在履行该义务和职责过程中往往会对个人权利和个人自由造成限制或阻碍。例如，政府颁布关于使用汽车安全带和摩托车安全帽的强制性法律，将会对个人在行为选择上的自由造成限制。反对者会基于自由权利理论认为政府行为侵犯了其个人自由；再如，政府对某些会对公共健康造成威胁的产品提高税收，产业利益者则会基于经济自由权利认为政府干预是一种不正当干预。随着经济社会发展的不断进步，政府的公共健康保护措施和个人权利与经济权利保护之间的关系越来越紧张。例如法国曾经出台一项法律，禁止在学校范围内出现爆米花机，以保护儿童饮食健康、减少肥胖；荷兰、挪威、英国等国家法律要求在学校范围内免费提供水果或者低价提供水果，以改善儿童的饮食结构；[①] 丹麦甚至出台了全球第一个关于肥胖税征收的法律。[②] 上述公共健康保护措施在各个国家均遭到了产业利益集团的反对，其基本理由即是国家不应当对经济自由权利进行过多的干预。

根据以上分析，虽然在政治理论上国家有义务和职责以保护公共健康，也可以基于公共健康保护对相关的个人权利和经济权利进行干预，但问题是公共健康保护措施对个人权利和经济权利干预的限度是什么。换言之，社会成员为保障一种“集体性的健康、安全和福祉”负有让渡一部分个人权利和经济权利的义务，但这种让渡显然不应该是一种全部的让渡或者过分让渡，否则将会对“政治共同体”和“社会契约”的合法存在造成冲击。因此，必须对政府的公共健康保护措施设定一种边界，使其在公共健康这一“整体福

① 参见 WHO, Nutrition, Physical Activity and the Prevention of Obesity: Policy Developments in the WHO European Region, Copenhagen: WHO Regional Office for Europe, 2007: 4。

② BBC News, Denmark Introduces the World's First Food Fat Tax, 1 Oct., 2011.

利”和个人权利这一“个体福利”之间达到某种平衡。这一点在狭义的公共健康概念上尤为重要，例如在狭义公共健康概念中所述的政府干预正当性条件，即是一种对公共健康措施的边界设定，要求政府必须在满足该三项条件下才能采取相关公共措施。

三、商标权限制：权利保护和公共利益之间的平衡机制

根据上述“政治共同体”理论，共同体的每一成员均对其他成员互相负有义务，这即意味每一个共同体成员均是以“相对性”方式存在于共同体之内。从自由理论上看，任何一个共同体成员均不可能享受某种“绝对的自由”，而只能获得“相对自由”。哲学意义上“自由”概念往往与法学意义上的“权利”概念相呼应。事实上，根据法律权利理论，权利本身也是一个相对性概念。在法律权利体系中几乎很难找到某种绝对意义上的“对世权”。即便在民事法律权利中的“物权”被认为是一种“对世权”，但这种“对世权”概念只是在民法意义上的、与“债权”相对应的一种权利性质解读，作为对世权的物权在遭遇公共利益需要的时候同样需要进行让渡，虽然法律上也设定一套补偿规则和正当程序规则，但这依然证明即便作为对世权的物权也可能遭受剥夺或者限制。因此，在法律权利体系中存在一个永恒的法则：有权利就有限制，有原则即有例外。当然，一般的法律原则是“权利保护为原则，权利限制为例外。”

知识产权法作为一种与公共利益密切相关的法律部门，更加需要通过对知识产权的权利限制以协调权利保护和公共利益之间的关系。事实上，在知识产权进入到人类权利体系之初，学界对知识产权性质和公共利益的关系即存在激烈争论。有观点认为知识产权是一种对知识和创新成果的垄断，因此对知识产权的赋权规则应当是例外规则，即只能允许权利人在某些特定的情形下享有该种垄断(获得某些收益)，而在特定情形之外即可大众使用。虽然现代知识产权法理论和实践广泛确立了“权利保护”的赋权原则，但在知识产权保护实践过程中关于知识产权应当是一种原则还是一种例外的讨论从来就没有停止过。①

回归到知识产权法的权利限制上，可以发现各个知识产权部门法律均在

---

①　参见熊琦：《著作权激励机制的法律构造》，中国人民大学出版社 2011 年版，序三。(“知识的私产化究竟应当是原则还是例外迄今仍无定论，若为原则，则无足够理由不得限制知识的财产化，应多多益善；若为例外，则对知识的设权不应超越法律的目标，应适可而止。”)

其可能涉及的公共利益领域中设置了权利限制。例如，著作权法通过合理使用制度保障社会成员能够在合理的范围内自由使用受保护的文学艺术作品，以促进社会科学文化的进步。著作权权利限制保障的是全体社会的美学体验及精神需求满足，本章暂且将这种公共利益称之为“公共文化”；专利法通过强制许可制度保障社会成员在发生特定公共健康危机情形下能够自由(即不按照专利保护规则的方式)获得和使用专利保护药品，以保护“公共健康”这一种公共利益。

在本章的讨论主题上，商标法上也同样设置了权利限制制度。但是传统的商标权权利限制一般是指商标的合理使用。根据本章第二节论述，商标法赋予的商标权的核心内容是“禁止他人未经权利人同意使用商标”，因此对商标权的例外即是“允许他人未经同意使用商标”。作为传统商标权限制的合理使用，即是允许特定条件下的其他人对商标权人的商标进行自由使用。最为典型的商标合理使用方式即是描述使用(descriptive use)和指示使用(nominative use)两种。[①] 前者是指对商标标记进行描述，不可避免地需要使用该商标的情形，如在报纸杂志的介绍评论中提及某一种商标；后者是指在指示商标项下的商品或服务时不可避免地需要使用商标，如超市散发的促销宣传单上载明促销商品的商标信息。在需要进行商标描述性使用或指示性使用的情形下，如果使用者不被允许使用商标标记，将会极大提高社会正常交流成本(因为构成商标的文字或者词语无法使用而需要寻找替代表述，该种替代表述往往是冗长的、费时的)，不利于社会大众进行语言文字交流，也不利于语言文字作为文化载体的功能发挥。据此可以发现，传统的商标权限制所需要平衡的公共利益是一种“公共交流”(或称“公共语言”)，而并没有涉及其他类型的公共利益。

因此，在知识产权权利限制制度上需要讨论的一个问题即是：权利限制是否仅仅针对于某种固定的公共利益。考察著作权和专利权限制制度的实践发展可以发现，作为著作权限制的合理使用范围在不断扩大，其所保护的公共利益也不仅仅只限于所谓的“公共文化”这一种，例如对药品说明书的合理使用上，著作权法也保护“公共健康”这一公共利益；而专利权强制许可也并不仅仅是针对药品专利，只要发生国家紧急状态即可对任何产品专利实施强制许可。因此专利法所保护的公共利益显然也不仅仅包括“公共健康”这一种。事实上，随着科学技术和社会文化的不断进步，公共利益的类型和

① 参见 Stacey L. Dogan & Mark A. Lemly. A Search-cost Theory of Limiting Doctrines In Trademark Law. The Trademark Reporter. November-December, 2007: 1224。

范围是在不断发展变化的，公共利益是一个动态的概念，不应当对公共利益进行某种清单式的列举。而知识产权法上所保护的公共利益也不应当是一种固化的、不变的概念范畴。当然，对公共利益的界定可以存在某种一般定性标准，只要某种公共事务构成了一般意义上的公共利益，而权利保护规则有碍于这种公共利益的实现，则可以对权利保护规则实施某种限制或例外。反过来，正是因为公共利益是一个动态过程，则需要立法和司法在权利限制规则上保持开放态度，以符合时代要求的法律解释精神去平衡固有的权利保护模式和新出现的公共利益类型之间的关系，这也解释了为什么著作权法的合理使用范围能够在司法判例上被不断扩大。据此，商标权限制规则在面对新出现的公共利益类型时，也应当保持规则的开放性解释，如果商标权的保护对某种公共利益造成妨碍，也同样需要通过权利限制予以平衡。

第三节　公共健康视角下商标使用限制的法经济学分析

作为附着于商品之上的一种商业标记，商标从其诞生开始就具有重要的经济学意义。由于商标与市场存在密不可分的特殊联系，使得在讨论任何有关商标权权利保护或权利变动问题时，都需要考虑其中所蕴含的经济学影响。商标使用限制属于对商标权保护范围和使用方式的一种直接干预，其是否将影响到商标权经济功能的发挥、是否会对商标权法律保护的经济学结构造成摧毁性的影响，这是在讨论商标使用限制时无法回避的一种正当性追问。本节将结合商标经济功能和商标法的经济学结构，对以上问题进行探讨。

一、商标的基本经济功能

古典经济学认为，在给定价格的情况下，理性消费者希望以该种价格购买到更高质量的商品，而厂商基于成本考虑则希望出售质量更低的商品(假定质量越高，成本越高)。如果消费者无法分辨商品质量的高低，则需要完全承担选择失败的风险。这意味着消费者将很有可能以一个高的价格购买到低质量的商品。为了抵消这种风险使得其所期望的利益最大化，消费者只会选择更低的出价，从而更大可能地购买到更低质量的商品。经济学家称之为“逆向选择难题”，即放弃选择购买高质量的商品反而选择购买更低质量的商品。在厂商方面，由于消费者拒绝对商品支付高价，为了追求利润的最大化，其不可能以一个低价格去生产高质量的商品。这就造成了一种恶性循环，最终使得高质量的商品逐渐被低质量的商品完全取代，从而使得市场最终变成了一个“柠檬市场”。①

通过博弈论分析上述过程也能得到相同的结论。由于上述全部过程的起点在于“消费者无法分辨商品质量的高低”，即“商品质量”这一信息无从被消费者掌握。诚然，相对于消费者而言，作为博弈另一方的厂商掌握着更多的“商品质量”信息。这在博弈场合中就发生了信息不对称的情景。基于博弈双方均为“理性经济人”的自利性特征，各方均希望自己的利益最大化，在信息不对称的情况下，其结果必然是到达使得博弈双方均受损的“囚徒困境”。也就是说，消费者既不能以给定价格购买到高质量的商品，厂商也不能以给定价格销售更低成本的商品。

为了避免发生“柠檬市场”和“囚徒困境”的悲剧，最为可行的解决方式即是“让消费者得以分辨质量”或“商品质量信息完全对称”。当然，实现让消费者知悉商品质量信息的方式有很多，如将商品的质量信息(如商品的成分、特征、使用日期等)在商品包装上载明以使得消费者在购买商品时仔细阅读并充分理解。也可让消费者在购买前对商品进行质量检验，以充分了解商品的质量信息。然而，上述方式的执行成本均相对昂贵，且在专业要求很高的商品上(例如电脑)，普通消费者也不可能通过阅读说明书或质量检验来充分获取商品的质量信息。经济学家的研究显示，商标、品牌名称等识别性标识的方式是一种最为有效的信息载体。因为商标、品牌名称是以综合型的方式将商品的各种特征以直观形态展现给消费者，对消费者而言，商标、品牌名称等也更加容易识别和记忆。通过这种标识性方式来识别商品，消费者就可以不用再通过详细询问或考究商品的成分、用途等诸多特征，也不用通过耗时费事的质量检验来掌握其所期望购买商品的质量信息，即商标经济学上所称的“减少搜寻成本”。② 因此，商标的基本经济功能即是识别功能(identify function)，消费者通过商标得以在市场上以一种最低的搜寻成本、最快速度地识别其所期望购买的商品，加速了整个购买的决策过程；另外，由于消费者通过商标识别出商品信息，从而使其愿意根据自身需求购买价格

① 在美国俚语中，“柠檬”是“次品”的俗称。“柠檬市场”理论也被称为“劣币驱逐良币”理论。关于“逆向选择难题”和“柠檬市场”的论述，参见美国经济学家 George Akerlof 的论文“The market for Lemons: Qualitative Uncertainty and the Market Mechanism, 84 Q. J. Econ. 488 (1970)”，凭借该文及其理论，George Akerlof 获得 2001 年诺贝尔经济学奖。该文的中文译文《“柠檬”市场：质量的不确定性和市场机制》载于《经济导刊》2001 年第 6 期。

② 参见[美] 威廉·M. 兰德斯、理查德·A. 波斯纳：《知识产权法的经济结构》，金海军译，北京大学出版社 2005 年版，第 216 页。

高低的各类商品，厂商也获得了生产更高质量商品的激励，其他厂商也相应地获得了生产各种质量等级商品的激励，因此市场上的商品更趋多样、厂商之间的竞争也趋于激烈，消费者则有了更为丰富的商品选择机会，最终达到厂商和消费者双方的共赢。

除了识别功能外，商标还具有通信功能（communication function）。商标只有在完整具备识别功能和通信功能的情况下，才能够充分解决“逆向选择难题”。通信功能是指商标将商品的所有信息传输到消费者身上的一种功能。其与识别功能相辅相成、不可分割。① 识别功能使得消费者能够快速地识别其所希望购买的商品，通信功能则是向消费者传输该商品的一切有关信息。根据上文论述可以发现，依靠商标的识别功能来解决“柠檬市场”的问题需要一个较为长期的过程，这也就意味着识别功能所解决的是一个未来的、长期的“逆向选择难题”。在消费者的每一次购买行为或购买预期上，单凭识别功能是不能解决“逆向选择难题”的。因为识别功能只是让消费者从众多的商品中识别其所希望购买的那一种，该种商品是不是最高质量等级的商品，却无从得知，除非消费者对该种商品有过使用体验，已经知悉了该种商品的质量信息，商标功能才能够同时发挥识别和通信的作用。然而，市场上的商品众多，不可能要求消费者对每一种商品均有过在先的消费使用体验，因此，识别功能只能解决未来预期发生的“逆向选择难题”，但对每一次具体的购买行为并不奏效。这时候则要依靠商标的通信功能发挥作用。通信功能极大地丰富了消费者可以获得的商品信息，通信功能并不创造任何信息，只是让消费者能够获得有关商品的任何信息，包括其自身的使用体验、朋友口耳相传的推荐以及商业广告推销等各种方式。有学者对此曾作出妙喻：“商品信息就是商标随身携带的一种行李，与商标一起在市场溪流中流动。”②依靠商标的通信功能，消费者在没有任何消费使用体验的情况下也能够通过上述各种途径了解到该种商品的所有信息。根据信息经济学，消费者获得的信息越多、商标向消费者传输信息的能力越高效，对市场则越好。③这即是商标的通信功能的作用机理，有学者指出，在广告宣传十分盛行的现

① 参见 J. Thomas McCarthy. McCarthy on Trademarks and Unfair Competition. St. Paul：West Group，c2009，chapter 3：2A-B。

② 参见 David W. Barnes. A New Economics of Trademarks. Northwestern Journal of Technology & Intellectual Property. Fall 2006：31.（“This information is luggage that the mark carries on its travels along the stream of commerce.”）。

③ 参见 George Stigler. The Economics of Information. Journal of Political Economy. 1973(69)：213。

代，商标的通信功能发挥了巨大的作用。①

识别功能和通信功能是商标的两大基本经济功能。在法律经济学上，这两大基本功能与商标法上的混淆理论和淡化理论分别对应。识别功能一般作用于竞争性商品或同类型商品上，对应于混淆理论；通信功能则适用于所有类型的商品市场，对应于淡化理论。举例来说，消费者通过"凯迪拉克"这一商标在汽车市场上识别出一种由美国通用汽车公司生产的高档轿车，并将该种轿车在汽车市场上和其他的同类型轿车区分开来。如果有其他的汽车厂商也将"凯迪拉克"的商标用于其轿车上，在消费者中则会产生混淆，因为消费者无法区分何种轿车才是"美国通用汽车公司生产的高档轿车"，这就是商标识别功能的作用和混淆理论的原理；如果某个生产狗粮的厂商在其商品上使用"凯迪拉克"的商标，消费者一定不会将该种狗粮识别为美国通用公司生产的商品，也就是说，"凯迪拉克"商标的识别功能并不在这种情况下发挥作用，也不会产生任何混淆效果。相反，由于"凯迪拉克"商标在汽车市场上已经成为了"高贵"的代名词，并且在消费者中形成了固定的观念，如果将该商标使用在狗粮这一种世俗商品之上，反而会对其所蕴含的"高贵"信息造成负面影响，可能将给美国通用公司的商标造成淡化。这便是商标通信功能的作用原理，在法律上对应的是淡化理论。

二、商标功能的变异与商标权限制

在讨论商标权限制对商标经济功能的影响之前，有必要先对晚近时期的商标观念变迁史作一梳理分析。随着商业文化、社会文化和法律制度的不断进步，商标已经不仅仅只是一种简单的商业标记，除了发挥其基本经济功能，时代的变迁和技术的进步也给商标附加了其他的经济功能。

如上文所述，商标的基本经济功能在于为消费者识别商品并向消费者传输商品信息，如果商标能够更加高效地向消费者传输商品信息，则更有利于商品流动和市场繁荣。正是在这种激励下，厂商们极力寻求如何让商标高效传输商品信息的方法和可能性。进入20世纪以来，这种可能性随着工业化、城市化的进步和通讯传播技术的发展得到了充分发挥和实现。② 商业广告运

① 参见 Robert N. Klieger. Trademark Dilution: The Whittling Away of the Rational Basis for Trademark Protection. 58 U. PITT. L. REV. 1997: 789。

② 工业化的进步使得生产效率提高从而导致产量的大幅增长，产量增加则要求市场扩大；城市化的进步使得人口加速向大城市流动，逐渐形成统一的大型市场；通讯传播技术的发展则把市场连接成了统一的全国市场，同时为商业广告的发行推广创造技术条件。参见黄海峰：《知识产权的话语与现实——版权、专利与商标史论》，华中科技大学出版社2011年版，第237页。

动成为厂商们极力推行和实践的商品推销方式。置于商业广告中的商标虽然也能够向消费者提供识别功能和通信功能，但在商业广告中这两种经济功能的作用已经变得相对微弱，因为商业广告会在商标之上附加诸多宣传性、诱导性、吸引性的信息，使得商标本身的基本经济功能遭到削弱。经济学研究表明，大部分的商业广告不是一种信息型(informational)的广告，而是说服型或转换型(persuasive or transformational)的广告，旨在创造一种品牌个性(brand personality)并将该种个性植入消费者的内心感情之中，而不仅仅是进入头脑记忆之中。[①] 任何商业广告的目的均是为了说服消费者购买其所指示的商品或者服务。商标也成为了商业广告中的一部分，和广告中的其他宣传性、诱导性、吸引性的信息一起作用到消费者身上，说服消费者购买该种商标之下的商品。在这个意义上，商标在商业广告中的作用就变"连接广告和消费者的桥梁"。[②] 商业广告通过各种宣传策略，在消费者中间创造"品牌"个性并植入到消费者心中，对消费者而言，受到商业广告的这种"植入"影响，其逐渐将对某些品牌形成特有的好感或喜爱，最终形成"品牌忠诚"(brand loyalty)。另外，商业广告的造势运动也会对一些本来并无购买需求的消费者产生推销影响，促成消费者产生购买欲望并完成购买行为。由此可以得出，进入20世纪后，在商业广告和品牌造势运动之下，商标除了发挥其基本的识别功能和通信功能之外，还具有了另外一种经济功能——说服功能。而且商标的该种说服功能在新的历史条件下要比其识别功能和通信功能更为强大。在经济全球化和网络技术发达的今天，全球统一市场的需求和传播技术的发展使得商业广告运动在世界范围内广泛推行，与之相适应，商标的说服功能也越来越被强化。

商业广告的运动的兴起使得厂商们纷纷投入巨资以打造其"品牌忠诚"。在积累了大量消费者的"品牌忠诚"之后，某些厂商在也一定程度上实现了对市场的垄断。本章所讨论的烟草产业即是典型例子。根据经济学家的研究，烟草行业上的品牌忠诚度要远远高于其他的消费产品行业。[③] 在形成市场垄断之后，垄断寡头在价格竞争上具有了"非弹性"，即其他竞争者降低

---

① Robert N. Klieger. Trademark Dilution: The Whittling Away of the Rational Basis for Trademark Protection. 58 U. PITT. L. REV. 1997: 856.

② 参见 Ralph Brown Jr. Advertising and the Public Interest: Legal Protection of Trade symbols. 57 YALE L. J. 1948: 1165, 1187. ("A trademark is a narrow bridge over which all the traffic powered by product advertising must pass.")。

③ 参见 Jonathan Moskin. Dilution Law: At a Crossroads? Dilution or Delusion: The Rational Limits of Trademark Protection. Trademark Reporter. 1993(78): 136。

价格后，垄断寡头不需要降低价格也能维持较高的市场占有率。[1] 另外，垄断寡头也无需进行质量竞争，因为其获得的市场垄断地位使其缺乏了产品创新的有效激励。在这种情况下，对产品商标类型的花样翻新以及广告促销运动成为了垄断厂商的最后一块竞争场。经济学家认为，价格在超过竞争水平之上时会创造一个强有力的激励，使得每个寡头利用一切不威胁到价格结构的方法(如广告宣传)去赢得更多的市场，因为其他的竞争者都有可能会做出这样的行动，使得行业内的每一个竞争寡头都被迫要继续采取新的广告运动来进行应对。[2] 这就是为什么烟草公司在其每一个品牌之下还要创造出多个子商标(如本书第一章所述的 Marlboro 品牌下的若干种香烟类型及其商标)。根据本节第一部分的论述，在一个竞争充分的市场上，商标能够促进市场竞争，并依此促进厂商提高产品质量，给消费者提供更多商品的选择机会。然而，在市场垄断的情况下，商标并不能给予垄断寡头以促进提高质量的激励，厂商打造品牌的目的完全是出于其他垄断寡头的造势压力，而并不是出于产品创新和质量提高的考虑。由此可以得出，在市场垄断的情况下，商标通过识别功能和通信功能来促进产品质量提高的经济机制已经丧失，商标只能够发挥其说服功能，说服消费者购买品种繁多的商标之下、质量却没有任何改变的各类商品。另外，烟草行业面临更为严重的情况是，世界上多数国家均立法明确规定禁止在公共传播媒体上进行烟草产品的广告宣传，还有一些国家已经明令禁止在任何的公共场所(如公共交通站台)对烟草产品进行平面宣传。在这种情况下，烟草生产商的广告运动遭到遏制，为了应对其他垄断寡头的竞争压力、最大可能地抢占市场份额，烟草生产商只有通过不断创造新的烟草品牌和商标这一种途径来解决上述问题。商标也只是一种垄断寡头们相互竞争的工具。换言之，垄断寡头们竞争只是商标对商标，而商标之下的商品本身并无任何品质上的提升。通过这个方式，寡头们还成功完成了一种概念偷换：创造更多的商标能够提供更多的产品竞争，给消费者带来更多的商品选择。而实际上这种产品竞争和商品选择只是商标的竞争和选择，商标之下的商品并无任何差别。消费者和评论家可能会欢迎所谓的“更多竞争”，从而将批评的矛头指向含有尼古丁等有害物质的产品本身(如要求控制尼古丁含量、展示有害物质成分等)，而没有注意到这种商标对商

① 参见黄海峰：《知识产权的话语与现实——版权、专利与商标史论》，华中科技大学出版社 2011 年版，第 238 页。

② 参见 Phillip Areeda & Louis Kaplow. Antitrust Analysis：Problems，Text，Cases. New York：Aspen Law & Business，1997：259。

标的竞争反而更加无益于公共健康。这就解释了为什么各个国家的早期控烟政策一般都是采取直接性的控制方式，如要求公共场所禁止吸烟、公共场所禁止烟草广告等，而当前乌拉圭、澳大利亚等国所采取的控烟措施则是直接对向了烟草生产商的品牌和商标。

从商标观念的角度来看，商标的识别功能和通信功能是一种“消费者导向”(consumer-oriented)的商标观念，① 即商标的初始目的是保护消费者，商标通过其识别功能和通信功能使得消费者能够在市场快速搜寻到其意图购买的商品，并促进市场竞争使得消费者有更多的商品选择机会。而商标的说服功能却体现为一种“厂商导向”的商标观念，在这种商标观念之下，商标的主要作用体现为说服消费者购买商品，商标只是厂商吸引消费者购买商品的一种工具，商标的主要功能也从识别功能和通信功能演变为说服功能。这种商标观念的变迁体现了商标法律制度在价值取向上的某种变异，从最初的消费者保护为中心转向以厂商保护为中心。② 从经济学的角度看，随着时代的不断进步，商标功能和商标观念发生变化在一定程度上是不可避免的，其在经济学上也具有一定的合理性。但法律在应对这种变化时不应简单屈从于这种经济学意义，也许在经济学家看来，“商标法只不过是一种用于增加品牌价值的产业政策工具”，③ 但根据上文的法哲学观点，商标法显然不仅仅只有一种经济学意义上的效率价值，其还承载着促进社会福利增加、保护社会公共利益的公平价值。在法学家的眼中，消费者保护就是商标法中的“公共利益”。④

根据以上分析可以得出，商标权限制对商标基本经济功能的发挥并不构成威胁，反而在某些特定的商业领域，商标权限制措施更加有助于实现商标的原始价值。首先，商标的基本经济功能是识别功能和通信功能，本章所讨论的商标权限制措施并不是主张完全禁止商标在商品包装上展示，而只是阻

---

① 参见 M. A. Cunningham. A Complementary Existence: An Economic Assessment of the Trademark and Competition Law Interface In the European Community. Tulane European and Civil Law Forum. Fall 1995: 145。

② 关于商标观念的变迁，参见杜颖：《社会进步与商标观念：商标法律制度的过去、现在和未来》，北京大学出版社 2012 年版，第 243 页。

③ 关于商标观念的变迁，参见杜颖：《社会进步与商标观念：商标法律制度的过去、现在和未来》，北京大学出版社 2012 年版，第 243 页。

④ 参见 Veronica J. Cherniak. Ornamental Use of Trademarks: the Judicial Development and Economic Implications of An Exclusive Merchandising Right. Tulane Law Review. April 1995: 1316。

止那些带有吸引性的非文字商标展示于商品包装上，文字商标和品牌名称依然可以展示在商品包装上。因此，消费者完全可以通过文字商标和品牌名称搜寻商品(搜寻成本可能会有所提高，但并不影响到商标权运行的经济学意义，下一部分将作讨论)。换言之，商标权限制措施并不影响到商标的识别功能和通信功能这两大基本经济功能。其次，商标权限制措施将可能削弱或者剥夺商标的说服功能。但这种影响对市场和消费者而言并不产生任何危害。由于本章所讨论的产业对象主要是烟草、酒精饮料和食品产业，该些产业往往都是极度垄断市场，根据上文分析，在垄断市场下厂商滥造商标并形成的商标竞争并不带来任何产品质量的提升，商标原始的经济功能并不发挥作用。在这种情况下，对消费者而言，商标权限制措施在商标说服功能上的影响将不会产生任何危害，而且通过商标权限制来打压垄断寡头的商标竞争，反而有助于市场秩序。商标权限制措施也能减少垄断寡头在滥造商标上的激励，从而减少产品供应，达到消费者保护的目的。最后，从商标观念上看，商标的原始价值即是消费者保护，即通过商标的识别功能和通信功能使得消费者搜寻商品，这是商标最根本、最重要的价值。如果倡导对“消费者导向”这一商标观念的回归，只要不威胁到商标的上述基本功能和根本价值，商标权限制措施就能获得这一商标观念上的正当性。

三、商标权保护的法经济学意义

如上文所述，对商标权给予法律保护的最大经济学意义在于商标能够减少消费者的搜寻成本。在商标经济学上，假设消费者对某一商品有过良好的购买体验、或者通过他人的推荐得知该商品的良好特性，当消费者希望再次购买该商品时，如果没有商标，他在该种商品的同类市场上要寻找到其曾经购买过的、或者他人推荐的那一种商品，就需要付出大量的搜寻成本。他可能要通过对每一种商品的成分、包装等商品信息进行细致对比，还可能要对商品进行详细的质量检验或者进行试用，或者向商品出售者复杂地询问该种商品的具体特性、使用体验等。即便如此，消费者还很有可能搜寻不到其所期望购买的那一种商品，也就是说，如果没有商标的出现，在买卖市场上消费者需要独自承担大量的搜寻成本，也独自承担了搜寻失败的全部风险。而如果每一种商品都具有其独特的标识，则上述所有的复杂环节都可以省略，消费者只需要记住其曾经购买过的那种商品的特有标识，在市场直接搜寻该种标识，则可以保证其能够购买到期望商品。例如，Sanka(中文译作“山咖”)是美国通用食品公司生产的一种不含咖啡因的咖啡，如果没有这一商标，消费者在购买这种咖啡时则需要向咖啡店店员表明其希望购买“一种由通用公司生产的去咖啡因的咖啡”，对消费者和店员来说，这都需要花费更多的时间和精力去记忆和表达。另外，如果通用公司生产的去咖啡因咖啡不止这一种，问题就会变得更加严重。但如果有了商标，消费者就“不需要再去调查关于该种品牌的任何特性，因为商标就是一种最快捷的方式，告诉消费者这个商品的特征一定与之前使用的那种商品一模一样。”①

通过上述分析可以发现，商标能够降低消费者的搜寻成本，是以商标所承载的商品信息保持一致为前提的。即商标持有者必须持续保证其商品的特性，只有这样，商标才能反映出相同的商品信息，从而降低消费者的搜寻成本。否则，如果商标所反映的商品信息经常变化，给消费者带来的使用体验不尽相同，则商标无法降低消费者的搜寻成本，商标也变得没有任何价值。从这个意义上看，商标的能力强弱是与商标持有者保持商品质量的能力直接相关的。商品质量持续稳定，就意味着商标所反映的信息没有变化，越能够吸引消费者，从而给商标持有者带来利润，商标持有者也产生了更大的激励去维持商标能力的强度。由于对商标本身的仿制成本极小，如果恶意竞争者也使用该种商标，其将以最小的成本攫取最大的利润，商标持有者则丧失了该种商标利润，也失去了维持商标能力的投资激励。② 对消费者而言，这种情况则意味着商标所反映的信息不能持续稳定，使得商标并不能达到降低搜寻成本的效果。因此，法律需要对商标进行强有力的保护，杜绝该种情况的发生，保证商标能够降低搜寻成本，保证商标持有人和消费者的商标收益。这就是对商标权进行法律保护的经济学意义。

经济学家通过构建数学模型，对商标在降低消费者搜寻成本及其所产生的收益和商品的价格、厂商由此获得的利润之间的经济学关系进行研究。研究表明，在竞争充分的市场上，厂商的商标利润与商标在降低搜寻成本上的效率(商标强度)直接相关。一般而言，商标越能降低搜寻成本，就会促进商标本身的边际产量增加，并提高产品的完整价格，最终达到提高厂商因此获得的利润。例如，某个商品的完全价格是 20 元，如果其搜寻成本是 10 元，则其只能获得 10 元的金钱价格；如果其搜寻成本是 5 元，则其能够获得 15 元的金钱价格。另外，经济学家将商品质量因素代入数学模型中，发现商品质量与商标的减少搜寻成本能力也存在直接关联。研究发现，厂商的

① ［美］威廉·M. 兰德斯、理查德·A. 波斯纳：《知识产权法的经济结构》，金海军译，北京大学出版社 2005 年版，第 215~216 页。

② ［美］威廉·M. 兰德斯、理查德·A. 波斯纳：《知识产权法的经济结构》，金海军译，北京大学出版社 2005 年版，第 217 页。

商标越强，即商标的减少搜寻成本的能力越强，则每一个单位质量的价格就越高，相应地产品质量也就越高；产品价格和产品质量的提高，厂商由此获得的收益就越大，厂商就会因此而继续加大对商标的投资，从而形成良性循环。① 另外，数学模型也显示，在市场垄断的情况下，由于只存在一家或者几家竞争者，商标在确认商品来源上的意义不大，也就是说，商标在减少搜寻成本上的收益很小，从而难以提高产品质量。这和上文所论述的结论是一致的。

四、商标使用限制的法经济学意义

商标通过减少消费者的搜寻成本得以实现其经济价值，通过这种方式也能够实现多方面的收益，这是商标法律保护的正当性基础。毫无疑问，商标使用限制措施一定会增加消费者的搜寻成本（与限制前的商标对比），那么，商标使用限制措施将会增加多少搜寻成本？所增加的这部分搜寻成本是否大到足以阻碍上述商标经济模型的顺利运行？是否将摧毁商标保护的正当性基础？如果上述问题的答案皆否，则本章所讨论的商标使用限制措施能够获得法经济学上的基本正当性。而且，是否任何一种可能会"增加搜寻成本"的措施都不具备正当性？另外，本章所讨论的这种会"增加搜寻成本"的商标使用限制措施又将产生何种收益？依照这种成本-收益的经济学分析理论，商标使用限制措施产生的收益是否将超过其所产生的成本？商标使用限制本身又是否具有某些经济学上的正当性？如果答案肯定，则本章所讨论的商标使用限制可以获得法经济学上的完全正当性。

---

① 该数学模型的推导过程是：商品 X 对于购买者的完整价格是 π，商品 X 的金钱价格是 P，消费者在了解商品 X 的搜寻成本是 H，则 $\pi=P+H(\mathrm{T})$。即指商品的完整价格等于其金钱价格和商标（T）的搜寻成本两者之和。厂商的利润 $I=P(\mathrm{T})\mathrm{X}-C(\mathrm{X})-R\mathrm{T}$，即厂商利润 I 是商品的金钱价格减去产品的生产成本（C）再减去厂商生产每一个商标（T）的成本 R。把第一个等式变换为 $P=\pi-H(\mathrm{T})$ 并导入第二个等式，得到 $I=[\pi-H(\mathrm{T})]\mathrm{X}-C(\mathrm{X})-R\mathrm{T}$。如果市场竞争足够充分，即 π 恒定，则每一个企业要获得最大利润，就必须达到 $\pi-H(\mathrm{T})-C_x=0$ 以及 $-H_t\mathrm{X}-R=0$。即商品金钱价格和商品的边际成本（C_x）相等，且厂商每增加一单位的商标的边际收益和其成本相等。根据最后一个等式，厂商生产每一商标的成本越高（即商标投资更高），则该商标的搜寻成本越低，而搜寻成本降低，则厂商得到的利润 I 就相应地增加。如果把商品的质量指数 Q 代入到上述等式，可以得到 $I=[\pi-H(\mathrm{T})]\mathrm{QX}-CQ(\mathrm{X})-R\mathrm{T}$，则利润最大的条件变为 $[\pi-H(\mathrm{T})]\mathrm{X}-CQ=0$ 和 $-H_t\mathrm{QX}-R=0$。这两个等式就意味着厂商的商标越强，商标搜寻成本就越低，每一单位质量的价格就将提高，相应地产品的质量也就提高。［美］威廉·M. 兰德斯、理查德·A. 波斯纳：《知识产权法的经济结构》，金海军译，北京大学出版社 2005 年版，第 225~230 页。

根据上文对商标减少搜寻成本的法经济学意义论述，商标作为一种商业标记，为消费者在市场上能够快速地搜寻到该种产品，从而减少了搜寻成本。深入分析该经济学原理可以发现，商标可以减少的那部分搜寻成本是和没有商标情形下的搜寻成本作对比的，也就是说，没有商标情形下的搜寻成本是一个参照，和这个参照相比，有商标情形下的搜寻成本更低。以上文的"Sanka"咖啡为例，没有该商标的情形时，其搜寻成本就是消费者要叙述的"通用公司生产的去咖啡因的咖啡"这样一个复杂的表达(也可能包括质量检验、试用体验等)，而有商标情形下的搜寻成本就变成"Sanka"这一个简单的表达。这一个表达与前一个表达相比，显然降低了复杂程度，也减少了搜寻成本。据此看来，搜寻成本的经济学原理的起点是商标存在与不存在之间的成本对比。这里所称的"商标"，实质上就是一种可以将商品和服务区别开来的标记，这种标记只要可以指代某一种商品或服务，就能达到减少搜寻成本的意义(因为这里的"减少"的意义是和没有商标的情形相对照的)。根据该分析，本章所讨论的商标使用限制措施只是要求将商标以一种特定的方式进行展示，并未将商标从商品上完全剥离下来，商标仍然可以继续发挥区分功能。也就是说，即便在这种商标使用限制措施之下，商标同样存在，消费者依旧可以通过商标来减少其搜寻成本。换言之，实现商标权保护的经济学意义存在一个最低要求，即存在一种可以发挥识别商品功能的标记。只要该种标记存在，消费者可以不必再通过复杂的询问、细致的检验或提前试用等搜寻程序，直接以标记搜寻商品，从而降低搜寻成本。因此，商标使用限制措施因其保留了商标的基本形态，消费者依然可以通过商标而不是其他的那些方法去搜寻商品，商标因而也能够达到最低的"减少搜寻成本"要求。另外，考虑到本章所讨论的商标使用限制措施主要规制对象是烟草、酒精饮料等商品行业，该类行业往往形成高度的市场垄断。根据上文分析，在市场垄断的情形下，由于市场上只存在着一家或者几家商品供应者，消费者对商品的搜寻成本并不高昂，且商标在减少搜寻成本上的收益也相对很小，即确认商品来源的总体收益很小。① 在这种情形下，由于市场上的商品种类和商标数量较少，而且消费者的熟知程度很高，大部分的消费者往往是直接奔向商品本身(或商标本身)，并不需要过多的搜寻选择。这种情形下的总体搜

① ［美］威廉·M. 兰德斯、理查德·A. 波斯纳：《知识产权法的经济结构》，金海军译，北京大学出版社 2005 年版，第 227 页。

寻成本其实已经很低。① 因此，虽然商标使用限制措施提高了消费者的搜寻成本，但该种提高并不会对商标的总体收益产生实质性的负面影响。而且，与完全无商标存在的情形相比，商标使用限制措施下的商标依然减少了相当大的搜寻成本，能够满足法经济学上的基本要求。

其次，商标使用限制措施提高了搜寻成本，但该种搜寻成本的提高并非毫无价值。根据上文的数学模型结论，商标越能减少搜寻成本，则产品价格越高，相应地产品质量也就越高；由于产品价格和产品质量的提高，厂商由此获得的收益就越大，因此厂商也将继续加大对商标的投资，商标进一步变强，形成良性循环。据此作反向推导(由于在数学模型上是一系列衡等式，因此可以进行反向推导)，商标使用限制措施会提高搜寻成本，使得商标的减少搜寻成本的能力变弱，则产品的价格要越低，相应地产品质量也会更低，厂商因此获得的收益则越小，继而减少对商标的继续投资，使得商标进一步变弱。把这个推导结果放在本章所讨论的涉及公共健康的商品领域中，可以发现其并非一种“恶性循环”。由于本章所关注的公共健康所涉及的商品地位比较特殊，例如烟草、酒精等均为一些重大流行疾病的诱因，与普通商品不同，该类商品更需要受到国家卫生部门的政策管制。商标使用限制措施提高了这些商品商标的搜寻成本，会使得这些商品的质量下降，但受国家相关质量监管或食品卫生监管的法律约束，该类商品质量即便下降也不可能下降到国家的监管标准之下。而商品质量下降则会带来产品价格的下降，厂商收益变小，商标投资减少，商标持续变弱。由此看来，商标使用限制措施会使得厂商减少在该种商品上的收益，该类商品上的商标也会逐渐丧失其在消费者中间的影响力，直到商品逐渐退出市场。因此，从搜寻成本理论的角度看，商标使用限制通过提高搜寻成本的方式能在一定程度上达到其政策目的，利用商标使用限制措施而增加的那部分搜寻成本也具有一定的正当价值。

再次，并非一切可能会增加搜寻成本的限制措施均不具备正当性。美国著名商标法学者、斯坦福大学 Mark A. Lemley 教授和东北大学 Stacey L. Dogan 教授曾共同撰文指出，搜寻成本理论不仅能够为商标权保护提供正当性解释，其同样能够为一般商标限制的正当性提供解释。② 根据两位学者的

① 参见 Paul L. Bonewitz. Beyond Confusion: Reexamining Trademark Law's Goal In the World of Online Advertising. Saint John's Law Review, Fall 2007: 918。

② 参见 Stacey L. Dogan & Mark A. Lemly. A Search-cost Theory of Limiting Doctrines In Trademark Law. The Trademark Reporter, November-December, 2007: 1224。

观点，某些商标限制措施必然将增加搜寻成本，但这种搜寻成本的增加不仅没有任何负面影响，反而还可能增加消费者福利。以通用化原则(genericness doctrine)为例，在某一种注册商标运行若干年后，该商标已经在社会中成为了某种物品的直接代名词，则法律应当剥夺该商品的商标权。该种拒绝将商标权继续赋予到通用名称之上的限制措施，必然会提高消费者的搜寻成本，因为消费者有可能会误认为该名称实际上由一家厂商生产的商品。但法律必须让一部分消费者作出牺牲，因为如果足够多的消费者认为该商标是一种通用名称，继续对其进行商标保护对大部分消费者(认为该商标是一类商品的名称)所产生的危害要大于对小部分消费者(认为商标是某个特定厂商的商标)产生的危害，因此法律只能作出取舍，以最大社会利益为保护对象，采取这种限制措施。① 从消费者福利的角度看，"减少搜寻成本"本身也要付出一定代价，而且"减少搜寻成本"所付出的代价需要超过其所带来的消费者福利。如果这个条件满足，则需要对商标的"减少搜寻成本"所付出的代价进行干预，这就是商标限制措施。② 遵循这个思路，从本书的主题角度上看，对涉及公共健康的特定商标给予充分完全的法律保护，当然会达到"减少搜寻成本"的效果，然而也必然要付出一定的代价，这种代价包括了消费者在"减少搜寻成本"后、快捷消费该类商品而遭受的疾病费用、他人因消费该类商品而产生的健康保健费用和社会医疗卫生保障支出等，这一代价显然要大大超出"减少搜寻成本"而形成的消费者福利。因此法律需要对这种情形下的"减少搜寻成本"进行干预，以最大程度地保障社会大众利益。从这个意义上看，商标使用限制措施具有完全的正当性基础。

本章小结

基于公共健康保护的商标使用限制措施虽然在实践中已经出现，但其能否得到理论上的支持、该种措施是否具备理论上正当性仍然是一个需要探索的问题。鉴于商标使用限制属于商标权利限制的一项内容，对商标使用限制的正当性考察需要放置在商标权这一范畴内进行。因此，理论探讨的实质问题其实是"商标权利限制"的正当性问题。这种探讨离不开对公共健康、健

① 参见 Stacey L. Dogan & Mark A. Lemly. A Search-cost Theory of Limiting Doctrines In Trademark Law. The Trademark Reporter, November-December, 2007, pp. 1242-1247。

② 参见 Mark P. McKenna. A Consumer Decision-making Theory of Trademark Law. Virginia Law Review, March, 2012, p. 88。

康权和商标权本身的性质及其相互之间关系的考察。除此之外，商标权保护是否会对公共健康造成损害、商标使用限制是否会对商标权经济功能的发挥形成根本挑战也应当是商标使用限制正当性考察的应有之义。

首先，从人类权利体系及其价值论的角度上看，健康权是一项基本人权，其权利内容是个人对基本健康条件的享有及对健康威胁的免除，健康权要求国家政府负有提供基本健康条件和免除健康威胁职责义务；商标权是一项法律拟制权利，其权利内容是保护商标权人在“禁止他人使用商标”上的权利，通过法律的拟制权利即也要求国家政府对商标权权利内容的实现提供支持和保障。健康权和商标权在法律价值上具有高低之分，但在权利内容上并行不悖，各自可以在人类社会活动中共存。然而，国家在对两种权利的实现方式上存在间接的义务冲突，国家对商标权的强保护将导致商标品牌的强度提高并带来商标项下商品的消费提升，从而在社会生活中形成某种商品的流行，如果该种商品流行对国家的基本健康条件提供义务构成威胁，则国家出于保护健康权的义务可以对该种商品(以及商标)进行控制，但前提是需要进行科学论证，并保障该种控制处于健康权保护的范围内。

其次，在知识产权理论上，公共利益和私人利益平衡是一项法律原则。公共健康在本质上是一种人口健康，国家负有对全体人口的健康、安全和福祉的保障义务，公共健康是一种全体人民均能享受的“共同受益”(common good)，也是一种全体人口均可分享的“公共产品”(public goods)，且是社会正义(social justice)的重要内容，并构成“国家利益”(national interest)。在此意义上，公共健康应当是公共利益的重要组成。知识产权法需要在制度设计上考虑公共健康这一种公共利益和商标权这一项私人利益之间的关系。

再次，从法经济学的角度看，商标权的基本经济功能即是识别功能和通信功能，识别功能通过减少消费者的搜寻成本以使其能够快速寻找商品；通信功能通过记载品质信息以使得消费者识别高品质商品。因此，商标经济学的基本价值目标是消费者保护，商标权保护是一项消费者导向的权利保护模式。然而，随着商品经济的不断拓展，商人利益集团的不断扩大，要求法律对商标权予以越来越强的商标权保护，商标使用的种类和形态越来越多，商标权的经济功能也逐渐扩大为说服功能和广告功能，使得在某些特定的商品产业上形成了垄断，商标权保护观念也从消费者导向转变为厂商导向。在垄断产业上厂商不断扩大自己的商标种类，且不需要通过产品品质的提升亦可以高价出售其商品，商品在市场上也得到了广泛流行。商标权保护的过度强烈对公共健康形成了威胁，而如果对该些垄断商标的使用进行限制，并不会对其识别功能和通信功能造成过度损害，反而有助于消费者整体福利的提升。

综上，公共健康视角下的商标使用限制能够得到政治学、伦理学、法哲学和法经济学的支持，但通过该些理论探讨可以发现，商标使用限制的正当性并不意味着在制度设计上可以对商标使用随意设置限制，其还需要谨慎、精巧的制度设计，方能保证权利限制控制在公共健康保护的范围内，也才能保障权利限制的基本正当性。

第三章　公共健康视角下商标使用限制的实体性问题研究

如上所述，商标使用限制虽然具备理论上的正当性，但绝不意味着在具体实践中可以肆意采取该种限制措施。从法理上讲，但凡是对某种法律原则施加限制或者例外，则一定要对该种限制或例外设置严格的条件要求，如果允许对法律原则滥加限制和例外，法律原则本身也将不复存在。在知识产权法上，权利保护是原则，权利限制是例外。版权法、商标法和专利法均以权利保护为核心，也都确立了相关的权利限制制度，但这些权利限制制度均设置了严格的实施条件和相关要求。本章所讨论的商标使用限制措施作为权利限制的一项内容，当然也需要设置谨慎合理的实施条件及其他实体要求，以在公共利益和私权保护之间达到最大程度的平衡。本章即从商标使用限制的实施对象、具体内容和实施条件等几个方面对商标使用限制的实施要求进行讨论。

第一节　限制的对象：公共健康视野下的商标

一、全球公共健康的主要议题

当前全球公共健康的主要议题包括传染性疾病(infectious disease)和非传染性疾病(non-communicable disease)的防控这两大议题。① 传染性疾病是全球公共健康治理的传统对象，传染性疾病防控的国际合作也经历了长远的历史发展。早在14世纪黑死病流行于欧洲之时，就已经出现了跨国家的疾病防控合作——欧洲各国通过协商采取一系列同步措施以防止疫病的进一步

① 参见 David P. Fidler. International Law and Public Health：Materials on and Analysis of Global Health Jurisprudence. New York：Transnational Publishers，Inc.，2000，pp. 127-179。

扩散，如要求商船及船上人员在进入港口之前隔离 40 天①等。但这种国际合作只是零星地、碎片化地出现，并未形成完整的国际合作机制。直到 19 世纪中期，随着欧洲国家间跨境贸易和跨境旅行越来越频繁，因此而发生的传染疾病跨境流行也越来越多，欧洲主要国家发现仅仅通过单个国家无法解决这种传染疾病的跨境流行，因此寻求国际合作。在这一背景下，欧洲国家召开了多次国际会议，采取统一行动来应对传染性疾病的跨国流行。② 通过若干次传染性疾病防控国际会议，欧洲国家间缔结了关于国际卫生治理的国际条约，如《国际卫生公约》(International Sanitary Convention, 1851—1951)；③ 直到 1948 年成立世界卫生组织，各国方开始更好开展国际卫生外交协调。自此，国际社会通过缔结国际条约、成立国际组织等多种方式，将传染性疾病防控的国际合作向体系化、机制化方向发展。进入到 20 世纪以来，传染性疾病的防控仍然是全球公共健康的一项主要议题。例如在艾滋病等重大危险传染性疾病的国际传播控制上，国际社会通过协调谈判，以解决该种重大危险疾病所引发的公共健康危机。21 世纪前十年间，全球又爆发了数次的疫病传播，对传染性疾病的防控这一公共健康主要议题带来了新的挑战。如在 2002 年爆发的 SARS 病毒的流行传播、2009 年爆发的 HINI 病毒的全球传播等等，WHO 也在传染性疾病的防控上要求建立一种“全球框架”(global framework)以更好处理该些新型传染性疾病的防治。④

非传染性疾病则是全球公共健康治理的新兴对象。从历史上看，由于非传染性疾病的“传播”介质并不像传染性疾病那样明确，非传染性疾病不会出现人与人之间的直接“传播”，因此非传染性疾病的防控也没有直接确定的对象，对其防治的国际合作也并未得到国际社会的重视。然而，“二战”以后，随着各国经济增长、国际经济一体化的深入发展，国际社会逐渐发现

① 参见 Valentina Vadi. Public Health in International Investment Law and Arbitration. New York: Routledge, 2012, p. 26。

② 参见 David P. Fidler. From International Sanitary Convention to Global Health Security: The New International Health Regulations, Chinese Journal of International Law, 2005 (4), pp. 327-329。

③ 参见 David P. Fidler. From International Sanitary Convention to Global Health Security: The New International Health Regulations, Chinese Journal of International Law, 2005 (4), pp. 327-329。

④ 参见 David P. Fidler. The Challenges of Global Health Governance, working paper for Council on Foreign Relations International Institutions and Global Governance Program, May 2010。

某些非传染性疾病也逐渐地在全球普遍流行开来，严重威胁到全球公共健康。根据WHO的估算，2008年全球5700万人死亡，其中3600万人(占63%)死于非传染性疾病，主要包括心血管疾病(占48%)、癌症(占21%)、慢性呼吸系统疾病(占12%)和糖尿病(占3.5%)。而这些主要非传染性疾病存在四种共同的致病因素：烟草使用、不健康饮食、缺乏身体活动和有害使用酒精。① 更为严重的是，这些疾病正在逐渐从发达国家和中等收入国家向发展中国家和最不发达国家蔓延，而发展中国家和最不发达国家又不具备相应的医疗卫生条件以有效防治该些非传染性疾病，其必须依靠他国支援以及全球合作才能应对国内情势，这就使得非传染性疾病成为了一项全球性健康议题。联合国2011年通过的《联合国大会高级别会议关于预防和控制非传染性疾病问题的政治宣言》中明确表示“非传染性疾病给全球带来的负担和威胁是21世纪发展的主要挑战之一”，要求对非传染性疾病的防控制定一套全球综合监测框架，促进全球健康治理的各成员采取联合行动。② 由于非传染性疾病并不是人与人之间的直接传播，国际社会的主要治理措施是针对引起该些疾病流行的背后原因进行有效控制，以达到减少该些疾病的发生概率。例如，肺部疾病、口腔疾病的发生与烟草消费行为具有密切的关系，针对这些疾病的防控，健康治理的主要对策则是进行烟草控制，通过减少吸烟率来达到降低疾病发病率的目的；肥胖问题及其所引发的其他疾病的主要原因是高脂肪、高热量食品的消费，对这些疾病的防治手段则主要是限制该些食品的消费流行；酒精滥用引起的心理、精神疾病与酒精产品消费关系密切，则需要对酒精饮料的理性消费进行引导，等等。总之，正是因为非传染性疾病具有显著的可控制性、可预防性特征(传染性疾病的防控往往是事后干预，而非传染性疾病则完全可以实现事前干预)，国家和国际社会可以通过相关的规制措施来减少非传染性疾病的发生率，以提升公共健康水平。总之，在非传染性疾病逐渐成为全球公共健康主要威胁的现代，对非传染性疾病的防治已经成为全球公共健康治理的另一重要议题。

另外，如上所述，贸易自由化是上述非传染性疾病全球流行的重要原

---

① 参见WHA, Global Action Plan For Prevention and Control of Non-Communicable Diseases 2013—2020. WHA 66/10, 27 May 2013: 7. http: //apps. who. int/gb/ebwha/pdf_files/WHA66/A66_R10-en. pdf last visit: 2 Dec, 2019。

② 参见Political Declaration of the High-level Meeting of the General Assembly on the Prevention and Control of Non-communicable Diseases, Resolution adopted by the General Assembly on 19 September 2011, UN, A/RES/66/2。

因，这也使得在非传染性疾病防治这一议题上需要全球合作。① 贸易自由化在20世纪后期迅速发展，尤其是在WTO成立以及相关一揽子协议缔结后，贸易自由化全面推行于世界。贸易自由化通过降低关税、市场开放、增加竞争等一系列措施促进商品和服务在全球市场上自由流通，其中当然也包括那些将会对国内公共健康造成有害影响的商品，如烟草、酒精和肥胖食品等。对一国国内市场而言，贸易自由化措施又使得市场上的进口商品价格降低，从而使得大部分国民均有能力购买进口商品，从而大大提高进口商品的消费。以烟草消费为例，有大量的实证研究证明一国国内市场对外开放之后，其国内烟草消费将会大大提升。② 如台湾学者研究称，与1987年相比，1999年其对美国开放市场后直接导致烟草消费提升了20%。③ 酒精饮料消费亦是如此，研究表明贸易自由化措施使得酒精饮料商品的价格逐渐降低，在一国国内市场上的消费则随之增加。食品领域内更是如此。有研究表明贸易自由化措施将全面影响到一国整体食品供应链，还可能会影响到一国农业种植品种的改变以及一国国民的饮食结构和饮食习惯的改变，而这些改变的最大收益者无非是那些大型跨国食品公司。④

综上所述，非传染性疾病防治是全球公共健康的重要议题。贸易自由化使得以烟草、酒精和肥胖食品等有害于公共健康的商品更易于进入一国市场，使得国民大大增加对这些有害商品的消费，从而引起了公共健康问题，因此，对非传染性疾病的治理更加需要全球合作，采取合理措施加以应对。

二、公共健康视野下的烟草产品、酒精饮料和肥胖食品

如上所述，非传染性疾病是全球公共健康的一项重要议题。根据WHO于2013年7月发布的《关于对联合国大会高级别会议预防和控制非传染性疾

① 参见WHO, Confronting The Tobacco Epidemic In A New Era of Trade and Investment Liberalization, p. 13。

② 参见Craig Depken. The Effect of Advertising Restrictions on Cigarette Prices: Evidence from OECD Countries. Applied Economics Letters. 1999(6), pp. 307-309。

③ 参见Chee-Ruey Hsieh, Teh Wei Hui & Chien Fu Jeff Lin. The Demand for Cigarettes in Taiwan: Domestic Versus Imported Cigarettes[J]. Contemporary Economics Policy. 1999, 17(2), pp. 223-234。

④ 参见Corinna Hawkes. The Influence of Trade Liberalisation and Global Dietary Change: The Case of Vegetable Oils, Meat, and Highly Processed Food[G]. Corinna Hawkes. Trade, Food, Diet and Health: Perspectives and Policy Options. New Jersey: Wiley-Blackwell, 2010, p. 36。

病问题政治宣言的后续行动》中的建议，对非传染性疾病的治理措施主要包括烟草控制、杜绝有害使用酒精饮料和减少肥胖食品供应等几个方面。① 与此相对应，烟草产品、酒精饮料和肥胖食品则成为了非传染性疾病防治的主要商品对象。

(一)烟草产品

根据 WHO 于 2013 年发布的《全球烟草流行报告》，烟草使用是全球可预防死亡的首要原因，全球范围内每年因烟草使用致死的人约 600 万，并造成了 5000 多亿美元的经济损失。烟草使用导致的死亡主要发生在中低等收入国家。② 另外，根据 WHO 的烟草控制监测数据，烟草使用将会引起多种可能导致死亡的疾病，其中最为危险是属于心血管疾病。全球每年因烟草使用引起的心血管疾病并导致死亡的人数约为 170 万，吸烟和二手烟暴露是引起心血管疾病的主要原因。③ 如果不采取任何措施、任由这一现状继续发展，到 2030 年因烟草使用而死亡的人数将超过 800 万，80%的死亡发生在中低等收入的发展中国家。④ 而且，在发展中国家的烟草使用还将导致贫困问题的恶化，因为烟草使用将对家庭收入的分配结构带来不利影响，家庭基本食物、医疗、教育等支出将会减少，而用于烟草消费的支出将会增多。对于国家来说，因烟草使用而产生的国家医疗保障资源也会随之增加。因此，从发展的角度来看，烟草使用对发展中国家的发展目标具有负面效应。⑤

基于上述原因，WHO 正式提出烟草控制(tobacco control)治理措施，并

① 参见 WHA. Follow Up to the Political Declaration of the High-level Meeting of the General Assembly on the Prevention and Control of Non-communicable Diseases, WHA 66/10, 27 May 2013, p. 4。http://apps. who. int/gb/ebwha/pdf_files/WHA66/A66_R10-en. pdf last visit: 2 Dec, 2019。

② 参见 WHO Report on the Global Tobacco Epidemic, 2011: Warning About the Dangers of Tobacco, Executive Summary, 2011: 1. http://whqlibdoc. who. int/hq/2011/WHO_NMH_TFI_11. 3_eng. pdf last visit: 2 Dec, 2019。

③ 参见 WHO: Cardiovascular Harms From Tobacco Use and Secondhand Smoke: Global Gaps In Awareness and Implications For Action. 2012: 1. http://www. who. int/tobacco/publications/surveillance/cardiovascular_harms_from_tobacco_use. pdf last visit: 2 Dec, 2019。

④ 参见 WHO Report on the Global Tobacco Epidemic, 2011: Warning About the Dangers of Tobacco, Executive Summary, 2011, p. 1. http://whqlibdoc. who. int/hq/2011/WHO_NMH_TFI_11. 3_eng. pdf last visit: 2 Dec, 2019。

⑤ 参见 Kattharine Esson & Stephen Leeder. The Millennium Development Goal and Tobacco Control: An Opportunity for Global Partnership, 2004. http://www. who. int/tobacco/publications/mdg_final_for_web. pdf。

于 2003 年达成了 FCTC。FCTC 于 2005 年生效，截至本章写作完成之时，FCTC 共有 181 个成员方。① WHO 还在 2008 年确立了六项具有强力证据证明的、能够有效减少烟草使用的控烟措施，分别为：监测烟草使用与预防政策(Monitor)、保护人们免受烟草烟雾危害(Protect)、提供戒烟帮助(Offer)、警示烟草危害(Warn)、确保禁止烟草广告、促进和赞助(Enforce)以及提高关税(Raise)，该六项措施以首字母组合被统称为 MPOWER 措施，并对应于 FCTC 中的相关条款。② FCTC 中所规定的主要措施则包括五大方面：减少烟草使用需求、向消费者提供信息、减少烟草供给、降低烟雾暴露和最小化单次烟草产品的危害。由于 FCTC 是一项框架公约，WHO 还需要通过成员方大会通过"指南"的方式对 FCTC 中的条款进行细化。FCTC 成员方大会共通过了关于第 5.3 条(关于成员方公共健康政策的切实执行)、第 8 条(关于保护免于暴露于吸烟烟雾的规定)、第 11 条(烟草产品包装和标签)、13 条(禁止烟草广告、促销和赞助)和第 14 条的执行指南。③

综上所述，烟草产品是某些特定疾病的直接诱因，烟草使用在全球范围内造成了数以百万计的人员死亡和数以千亿计的经济损失，对全球公共健康的危害巨大。因此，WHO 采取了一系列的措施并通过了相关的国际公约进行烟草控制。从内容上看，烟草控制措施的直接对象即是烟草产品本身，例如对烟草产品的包装和标签设计的直接干预、禁止烟草产品的广告促销等。除此之外，烟草控制的其他措施还包括吸烟场所限制等，如要求一国制定相关的政策法律，要求公共场所禁止吸烟等。

(二)酒精饮料

与烟草使用相类似，有害使用酒精也是一个重大的公共健康问题。根据 WHO 的定义，"有害使用酒精"是指长期过量饮酒、导致酗酒的饮酒方式、在可能增加伤害风险或疾病传播的情形下饮酒等多种不同类型的酒精使用。④ 在全球范围内，有害使用酒精是一项主要的致死、致病、致伤原因。例如对饮酒者本人造成的酒精依赖、肝脏疾病、癌症和其他伤害，以及对他

---

① 参见 http://www.who.int/fctc/signatories_parties/en/ last visit：2 Dec，2019。

② 参见 WHO Report on the Global Tobacco Epidemic，2011：Warning About the Dangers of Tobacco，Executive Summary，2011：1. http://whqlibdoc.who.int/hq/2011/WHO_NMH_TFI_11.3_eng.pdf last visit：5 April，2014。

③ 参见 http://www.who.int/fctc/guidelines/en/ last visit：2 Dec，2019。

④ 参见 WHO，Strategies to Reduce Harmful Use of Alcohol，61st WHA，A61/13，20 March 2010，para 2. http://apps.who.int/gb/ebwha/pdf_files/A61/A61_13-en.pdf last visit：2 Dec，2019。

人造成的危害，如酗酒伤人、酒后驾车事故等。根据 WHO 的估算，每年因有害使用酒精死亡的人数约为 250 万，其中约 32 万是 15 至 29 岁的青年人，有害使用酒精也造成了巨大的经济损失。有害使用酒精及其所引发的问题普遍流行于世界各国，酒精是 60 多种疾病的直接诱因，其已经成为世界第三大致病致残的风险因素，4%的全球死亡人数跟酒精使用直接相关，有害使用酒精的死亡威胁已经超过艾滋病、结核病等一些传染性疾病。① 然而，尽管证据显示有害使用酒精将会来带来严重的公共卫生后果，但对有害使用酒精的规制却未得到应有的重视，在大多数国家，“比有害使用酒精威胁更小的其他公共健康事项反而更能得到重视。”②

2010 年 5 月，WHA 发布了一份《关于减少有害使用酒精的全球战略》的文件，这部不具有法律约束力的文件向 WHO 的成员方建议采取一系列的政策措施以解决有害使用酒精及其所造成的问题。与 FCTC 的烟草控制措施类似，规制有害使用酒精的政策措施也包括政府规制要求和酒精饮料商品要求两大方面，前者如加强酒后驾车的规制立法、采取措施以杜绝酒后暴力等等，后者如通过 WTO 相关法律文件以减少酒精产品的获得、限制酒精饮料产品的包装和广告等。③

（三）肥胖食品

肥胖问题更是在全球范围内普遍流行。肥胖是糖尿病、心血管疾病和癌症等相关慢性疾病的主要诱因。一般认为，肥胖问题仅存在高收入发达国家之中，然而，随着经济全球化的加深，如今在中等收入的发展中国家甚至低收入的最不发达国家的城市中，肥胖问题越来越严重。肥胖问题与饮食食品有重要关系。根据 WHO 的报告，在发展中国家，肥胖问题主要是通过“营养转移”(nutrition transition)的形态逐渐暴露出来。“营养转移”是指从以新鲜蔬菜水果的消费特点向高脂肪、高热量、高盐、低营养的饮食消费特点的转移。这种营养转移方式将导致超重和肥胖，并最终引起高血压、高血脂、

① 参见 WHO, Global Status Report on Alcohol and Health 2011, p. X. http://www.who.int/substance_abuse/publications/global_alcohol_report/msbgsruprofiles.pdf last visit: 2 Dec, 2019。

② 参见 WHO, Global Status Report on Alcohol and Health 2011, p. X. http://www.who.int/substance_abuse/publications/global_alcohol_report/msbgsruprofiles.pdf last visit: 2 Dec, 2019。

③ 参见 WHO, Strategies to Reduce Harmful Use of Alcohol, 61st WHA, A61/13, 20 March 2010, para 2. http://apps.who.int/gb/ebwha/pdf_files/A61/A61_13-en.pdf last visit: 2 Dec, 2019。

糖尿病等慢性疾病。① 通常认为，肥胖问题在发达国家的普遍流行即是源于其不合理的饮食结构和食品类型，而肥胖率在发展中国家的逐渐上升则被认为是发达国家的食品种类大量地进入发展中国家市场，将发展中国家原本较为合理的膳食习惯改变为不合理的膳食习惯，发展中国家国民普遍热衷于消费来自发达国家的高脂肪、高热量、高盐、低营养食品，造成了发展中国家的肥胖问题，影响到国家的公共健康水平。

为应对肥胖问题，WHA 于 2004 年通过了《关于饮食、身体活动和健康的全球战略》，该份文件设置了一系列的原则和行动"职责"，要求 WHO 的成员方、WHO 以及其他的国际组织、公民团体、非政府组织采取联合行动：对 WHO 成员方在肥胖食品规制的行动职责上，要求成员方采取相关公共政策，处理儿童食品市场的广告促销和赞助、在食品包装和标签上标注健康信息和营养成分、保证食品上的健康标示不具有误导公众的效应等。② 从上述内容来看，WHO 在肥胖食品上的政策建议和烟草控制、酒精饮料规制的措施较为相似，也是对商品本身的包装以及品牌宣传进行直接干预，以达到降低消费者购买需求及购买欲望的政策目标。

三、商标使用限制的对象：烟草商标、酒精商标和肥胖食品商标

(一)烟草商标

烟草商标对烟草商品的消费具有重要贡献。烟草产品的消费主要依靠品牌宣传和瘾性依赖。在品牌宣传上，烟草生产商及其广告商通过对烟草产品的外包装形状、包装图案和颜色的分布等多种手段吸引消费者的注意并促进其购买意愿。根据学者的社会调查，烟草产品的外包装样式对青少年消费者有着强烈的购买导向。多数青少年认为使用空白包装的烟草产品是一种"无聊、无趣"的印象，而使用品牌包装的烟草产品则是"有趣的、流行的、好玩的"事情。③ 另外，烟草生产商还通过减少或者模糊化健康警示标语的方

---

① 参见 Barry M. Popkin. The Implications of the Nutrition Transition For Obesity in the Developing World[G]. David Crawford & Robert W. Jeffery. Obesity Prevention and Public Health. New York：Oxford University Press，2005，pp. 75-100。

② 参见 WHO，Global Strategy on Diet，Physical Activity and Health，pp. 7-8. http：//www. who. int/dietphysicalactivity/strategy/eb11344/strategy_english_web. pdf last visit：2 Dec，2019。

③ 参见 Benn McGrady TRIPS and Trademarks：The Case of Tobacco，World Trade Review，2004 (53)，p. 57。

式，突出其品牌商标的显著性；① 在商标种类的开发上，烟草生产商们普遍开发出了多种香烟种类，如中性香烟、轻型香烟和超轻型香烟等，并对每一个种类都注册商标，并以和商品种类相关的观感颜色对该种商品进行包装。在烟草产品的包装盒体设计上，烟草生产商也创造出各种不同类型的盒体设计以促进产品的吸引性，例如采用与某些名牌香水的盒体相似的设计以吸引特定消费群体。② 在健康警示标语的强制展示上，烟草生产商也采取了独特措施以最小化健康警示标语的展示强度，如通过增加白色区域的面积、以淡棕色的字体颜色展示健康警示标语。从外观上看，健康警示标语则不甚明显，从而达到淡化健康警示、强化烟草商标强度的效果。③

（二）酒精商标

酒精饮料生产商同样对商标营销高度重视。品牌价值是酒精饮料生产商的主要商业价值。因此，酒精饮料生产商将其品牌商标大量地投放于商业广告运动上以吸引消费者。这种商业广告运动不仅包括对品牌商标的直接平面宣传，酒精饮料生产商和广告商还通过赞助大量的体育运动赛事以及文化娱乐活动，并将种赞助活动展示在产品包装之上，以吸引消费。通过这些广告运动和赞助活动，酒精饮料的品牌商标已经在消费者的头脑中形成了一种“实际产品”的概念。④

另外，在公共健康议题上，酒精饮料的品牌商标本身也可能造成某种直接的不利影响。最为典型的例子就是酒精生产商通过设计某些卡通品牌商标鼓励和吸引青少年消费者卷入到过早酒精消费之中。美国学者曾经对百威啤酒的商业广告效应进行社会调查，发现百威啤酒系列商标中的“百威青蛙”商标在青少年群体中具有很高的认知度。该商标是一个“青蛙呱叫”的卡通设计，调查显示该商标在 9~11 岁年龄段的青少年中有 81%的认知度，且该

① 参见 CTRS. For Disease Control & Prevention, Reducing Tobacco Use: A Report of The Surgeon General 166 (2000), para 169. www.cdc.gov/tobacco/data_statistics/sgr/2000/complete_report/pdfs/Chapter5.pdf last visit: 2 Dec, 2019。

② 参见 AM. HEART ASS'N ET AL., Deadly In Pink: Big Tobacco Steps Up Its Targeting of Women And Girls, 2009: 1. www.tobaccofreekids.org/content/what_we_do/industry_watch/deadly_in_pink/deadlyinpink_02182009_FINAL.pdf last visit: 2 Dec, 2019。

③ 参见 M Wakefield, C Morley J K Horan & K M Cummings. The Cigarette Pack as Image: New Evidence from Tobacco Industry Documents, http://www.ncbi.nlm.nih.gov/pmc/articles/PMC1766062/pdf/v011p00i73.pdf last visit: 2 Dec, 2019。

④ 参见 Sally Casswell & Anna Maxwell. Regulation of Alcohol Marketing: A Global View. Journal of Public Health Policy. 2005(26), p.343。

群体中对此商标的广告标语熟知度要远远高于其他商标的广告标语。① 同时，与烟草生产商相类似，酒精饮料生产商也通过开发多样化的商品，例如酒精可乐——一种介于酒精和软饮料之间的产品来吸引更多的消费者，包括青少年消费者。由于多数国家法律均对酒精饮料消费者设置了年龄规定，世界卫生组织的报告中也呼吁国家采取措施减少酒精饮料对青少年的影响力度，酒精饮料生产商的上述商标设计、产品设计和宣传手段显然与青少年公共健康的保护议题主旨不相适应，虽然该些措施并未直接违反有关禁止青少年饮酒的法律，但该些措施却直接地鼓励和吸引了青少年的酒精消费，造成了有害影响，应当将其纳入到商标使用限制措施之内。

（三）食品商标

品牌商标也是食品行业用以创造商品认知度并吸引消费者的一种重要手段。心理学家和神经学家通过研究发现，在食品工业高度发达的现代，食品的品牌商标对消费者购买心理的影响甚至要超过食品本身的口味特点。品牌商标在消费者食品享用欲望上起了极其重要的作用，而且，该种作用被证明是不能为大脑意识所控制。② 在这一问题上，公共健康政策所关注的主要问题是肥胖食品的品牌商标对青少年肥胖问题的直接影响。心理学家通过实验证明，肥胖食品的品牌商标对青少年的饮食行为和饮食习惯均有着直接的影响，品牌商标的存在不仅影响到青少年对食品的有效反应，使得青少年更为倾向于选择标有品牌商标的食品而不是无品牌商标的食品；另外，实验还表明，与无品牌商标的食品相比，有品牌商标的食品更加能够增加青少年对该种食品的食用量。③

肥胖食品生产商的品牌商标运营策略则主要是对品牌商标的卡通化，并通过在外包装上设计丰富的趣味图案、富有吸引力的颜色色彩，和卡通设计的品牌商标一起发挥着广告促销效应。心理学家和营销学家通过实验证明，

① 参见 Diane McKenzie. Under the Influence? The Impact of Alcohol Advertising on Youth. Ontario Health Promotion E-Bulletin, OHPE Bulletin 129, Volume 1999, No. 129. http://www.ohpe.ca/node/99 last visit: 2 Dec, 2019。

② 参见 McClure SM, Li J, Tomlin D, Cypert KS, Montague LM & Montague PR. Neural Correlates of Behavioral Preference For Culturally Familiar Drinks. Neuron. 2004(44), pp. 379-387。

③ 参见 Kathleen L. Keller, Laura G. Kuilema, Norman Lee, Joyce Yoon, Brittany Mascaro, Anne Laure Combes, Bryan Deutsch, Kathryn Sorte & Jason C. G. Halford. The Impact of Food Branding on Children's Eating Behavior and Obesity. Physiology & Behavior. 2012(106), pp. 379-386。

肥胖食品品牌商标的卡通化能够提高青少年对该食品的偏爱度(该实验研究结论建议通过对食品品牌商标的非卡通化来促进青少年健康饮食习惯的养成)。① 还有学者对食品包装颜色与青少年消费选择的关系进行实验，实验表明青少年在食品选择决策上更加倾向于包装颜色鲜艳的食品(相关度从高到底依次为粉红色、紫色和黄色)。② 另外，食品生产商还通过大量投放平面宣传广告(电视广告、网络游戏广告等)以强化该种品牌商标的宣传效果。根据美国学者的研究，在美国电视节目的黄金时段，主要投放的广告内容即是肥胖食品，包括软饮料、快餐食品等商品的品牌商标。由于该些广告均是采用植入式广告的方式进行投放，因而使得青少年无法避免地接触到该些广告内容，从而使得青少年更易于受到广告影响，最终促成购买行为。③

正是由于上述品牌商标策略实质性地促进了相关商品的消费并直接引起了相关疾病的流行，从而威胁到一国的公共健康水平，世界范围内有越来越多的国家开始对上述品牌商标策略进行规制。如本书此前所论述的乌拉圭和澳大利亚等国颁布的烟草控制法案。在酒精饮料和食品领域，同样也存在类似的规制。如美国通过颁布相关的指南，要求在肥胖食品上减少使用卡通形象，或者使用标准化的卡通形象；④ 瑞典⑤、英国⑥则通过立法规定禁止将肥胖食品广告展示在初级学校、儿童电视节目等场所之上；泰国也立法规定在酒类商品容器上的健康警示图片必须覆盖至少30%的面积。⑦ 然而，虽然

① 参见 Aron M. Levin & Irwin P. Levin. Packaging of Healthy and Unhealthy Food Products for Children and Parents: The Relative Influence of Licensed Characters and Brand Names. Journal of Consumer Behaviour. 2010(9), pp. 393-394。

② 参见 David A. Marshall, Mark Stuart & Rick Bell. Examining the Relationship Between Product Package Colour and Product Selection in Preschoolers. Food Quality & Preference. 2006(17), p. 615。

③ 参见 Sarah E. Speers, Jennifer L. Harris & Marlene B. Schwartz. Child and Adolescent Exposure to Food and Beverage Brand Appearances During Prime-tine Television Programming. American Journal of Preventive Medicine. 2011, 41(3), pp. 291-296。

④ 参见 Lisa L. Sharma, Stephen P. Teret & Kelly D. Brownell. The Food Industry and Self-Regulation: Standards to Promote Success and to Avoid Public Health Failures. American Journal of Public Health. February 2010(2), p. 241。

⑤ 参见 Wang Y & Lobstein T. Worldwide trends in childhood overweight and obesity. International Journal of Pediatric Obesity. 2006(1), pp. 11-25。

⑥ 参见 CIAA. Codes of Conduct For Food and Beverage Marketing Communication; 2006。

⑦ 参见 Committee on Technical Barriers to Trade, Notification, G/TBT/N/THA/332, p. 2. (Jan 21, 2010)。

该些规制措施多数是指向商品包装、广告宣传等内容，但是该些措施均对品牌商标的自由展示和使用造成影响，且相关行业厂商已经将该种规制措施认定为是对其品牌商标的剥夺或限制，因此，如本书第一章的小结所述，商标使用限制措施的主要对象就是烟草商标、酒精饮料商标以及肥胖食品商标。

综上，本章所关注的公共健康议题主要是指非传染性疾病的预防与控制。在该议题上，烟草、酒精饮料和肥胖食品是相关流行性非传染疾病的主要诱因，全球健康治理措施也直接指向了该些商品的供给与消费。烟草商标、酒精饮料商标和肥胖食品商标对该些商品的消费流行具有重要贡献与影响，该些产业在品牌商标的运营上也具有一定的共同特点，商标使用限制的主要对象即是该些商标。

第二节　限制的内容：商标使用及其限制方式

在上述公共健康议题下完成对商标使用限制对象的确定后，如何适当合理地制定商标使用限制措施的具体内容则是需要考虑的另一重要问题。根据本书第二章的结论，商标使用限制措施在法理上虽然具备正当性，但仍然需要对该种限制措施进行严谨的内容设计，以最大限度地在商标权基本功能发挥和公共健康政策实现之间达到平衡。本节结合商标本身的法律形态、商标权的权利内容等方面，对商标使用限制的具体内容进行探讨。

一、商标、商标权和商标使用

(一) 商标概念

商标是一个法律概念。但从物理形态上说，商标就是一种标记(sign)。将一个普通形态的标记变成一个具有法律意义的商标，则需要满足商标法上有关商标注册的条件规定。换言之，只有注入了某些特殊的法律元素，一般意义的标记才能够成为具有法律意义的商标。根据商标法一般理论和立法实践，构成有效商标的条件通常有三：该商标属于一种标记、该标记能够进行有形展示、该标记能够将一实体的商品或服务与其他实体的商品或服务区分开来。[①] TRIPS 协定第 15 条第 1 款也规定，“任何能够将一实体的商品或服务与其他实体的商品或服务区分开来的标记、或标记组合，均能构成商标。该些标记，尤其是文字，包括人名、字母、数字、图形元素和颜色组合以及

① 参见 Lionel Bently and Brad Sherman. Intellectual Property Law. New York：Oxford University Press，2008，p. 805。

任何标记组合，均有资格注册为商标。”①综上所述，多种形态的标记类型都可以有资格成为商标。例如以人名、字母、数字等文字形态的商标类型，以图形元素或颜色组合形式展示的商标类型等。因此，学理上对商标进行分类时，往往会根据其形态本质的类型的不同将商标分为文字商标和图形商标等。在本章主题上，文字商标和图形商标的分类方式具有重要意义。如上一节所述，图形商标在酒精、饮料等商品上的展示效果和吸引力往往要优于文字商标（如前述的“百威青蛙”图形商标）。而且，在该些特殊商品范围内设计卡通化以及其他更具趣味性的图形商标设计逐渐成为产业界的品牌宣传趋势。从商标形态上说，图形商标的设计空间显然要比文字商标的更大。

（二）商标权利

一项标记成为法律上有效注册的商标，即意味着法律上的一项“商标权利”得到建立，也即意味着该项标记的持有者成为了法律上的商标权人，可以开始行使该项商标权利。那么，该商标权利的具体内容是什么，其权利性质为何，则是法律在赋予权利时应当明确的重要问题，也是商标法律理论需要解决的重要问题。

考察普通法系国家的立法可以发现，普通法上赋予商标权人的权利内容主要是“防止他人未经同意使用其商标”。英国《商标法》第 9 条规定（该条的标题为“通过注册商标获得的权利”），“注册商标所有人的专有权利是防止他人未经同意在英国侵权使用其商标。”②美国《兰哈姆法》对商标权利内容也是在“侵权救济”的条款（第 1114 条）中进行规定。③ 因此，根据上述法律规定，普通法上的商标权的权利性质是消极权利，商标权人所享有的权利内容就是“阻止他人使用商标”，即享有一种事后的救济权利。普通法意义上的商标权并不是一种绝对权，而是一种相对权。事实上，商标权的这一权利内容和权利性质的形成具有深厚的普通法渊源。在盎格鲁-美利坚法的普通法时期，商标权利通过商标使用即可建立，而不需要通过注册程序来取得商标权利。也就是说，某项标记的使用者通过其对标记的商业使用行为（即附着于商品之上并进行市场流通）即获得了一项权利，该项权利即为权利人可以防止他人在同类商品上使用该标记（只要证明其对标记的使用早于他人），

① 值得注意的是，满足该些条件的标记仅仅只是“有资格”（“能够”）成为一种商标，而不是满足该些条件后则一定成为注册商标。

② 参见《十二国商标法》翻译组译：《十二国商标法》，清华大学出版社 2013 年版，第 418 页。

③ 参见《十二国商标法》翻译组译：《十二国商标法》，清华大学出版社 2013 年版，第 496 页。

如果他人未经同意使用了该标记，标记持有人则可以向法院诉请其侵犯商标权利或者构成不正当竞争(在普通法早期往往是以不正当竞争为救济理由)。因此，在普通法上，商标使用是一项商标权利得以创立的前提条件，商标权的取得要晚于商标使用行为。通过商标使用而取得商标权利后，权利人则可以禁止他人未经同意使用其商标。也就说，在商标权利正式取得和确立之前，商标持有者已经获得对商标使用的某种"自由"，且也实现了对商标的事实使用(factual use)。因此，普通法的商标保护模式是：使用商标—获得权利—侵权救济。据此分析，商标使用并不是商标法意义上的商标权利内容，商标法并不对权利取得之前的"商标使用"这一内容进行保护，而只是对商标使用之后才形成的、禁止他人使用该商标的权利内容进行保护。换言之，商标法意义上商标权只是让商标权人可以禁止他人未经同意使用商标，而不赋予商标权人对商标标记的自由使用权利。商标标记持有人虽然通过类似"先占"的方式在先使用了该种商标标记，但其并不能对该商标标记建立起一种像动产先占一样的"绝对所有权"，因为其不能禁止其他人在非商业场合或者商业场合的非同类商品市场上使用该商标标记，标记持有人对商标的自由使用空间仍然相对有限，其虽然可以将该商标标记使用在其商品之上，但这并不是商标权赋予的内容，商标权只是赋予其可以禁止他人未经同意使用该商标标记的权利内容。在普通法的这一渊源之下，英美等国的商标法成文法一度规定，商标注册的前提条件之一即是存在"商标使用"的情形，即此时的商标保护模式为：商标使用—商标注册(取得权利)—侵权救济。虽然在后来的商标法修改中，美国对这一注册要求进行了修改，摒弃了商标事实使用(factual use)这一要求，但仍然规定商标的注册必须具备"使用意图"(intent to use)。

在大陆法系传统之下，商标权的性质和内容似乎与普通法系存在差异。首先，大陆法系在商标权利取得上严格秉持注册制而非使用制，大陆法系国家的商标权利只有通过注册方能正式取得，商标使用不能"天然"地获得商标权。通过注册获得的商标权利的具体内容似乎包括了"自我使用"的绝对权利和"排他使用"的相对权利。因此，大陆法系国家的商标保护模式则是：商标注册—取得权利—商标使用及侵权救济。大陆法系国家的立法也证明了这一点。法国知识产权法典第713-1条(该条为第三章的第一个条文，第三章的标题是"注册赋予的权利")规定，"商标注册就该商标和指定的商品及服务赋予注册人以所有权。"①德国《商标和其他标志保护法》第14条规定

① 参见《十二国商标法》翻译组译：《十二国商标法》，清华大学出版社2013年版，第53页。

（该条标题为“商标所有人的专有权”，该章的标题为“保护范围；侵权”），“根据第4条获得商标保护的所有人应拥有商标专有权。”①从上述条文看，大陆法系国家的商标权利为积极权利，其权利内容涵盖了商标自我使用和排他使用两项内容，大陆法系的商标权在一定意义上属于“所有权”。然而，即便大陆法系国家商标法作出如此规定，也不可否认该种“所有权”与物权法意义上“所有权”非为一物，大陆法系的商标权概念仍然局限在商标法（知识产权法）意义之内。质言之，大陆法系的商标“所有权”只能在一定范围内自由使用，且不能绝对地禁止他人在某些范围内的使用权利。另外，大陆法系商标法也完全认可商标权利的核心内容应当是“排他使用”。法国、德国的商标法在上述有关权利性质的条款之后即是对商标的侵权救济内容的条款规定。

TRIPS协定将商标权的权利内容和权利性质规定为一种消极权利。协定第16条规定（该条标题为“授予的权利”），“注册商标的所有者应享有阻止任何第三人未经其同意即在贸易中并在与注册商标的相同或相似的商品或服务上使用相同或者相似的标记，该种使用可能会造成一种混淆可能。”从该条规定的表述上看，TRIPS协定将商标权利定性为一种消极权利，该权利的核心内容即是“排他使用”。在WTO案例法中，专家组也明确作出过这一判断。在欧共体农产品和食品案中，专家组认为，“TRIPS协定并没有授予一项积极权利以使用该特定的主题事项，而是授予了一项消极权利以防止该特定行为。”②

（三）商标使用

根据以上论述，不管是普通法系还是大陆法系，商标权的主要内容均是“防止他人未经同意使用商标”，而商标持有者对“商标使用”的自由空间和涵盖内容均没有在任何国家的商标立法中作出规定。根据普通法系的传统，商标使用要早于商标权取得，因此商标持有者对商标的使用内容从一开始就并不在商标权（或者商标法）的关注范围之内。然而，由于商标权的主要内容是“防止他人使用”，因此，“商标使用”的概念在商标权的侵权救济条款中得到充分体现。根据一般商标立法和理论，商标侵权行为的主要表现即是

① 参见《十二国商标法》翻译组译：《十二国商标法》，清华大学出版社2013年版，第83页。

② 参见Carlos M. Correa. Trade Related Aspects of Intellectual Property Rights: A Commentary on the TRIPS Agreement. New York: Oxford University Press, 2007, p. 186, Footnote 57。

在贸易中使用商标(used in the course of trade)，这是“一切商标侵权行为构成的前提条件”。[①] 而且，多数国家的商标法均详细规定了什么样的使用属于“在贸易中的商标使用”。一般认为，以下商标使用行为即属于“在贸易中的商标使用”：①将商标附着于商品或者商品包装之上；②将商品出售或者进行展示，将印有商标的商品置于市场上或者基于此目的进行储存；③进口或者出口印有商标的商品；④在商业报纸或者广告中使用商标。据此，如果他人未经商标权人同意以上述方式对商标进行使用，则可以认定其构成了商标侵权。[②] 因此，对上述构成侵权行为的“商标使用”进行反向推论，可以认为上述构成商标侵权的“商标使用”行为，即是商标权人可以作为的合理使用方式。换言之，他人不可为的该些“商标使用”即是商标权人可为的“商标使用”方式。据此，一般来说，商标权人的商标使用一般应当包括上述四点内容。

二、商标使用限制：商标展示与商标载体

根据本章第一节的论述，在本章所讨论的公共议题上，以烟草产品、酒精饮料和肥胖食品为主的特定商品范围的消费对非传染性疾病的公共健康议题影响巨大，而且，相关产业界对该些商品类型所采取的品牌宣传策略在一定程度上有所趋同。同时，根据相关学术界的科学研究也表明，烟草商标、酒精商标和肥胖食品商标的相同展示特征对产品消费具有很大的正相关，从而实质上对公共健康造成了负面影响。在上述考虑的基础上，商标使用限制措施的设计原则应当把握以下几点：①降低特定商标的吸引力；②增加健康警示信息的说服效果；③祛除有关健康危害的误导信息。实际上，商标使用限制措施的主要目的即是通过上述几种方式来实现特定产品消费和供给需求的减少，最终有助于提高公共健康水平。因此，本章结合前述有关商标法意义上的商标分类、商标权利内容和商标使用方式的论述，提出商标使用限制措施的具体内容主要是商标展示形态的限制以及商标展示环境的限制。另外，对产品危害的误导性商标注册限制也是重要内容。

(一)商标展示形态的限制

对商标形态的限制主要是为了降低商标的吸引力。在实践中，烟草、酒

① 参见 Lionel Bently and Brad Sherman. Intellectual Property Law. New York：Oxford University Press，2008，p. 918。

② 当然其还要满足其他的条件，如相同或者类似商品或服务之上，构成混淆可能性。

精、肥胖食品生产商对烟草商标、酒精商标和食品商标的使用主要是在商品包装上，生产商往往对商标进行放大处理，并将商标置于商品包装的主要位置进行展示，以最大化商标的视觉效果；另外，生产商还将商标进行卡通化的设计，或者进行图形配置，以广泛吸引青少年等消费群体。因此，对商标形态的限制应当着力于对上述内容的限制。

1. 规格限制。商标展示规格与商标的视觉吸引直接相关。为达到降低吸引力的效果，配合相关健康警示信息的展示要求，对文字商标来说，可以对商标的文字展示规格进行限制，要求文字按照某种特定的字体(如最为常用的印刷字体、不得使用卡通字体或者艺术化字体)和特定的字号大小(一般应当小于健康警示文字信息的字号)进行展示；对图形商标来说，可以要求该图形商标中的图案整体按照某种特定的规格尺寸(一般应当小于健康警示图片的规格尺寸)进行展示。

2. 颜色限制。如第一节所述，颜色对商标的视觉效果具有重要影响，尤其在酒精饮料和肥胖食品商标上，商标内容的颜色和包装整体环境的颜色相互配合相互映衬，可以最大化凸显商标内容以达到最优的宣传效果。因此，对文字商标而言，可以要求商标中的文字以某种特定的颜色(一般与包装整体底色形成暗淡效果的颜色)进行展示；对图形商标而言，可以要求以类似效果的颜色方案对商标图形进行展示。

3. 布位限制。如上述，在当前实践中的烟草商标、酒精商标和肥胖食品商品往往占据包装整体的正中心，这一点在酒精商标上尤为显著。对商标进行有效布位也是生产商提高商标吸引力的有效手段。因此，可以考虑对商标的展示部位进行限制，如要求将商标放置于包装的底部等。

(二)商标展示载体的限制

对商标展示载体的限制主要是为了提高健康警示信息的说服效果。商标展示载体和展示环境也是商标使用的一项内容，虽然商标展示环境属于包装技术法规的规制范畴，但其与商标的功能发挥和效力体现具有重要关系。在本书第一章所论述的法律争端中，烟草生产商在其仲裁请求中也提出，商标展示环境的恶劣尤其是令人厌恶的健康警示图片对商标本身的经济价值产生了极大的负面影响，伤害了消费者对商标的认知度和商标本身的吸引力。事实上，商标展示环境的本质即是一种商标品牌的宣传载体，其与商标品牌的平面广告、电视广告等宣传形式在本质上是一致的。如前所述，商标使用方式之一即是“在商业报纸或者广告中使用商标”，然而，烟草商标和酒精商标的电视媒体和户外公共媒体平台的宣传禁令却广为世界各国采纳，烟草产品和酒精饮料的生厂商也从未提起对广告禁令的异议。因此，如果说商标的广告禁令是一种合理的商标限制措施，则可以认为同样作为宣传载体的包装环境限制措施也同样能够进行采纳。在当前实践中，烟草商标、酒精商标和肥胖食品商标往往通过对载有商标的整体包装进行吸引性设计，并针对特殊消费群体开发设计不同类型的包装(如前述的香水瓶设计等)，以包装整体设计的多样化来提高商标和商品的公众认知度。为达到“提高健康警示信息的说服效果”的目标，可以对商标展示环境采取以下措施.

1. 包装形状限制。将商品的整体包装形状进行统一规制。例如对烟草产品的包装盒体规定为固定尺寸规格的长方体形状，并禁止设计其他任何类型的烟草包装；对酒精产品也可按照不同容量规格等级对包装瓶体(罐体或者其他)进行统一设计；对肥胖食品的包装体也可进行固定化的设计要求。

2. 包装颜色限制。对特定商品的包装颜色进行规制。如上文所述，商品包装整体颜色和商标主体颜色相互配合将能创造极强烈的吸引效果，因此可以根据颜色心理学的相关研究，对特定商品的包装颜色进行统一规制。例如对烟草产品的包装整体颜色统一规定为“暗灰色”等。

3. 印制健康警示图片。在商品包装整体上印制商品消费引起健康危害的图片。例如在烟草包装上印制肺部疾病、口腔疾病等有关烟草疾病的健康警示图片；在酒精饮料上印制肝脏疾病、交通事故等有关酒精消费的警示图片；在肥胖食品的外包装上印制心脏疾病、血管疾病等有关肥胖疾病的警示图片等。一般来说，健康警示图片的规格尺寸应当占据包装整体的50%甚至更多，而且还需要超过相关商标的展示面积，以达到强化健康警示的效果。

4. 印制健康警示文字。在健康警示图片的周边部位应当配置有效的健康警示文字，该警示文字应当具有直接提醒产品消费危害性的功能，而不仅仅是一种宽泛的通用常识。例如在烟草包装上印制“吸烟将会引起肺部疾病”，在酒精包装上印制“饮酒将会引起肝脏疾病”，在肥胖食品外包装上印制“饮食将会导致心脏疾病”，等等。另外，健康警示文字的颜色应当进行突出设计(如红色)，以达到最佳的警示效果。

另外，产品危害的误导性商标使得消费者无法了解到产品的真正危害，应当直接对该些商标的注册予以限制。商标注册限制并非对一切烟草商标、酒精商标和肥胖食品商标的注册进行限制，而是对那些带有误导性健康信息商标的注册进行限制。对商标注册的限制主要是为了祛除误导性健康信息的商标。在实践中，烟草生产商为了创造出多样化的产品类型，往往对某个品牌商标进行分化，如本书第一章所描述的“light”(轻型)香烟，或者以颜色进行分类，如“Marlboro green”表示轻淡型香烟等。上述不同的商标类型实际上暗含了不同等级的健康危害，例如“轻型”香烟表示“较低的健康危害”等等；在酒精饮料上同样存在类似问题。酒精饮料中也存在“轻型”啤酒、“超轻型”啤酒等等商标类型，该些商标也暗含着酒精饮料上的健康危害等级。然而，科学证据表明上述的商标类型之下的商品健康危害并不存在任何等级之分，只要是烟草产品或者酒精产品，其对消费者的健康危害差异无多。因此，对于上述该些带有误导性健康信息的商标应当禁止其注册。

在商标法上，禁止对欺骗公众的商标注册是各国立法通例。英国《商标法》第3条规定，一项商标如果在性质上将会导致对公众的欺骗，则不得将其注册为商标。[①] 美国《兰汉姆法》第1052条也规定，“根据商标性质，凡是能将申请人的商品区别于他人商品的商标，不应驳回其注册，除非：(a)包含不道德、欺骗或诽谤性内容……”[②]普通法的判例实践也出现过有关欺骗商标的案例。在 *Elizabeth Florence Emanuel v. Continental Shelf* 128 *Ltd.* (2006)案中，法院认为只要“存在事实上的欺骗或者存在消费者将会被欺骗的充足且严重的风险”即可认定为欺骗商标，法院还援引普通法上的一个古老案例进行说明，该案例是指对“Orlwoola”这一商标的拒绝注册，该商标的注册商品范围是服装及纺织品，法院认为“该商标的发音与‘all wool’相似，使得公众会认为该商品是一种全羊毛制品，而实际上该商品只是一种棉制品。法院据此认为该商标会产生欺骗效果，从而判决可以拒绝对该商标的注册。[③] 另外，英国商标注册机构还曾经拒绝“WINE OH!”这一商标的注册，理由是该商标之下的商品是饮用水，而商标本身将会误导公众认为该商品是酒精饮料。相同的例子还包括对“ARCADIA”这一商标的注册拒绝。Arcadia是希腊境内某一著名酒类产品的原产地，而该商标项下的商品却是产自意大利的酒精饮料，因此该商标将会误导公众认为其商品是产自于 Arcadia 地区的酒类产品，从而拒绝了对该商标的注册。[④]

援引上述商标立法条款和普通法判例原则，本章认为可以对某些带有误导性健康信息的商标予以拒绝注册。上述普通法判例原则可以适用到本章主

① 参见《十二国商标法》翻译组译：《十二国商标法》，清华大学出版社2013年版，第414页。

② 参见《十二国商标法》翻译组译：《十二国商标法》，清华大学出版社2013年版，第483页。

③ Advocate General Opinion of Elizabeth Florence Emanuel v. Continental Shelf 128 Ltd, Case C-259/04, [2006], ECR I-3089, para. 58.

④ 参见 Lionel Bently and Brad Sherman. Intellectual Property Law[M]. New York: Oxford University Press, 2008, p. 850。

题之下的拒绝商标注册情形，商标注册机构可以援引上述法律条款和普通法判例原则对诸如“轻型”“超轻型”或者以颜色为误导信息内容的商标予以拒绝注册。

第三节　限制的条件：必要性检验与“三步检验”

根据上文论述，基于公共健康保护的商标使用限制兼具公共政策和法律规则的双重属性：从目标上看，商标使用限制措施是一国为了保护其国内公共健康这一政策目标而采取的公共健康政策；从内容上看，商标使用限制措施的内容却直接关涉到商标法律中有关商标权利和权利限制的法律条款。然而，无论是作为一种公共健康政策，还是作为商标法律上的权利限制条款，该种商标使用限制措施都不应肆意滥用。作为一种规制工具的公共政策如果范围过宽将会使得公权力的运行侵犯到私有财产权利、自由经济价值等，而作为商标法内部的一种权利限制制度，若不加以一定的适用条件，则会对商标权本身带来不利影响。因此，无论是公共健康政策，还是商标法律制度，均需要对商标使用限制的适用施加条件，只有具备了该些条件，方能采取该种商标使用限制。

在 WTO 法上，成员方采取公共健康保护措施需要满足一系列的条件。其中包括 GATT 第 20 条(一般例外条款)中所规定的条件，也包括在其他的 WTO 协议中所规定的关于公共健康保护的相关条件。而且，一国也只有在满足了其所参与的国际条约中规定的国家义务，其所采取的国内政策或制定的国内法方能具备国际法上的合法性。在本节语境下，WTO 法对其成员国国内公共健康政策所设置的一般条件，即是成员国所应遵守的国际法规范。另外，根据上文论述，商标使用限制措施既是一种国家公共健康政策，也是商标法律中的一项权利限制，因此，WTO 成员国需采取该种限制措施，则需要满足 WTO 法中对公共健康政策和商标权利限制所规定的一般条件。本节即从 WTO 法中对成员国国内公共健康政策的条件要求和对知识产权权利限制的条件要求出发，对采取商标使用限制措施应当满足的基本条件作一论述。

一、商标使用限制的特殊性及其适用条件

(一)公共健康政策及其适用条件

WTO 一揽子协定中的大部分协定均规定有公共健康条款，考察该些条款可以发现，几乎所有的公共健康条款均设置了必要性检验的要求。如

GATT 第 20 条(b)款中规定的“为保护人类、动物或植物的生命或健康的必要措施”；SPS 协定第 2 条第 2 款规定的“各成员方保证一切动物、植物的卫生检疫措施不超过为保护人类、动物或植物的生命与健康所必要的程度”；TBT 协定第 2 条第 2 款规定的“各成员方应当确保技术法规的制定、采取和实施在目的和效果上均不得超出为实现合法目标所必要的限度，……此类合法目标包括：保护人类健康或安全……”；GATS 第 14 条规定的“本协定的任何条款不得解释为阻碍成员方采取或实施下列措施：(b)为保护人类、动物或植物的生命或健康的必要措施……”。TRIPS 协定第 8 条规定的“在制定或修改其法律法规时，各成员可以采取对保护公共健康和营养，促进对其经济社会和技术发展至关重要部门公共利益的必要措施，只要该类措施与本协定的规定相一致。”也就是说，WTO 所认可的公共健康政策需要满足“必要措施”这一前提条件。WTO 在货物贸易、服务贸易、技术法规、知识产权等各项协议中均允许成员方采取相关的政策措施以保护其国内的公共健康，但前提条件是该种措施必须是保护公共健康的“必要措施”。

在 WTO 的公共健康(例外)条款中，适用最为广泛的当属 GATT 第 20 条。该条为 GATT 的“一般例外”，在 WTO 争端解决中被广为援引和解释。根据美国学者的观点，GATT 第 20 条的内容设计受美国宪法的影响颇深。美国宪法在公共健康问题上对政府权力赋予一种“规制合法性”(regulatory legitimacy),① 这种国家规制权力的执行即意味着对公民自由的一种限制，例如在传染性疾病爆发的阶段，国家有权对公民进行强制隔离、强制接种等。美国宪法认可这种对公民自由的限制，但是政府如要采取这种措施，则需满足一定的条件。经过长时间的审判实践，美国宪法案例法对公共健康政策确立了一套“严格审查”标准(strict scrutiny standard)，要求政府在制定和实施该政策措施之前需要出示一种强有力的国家或州的公共利益(compelling state interest)和措施的必要性(the necessity of measure)证据，包括必须证明如果采取其他的、对自由更少限制的措施将无法充分保护和实现这种国家或州的公共利益。② GATT 在 1947 年达成之后对第 20 条的解释也基本上参照了美国宪法实践的这种审查标准。该条在 1994 年的谈判中也毫无争议地保留在 GATT 1994 之中。

① 参见 Lawrence Gostin. Public Health Law: Power, Duty and Restraint. Berkeley and Los Angeles: University of California Press, 2000, pp. 113-144。

② 参见 Lawrence Gostin. Public Health Law: Power, Duty and Restraint. Berkeley and Los Angeles: University of California Press, 2000, pp. 113-144。

从上文分析可以发现，美国宪法案例法对一般性公共健康政策所确立的审查标准主要是针对传染性疾病这一公共健康议题的。在传统的公共健康问题上，传染性疾病被视为唯一的风险因素，传染性疾病与公共健康危机之间存在着直接的、必然的关系。公共健康措施也主要是指传染性疾病(及其流行)的控制措施。因此，对于一般性的公共健康政策而言，其“必要性”条件较为容易满足。因为传染性疾病的爆发和迅速传播对公共健康的威胁要更加容易得到公众的认可，传染性疾病控制措施也很容易被认为是“必要性措施”。

(二)商标使用限制措施的特殊性及其适用条件

商标使用限制是一项独特的公共健康政策措施，与其他的公共健康措施(例如专利强制许可等)相比，采取商标使用限制这一独特措施需要首先满足一些特有的适用条件。

1. 特殊的公共健康情势。与传统的公共健康措施不同，商标使用限制所指向的是非传染性疾病这一健康风险因素，商标使用限制能否作为一项“必要措施”而被合法实施，首先要取决于非传染性疾病这一健康风险的程度。因此，商标使用限制作为一项新型的公共健康措施，其适用前提与传统的公共健康措施存在不同。如第一节所述，随着经济全球化的发展，非传染性疾病也日益成为公共健康另一重要议题。对于非传染性疾病而言，其在人类社会中大规模流行并不是通过病原体这一直接的“传播介质”，而是通过人类生活方式的趋同、生态环境的破坏等多种原因诱导而发生的，其一般是在很长一段时间内逐渐流行，最终在流行病学数据上才体现为一种公共健康危机。因此，非传染疾病与公共健康之间的关系是间接的、长期的。在非传染性疾病议题上，从单个风险因素积累到公共健康问题爆发之间还存在着一个较长的因果链条。以本书讨论的烟草控制这一公共健康措施为例，从烟草使用这一不良行为习惯，到肺癌、口腔癌等相关疾病的出现，再到该些疾病的普遍流行(即公共健康问题的凸显)，这中间存在着一个长时间、多因素缠绕的因果链条。因此，在判断能否采取商标使用限制措施之前，应当首要明确公共健康危险的大小，即非传染性疾病的流行是否达到了威胁公共健康的水平，公共健康情势是否已经严峻到需要采取某些规制措施。其次才是根据各个风险因素在因果链条上的分布和作用去分析拟采取规制措施的必要性问题。

2. 商标使用限制这一政策措施的特殊性。商标使用限制措施作为一项独特的公共健康政策，其核心内容是商标使用方式的限制。从公共健康措施的必要性上检讨，商标限制的实施前提是证明商标本身构成对公共健康的威胁。如果公共健康问题的发生与商标保护并无太大关系，则在政策上只能采取其他措施(如价格、税收等)，而不能是商标限制；如果商标是公共健康问题因果链条上的重要一环，则可以认为商标限制属于“必要措施”。因此，商标使用限制作为一项公共健康措施，其需满足一个特殊的前提条件，即商标使用是非传染性疾病流行的重要诱因。如不具备此一条件，则不能认定商标使用限制为“必要措施”，这种“必要措施”另有所属。除此之外，作为一种知识产权限制，商标使用限制的实施还需满足知识产权法上的权利限制实施条件，即“三步检验法”。本章以下也将作具体论述。

综上，商标使用限制是一项独特的公共健康措施，采取该种措施需要满足一系列特定的前提条件。由于商标使用限制的直接对象是商标权这一知识产权，而知识产权国际公约上也确立了公共健康保护措施的适用条件和权利限制的实施规则，因此，本章以下着重从知识产权公约的角度论述商标使用限制措施的实施条件。

二、作为公共健康措施的条件：必要性检验及其适用

TRIPS 协定对涉及知识产权的公共健康措施进行了规定。TRIPS 协定第 8 条规定，“在制定和修改法律法规时，成员方可以采取对保护公共健康和营养……所必要的措施，只要该种措施与本协定相一致。”据此，TRIPS 协定作为一项知识产权国际公约，其确认了公共健康在知识产权法上的价值目标地位，也认可知识产权法上采取公共健康措施的合法性，前提条件是该种公共健康措施是“必要措施”以及该种措施符合 TRIPS 协定。由于 TRIPS 协定第 8 条中的“法律法规”不仅仅是指知识产权法律法规，还应当包括在知识产权领域之外的、但与知识产权相关的其他法律法规，① 本章所讨论的商标使用限制措施从法律渊源上并不是知识产权法规的制定或修改，而是一项单独立法(如烟草平装法案)，但该种单独立法显然是与知识产权有关的法律法规，因此其可以在 TRIPS 协定第 8 条的范围内得到解释和适用，其属于 TRIPS 协定上的“公共健康措施”。那么接下来需要解决的问题则是，这种公共健康措施是否满足 TRIPS 协定所设定的两项前提条件，即是否属于“必要措施”以及是否“与本协定相一致”。

公共健康措施是否为“必要措施”，涉及对“必要性”要求的解释和认定，学界一般称之为“必要性检验”。那么，这种必要性检验的具体标准是什么，

① 参见 Carlos M. Correa. Trade Related Aspects of Intellectual Property Rights: A Commentary on the TRIPS Agreement. New York: Oxford University Press, 2007, p. 104。

则成为了需要探讨的另一重要问题。由于在 WTO 案例法中对 TRIPS 协定第 8 条规定的“必要性检验”的解释并不丰富，本章将结合 GATT 第 20 条的解释实践，对 TRIPS 协定上的必要性检验标准进行论述。

GATT 第 20 条所规定的“必要性检验”在 WTO 案例中被多次适用和解释。WTO 案例在解释 GATT 第 20 条上存在一项前提共识，即 WTO 成员方有权自主地根据其国内的公共健康保护水平、公共健康情势，来决定其国内公共政策的目标以及采取的政策措施。① WTO 专家组以及上诉机构在解释 GATT 第 20 条时均应当尊重成员方的这一自主权。因此，专家组和上诉机构一般只对成员方已经明确的政策目标和政策措施进行必要性检验，而不对一国国内的公共健康保护水平和公共健康危险情势进行具体判断。从案例实践上看，专家组和上诉机构对 GATT 第 20 条的必要性检验方法是不断发展变化的。早期的检验方法一般是“权衡法”(weighing and balancing approach)。权衡的重点内容主要是对“其他更少贸易限制措施”的替代性判断，即确定已经采取的政策措施是否为一种“最小贸易限制措施”，如果不是，则该种措施将不能成为“必要措施”。② 在 1990 年 GATT 时代的泰国烟草案中即开始采用该种方法。③ WTO 时代的韩国牛肉案中，上诉机构也是采取该种判断方法，判断的重点在于“是否可以采用一种更少违反 WTO 协议的措施”。在该种检验方法之下，几乎很少国家的公共健康措施能够被认定为“必要措施”；④ 直到 2001 年的欧共体石棉案，上诉机构确立了一种更为科学的检验方法，改正了权衡法的缺陷。欧共体石棉案中，上诉机构认为必要性检验在确认是否存在“更少贸易限制措施”之前，应当首先评估既有措施对政策目标的贡献程度，同时还需评估“更少贸易限制措施”的潜在效果及其在成员方国内的可行性。如果既有措施能够有效地促进政策目标的实现，而“更少贸易限制措施”的潜在效果(potential effect)不佳或不可行，则可以认定既有

① 参见 Henning Grosse Ruse-Khan. Assessing the Need For A General Public Interest Exception In the TRIPS Agreement. Annette Kur & Marianne Levin. Intellectual Property Rights In A Fair World Trade System: Proposal For Reform of TRIPS. Cheltenhan: Edward Elgar, 2009, p. 189.

② 参见 WTO Appellate Body Report, Korea—Measures Affecting Imports of Fresh, Chilled and Frozen Beef, AB-2000-8 WT/DS161, 169/AB/R, para. 164。

③ 参见 GATT Panel Report, Thailand — Restrictions on Importation of and Internal Taxes on Cigarettes, DS10/R, adopted 7 November 1990, BISD 37S/200。

④ 参见 Carlos M. Correa. Trade Related Aspects of Intellectual Property Rights: A Commentary on the TRIPS Agreement. New York: Oxford University Press, 2007, p. 107。

措施为“必要措施”;[①] 2008 年的巴西翻新轮胎案则将必要性检验方法更进一步。该案中上诉机构认为权衡法属于一种绝对性的方法，而不是一种相对性的方法。[②] 也就是说，权衡法不应当将替代措施相对于既有措施进行衡量，以比较二者之间的贸易限制程度，而应当只对既有措施的效果进行绝对评估，“如果被保护的公共健康价值极其重要，且政策措施非常有效，即便存在少量的贸易限制，也可认为这种措施是必要措施。而那些替代性措施则不能被视为是合理可采纳的措施，尽管在相对层面上该些措施会可能会更少地违反 WTO 协定或是更少的贸易限制。”[③]根据以上分析，GATT 第 20 条中的公共健康措施必要性检验标准在不断发展进步，其主要考察内容包括政策目标指向、政策措施效果和替代措施可能等几个方面，本章以下结合上述内容，对 TRIPS 协定中的公共健康措施必要性检验标准进行探讨。

(一)政策目标的重要性和具体化

如上所述，WTO 成员方有权自主根据其国内的公共健康情势来决定其公共健康保护水平及采取相关政策措施。换言之，一国在判断其国内的公共健康情势和明确其公共健康保护水平上享有绝对的自主权利。理由在于一国国内的公共健康情势及其存在的危险因素只有通过其国家政府才能准确获得，国际组织在这一事项上无法也不应当代替一国政府去判断其国内的公共健康问题。[④] 因此，一国在清楚掌握其国内的公共健康问题之后，有权根据该问题的严重性来制定相关的政策措施，并在政策措施中明确其政策目标和希望达到的公共健康保护水平。WTO 不得对成员方境内的公共健康情势进行主观评估，而只能根据成员方所确定的政策目标对其政策措施进行必要性检验。在本章主题下，商标使用限制措施的目标是保护和促进公共健康，其主要针对对象是相关的非传染性疾病。因此，各国在采取商标使用限制措施

① 参见 WTO Appellate Body Report, European Communities — Measures Affecting Asbestos and Asbestos-Containing Products, WT/DS135/AB/R, para. 168。

② 参见 WTO Appellate Body Report, Brazil — Measures Affecting Imports of Retreaded Tyres, WT/DS332/AB/R, 3 December 2007。

③ 参见 Jan Neumann & Elisabeth Türk. Necessity Revisited: Proportionality in World Trade Organization Law After Korea — Beef, EC — Asbestos and EC — Sardines. Journal of World Trade, 2003, 37(1), pp. 199-233。

④ 参见 Henning Grosse Ruse-Khan. Assessing the Need For A General Public Interest Exception In the TRIPS Agreement. Annette Kur & Marianne Levin. Intellectual Property Rights In A Fair World Trade System: Proposal For Reform of TRIPS. Cheltenhan: Edward Elgar, 2009, p. 189。

之前，应当首先明确其国内在非传染性疾病这一公共健康问题上的严重程度。虽然各国在确定其国内情势上享有自主权，但如果需要采取某种规制措施，公共健康风险仍然需要达到一定的严重程度方能采取。换言之，各国应当首先根据非传染性疾病的发生率、相关流行病学调查、造成的死亡率等科学数据，综合判断和评估其国内在非传染性疾病上的严重程度，只有在非传染性疾病成为了全体人口的公共健康威胁时，才能够采取相关的政策规制措施，并在政策制定上明确其政策目标，突出其政策目标(即公共健康价值)的重要性。

在明确公共健康情势之后，各国应当明确其公共健康保护的具体政策目标，这对政策措施的必要性检验至关重要。考察 WTO 案例实践，专家组或上诉机构都不会抽象地认定一项政策措施的目标只是一般意义上的“保护人类健康”，而是要通过对健康风险以及国家在何种程度上采取措施来减少这种风险进行系统分析。因此，对公共健康政策措施的目标进行明确化和特定化，是政策措施必要性检验的一个重要问题。

一般来说，各国在制定相关政策法律时，均会在政策法律文本的首部对政策目标或立法目的进行规定，即便没有类似的目标条款，也可以通过政策法律的制定过程、政府声明等相关政策法律文件进行考察。然而，从 WTO 案例实践来看，多数国家在政策目标上的规定均较为抽象和主观，这就给专家组和上诉机构留下了相当大的自由裁量空间，对政策目标的限制解释和宽泛解释都曾经在 WTO 案例裁决中出现。在巴西翻新轮胎案中，巴西援引 GATT 第 20 条的公共健康例外来证明其翻新轮胎进口禁令的合法性，巴西认为翻新轮胎的使用寿命比全新轮胎的使用寿命更短，因此，对翻新轮胎的进口将会积存更多的废弃轮胎，巴西进一步声称废弃轮胎对人类健康存在威胁，例如给蚊蝇传播疾病提供滋生土壤、焚烧轮胎会产生有害的化学物质等。专家组将巴西的政策目标认定为“最大限度范围内阻止废弃轮胎的生成”，在确定这一政策目标之后，专家组分析认为巴西的公共健康保护水平应当定位于“不产生不必要的废弃轮胎”这一层次。① 本来专家组可以对巴西的政策目标作宽泛解释，例如“通过减少废弃轮胎的有害影响来保护公共健康”，如果是这一宽泛的政策目标，则其所对应的政策措施将会有更多的选择，也就意味着有着更多的替代性措施可以实施，欧共体也声称巴西可以采用其他的合理替代性措施，如“加强对废弃轮胎的管制”等。然而，专家组

① 参见 WTO Appellate Body Report, Brazil—Measures Affecting Imports of Retreaded Tyres, WT/DS332/AB/R, para. 7. 175。

对政策目标采用了更为具体化、明确化的解释方法，这就大大限制了替代性措施的选择空间，使得已经采取的政策措施更具必要性。在欧共体石棉案中，专家组认定法国的政策目标是“保护工人和消费者的健康”,① 上诉机构也认可了专家组的这种结论，对法国的政策目标只是提到“通过减少和消除那些因石棉引起的、众所周知的、威胁生命的健康风险来保护人类生命和健康”，且并未对该表达进行任何的分析说明。同样的情形也出现在韩国牛肉案中，韩国对进口牛肉和本地牛肉采取了两种不同的零售系统，韩国声称该政策措施的目标是为了“消除有关本地牛肉的一切欺诈行为”,② 然而上诉机构却驳回了韩国的这一政策目标，其认为如果按照韩国所称的这一政策目标，则政策措施对应为“禁止一切牛肉的进口”。因此，上诉机构将韩国的政策目标解释为“减少与本地牛肉相关的、相当数量的欺诈行为”。③ 这一案例中，上诉机构如果根据韩国所声称的政策目标对其政策措施进行检验，则可能很难认定韩国所采取的政策措施是一种必要性措施。

根据上述可以发现，一国对其国内公共健康政策措施的目标设计与其在WTO法中能否获得合法性和正当性具有重要关联。而WTO争端解决机构对成员方政策目标的解释又存在较大的自由裁量空间，政策目标的宽泛解释和限制解释都将直接影响到政策措施的必要性检验结果。从WTO案例实践来看，一国在公共健康政策目标的明确化和特定化更加能够证明其政策措施的必要性。因此，一国在制定公共健康政策法律时，应当对其政策法律的目标条款进行特定化和明确化，而不应当将政策法律的目标设计为一种抽象、通用式的表达。在本章的讨论主题之下，相关特定商品、特定的政策措施与公共健康之间存在着较长的因果链条，特定商品的消费并不能直接地、立即地引起公共健康问题，在商品消费使用和公共健康问题发生之间还有一系列的传导因素，因此，对该些特定商品所采取的政策措施的直接目标不应当是笼统的、抽象的“公共健康保护”，而应当是对风险链条上最近因素的直接规制。例如，在制定有关烟草商标限制的政策措施时，对政策目标的设计应当是“通过降低烟草商标的吸引力来减少烟草产品的消费需求，以保护公共健康”或者类似的表达。总之，在本章的主题之下，商标使用限制作为一种公

---

① 参见 WTO Panel Report, European Communities — Measures Affecting Asbestos and Asbestos-Containing Products, WT/DS135/R, para. 8.173。

② 参见 WTO Appellate Body Report, Korea—Measures Affecting Imports of Fresh, Chilled and Frozen Beef, AB-2000-8 WT/DS161, 169/AB/R, para. 178。

③ 参见 WTO Appellate Body Report, Korea—Measures Affecting Imports of Fresh, Chilled and Frozen Beef, AB-2000-8 WT/DS161, 169/AB/R, para. 178。

共健康政策，政策目标的特定化、明确化这一法律要求，是其政策措施满足必要性检验的首要内容。这就要求一国在采取商标使用限制措施之前，需要科学论证“商标”对公共健康问题发生的贡献程度，“商标”在因果链条上的地位和作用，并根据该种判断将政策目标具体化。

（二）政策措施的有效性

在明确严重的公共健康情形和具体的政策目标后，政策措施是否能够有效地实现该政策目标是必要性检验的第二个内容。在巴西翻新轮胎案中，上诉机构认为政策的有效贡献是指“在追求目标和采取措施所体现的结果和方法之间存在一种真实的关系”,① “政策措施必须为目标的实现带来实质性的贡献”,② 据此看来，WTO 成员方援引 GATT 第 20 条的公共健康例外并不需要证明政策措施在事实上能够完全实现其政策目标。在这一解释方法之下，必要性检验确立起了一个最低标准，即如果一项政策措施对政策目标的实现没有丝毫贡献，则不能认定该项措施是一项必要性措施。WTO 判例对政策措施有效性判断采用的方法既有定性方法也有定量方法，前者是指措施“是否能够实现政策目标”，后者是指“能在多大程度上实现政策目标”（或“能够实现多少政策目标”）。换言之，WTO 争端机构认为对政策措施有效性的评估方法既可以是“理论性评估”也可以是“经验性评估”，只要采用其中某一种方式能够证明其有效性，该政策措施就能够获得 WTO 项下的正当性。然而，学界却认为“即便是定性评估方法也应当确定一个评估尺度”，即“政策措施在多大程度上减少了健康风险”。③ 定性评估方法也可以从司法裁判者在经验论证上的有限地位得到解释。上诉机构在 SPS 协定项下的一个案例中曾对该问题进行阐释，上诉机构认为专家组的角色“不是决定 WTO 成员方采取的风险评估是否正确，而是够通过逻辑推理和相关科学证据来决定该风险评估是否得到支持以及是否在客观上具有正当性”。④ 也就是说，WTO

① 参见 WTO Appellate Body Report, Brazil — Measures Affecting Imports of Retreaded Tyres, WT/DS332/AB/R, para. 145。

② 参见 WTO Appellate Body Report, Brazil — Measures Affecting Imports of Retreaded Tyres, WT/DS332/AB/R, para. 151。

③ 参见 Chad Bown and Joel Trachtman. Brazil — Measures Affecting Imports of Retreaded Tyres: A Balancing Act[J]. World Trade Review. 2009, 8(1), pp. 85-135。

④ 参见 WTO Appellate Body Report, United States—Continued Suspension of Obligations in the EC—Hormones Dispute, WT/DS320/AB/R adopted 14 November 2008, para. 590. [(The role of a panel is) "not to determine whether the risk assessment undertaken by a WTO Member is correct, but rather to determine whether that risk assessment is supported by coherent reasoning and respectable scientific evidence and is, in this sense, objectively justifiable."]。

争端解决机构或者其他司法裁判者在科学论证和经验论证上仅仅是一种有限的事实发现者，只能在已经确定的举证责任之下对争端方列举的证据进行定性分析，以此来决定政策措施的有效性。同时，上述机构还确认了政策措施所产生的结果一般还需要通过时间来进行衡量。

综上所述，一国采取商标使用限制措施需要对措施的有效性进行论证，当然这种有效性只需要在科学证据或经验论证上进行判断即可，而且政策措施的有效性只需要达到“有助于政策目标的实现”即可，并不要求其政策措施能够完全实现政策目标。将政策措施的有效性置于 WTO 争端解决机构或其他司法裁判者之上进行考察，司法裁判者也是基于举证责任和双方的科学证据对政策措施的有效性进行综合判断。例如，在烟草平装措施上，如果一国的政策目标设定为“降低烟草商标吸引性、减少烟草消费，以此保护公共健康”，而在科学证据上能够出示关于烟草平装能够“降低商标吸引性、减少烟草消费”的压倒性证据，则可以认定该措施为“有效措施”。

（三）替代措施的限制性

对公共健康政策措施必要性检验的第三个方面则是对其替代性措施的考察。在 WTO 案例实践中，如果被告提出了一项替代性措施也能够有效地达到政策目标，则原告需要证明这些替代性措施是一项潜在效果不佳且不可取的替代措施。事实上，替代措施的效果判断与政策目标的具体设计存在关联，如果政策目标过于宽泛，替代措施的范围也将更大。例如，一国在烟草控制上将其公共健康政策目标设定为“减少烟草消费以保护公共健康”，则除了商标使用限制措施之外，还有众多的可替代性政策措施（如价格、税收、公共场所禁令、健康教育等）以供选择，而且该些替代性措施的潜在效果未必会比商标使用限制措施更差，其造成的贸易限制还可能更少。

事实上，FCTC 规定了一系列的烟草控制措施，包括烟草税，健康警示和教育措施等，在一个宽泛的政策目标之下，这些措施都可以视为是其他措施的替代性措施，因为在这一个宽泛的政策目标下各个措施都失去了其各自的特有的功能而均可以视为是对该宽泛目标的实施手段。在 FCTC 第 7 条中就规定了“综合性的非价格手段是减少烟草消费的重要的、有效的方法”。这也就意味着在第 8 条到第 13 条所分别规定政策措施均是相互作用、相互支持的关系，其中任何一项措施都不能解释为是其他措施的“替代性措施”，这是 FCTC 第 7 条的法理精神。类似的情形在酒精饮料和肥胖食品上也同样存在，例如对酒精饮料或肥胖食品的公众健康教育活动也不能被视为是对诸如“产品标签管制措施”的一种替代性措施。

这种相互支持、相互作用的新型规制模式对 WTO 的必要性检验提出了新的问题。如果将在这一规制体系下的每一项政策措施都解释为其他各项措施的替代性措施，则很可能会将任何一种政策措施都视为是其他措施的替代性措施，从而否定其必要性。这种解释方法也会严重限制必要性检验的正当适用，因为它不仅会阻碍合法的规制措施的执行，也会威胁到规制体系的整体有效，例如会对烟草控制这一规制体系造成毁灭性的影响。这就对 WTO 在必要性检验上寻找到一种更为符合这种新型规制体系的解释方法提出了考验。在这种情况下，WTO 必要性检验应当对规制体系下的每一种相互作用、相互支持的规制措施赋予其合法性，如不然，则会对丧失在贸易自由化和国内规制自主之间的适当平衡，同时也会造成其他国际条约难以正常履行。实际上，WTO 案例实践已经在巴西翻新轮胎案中对该问题提出了解决方案，即采用 WTO 法之外的其他国际条约，来对某一自足性政策体系下的措施提供科学证据。巴西翻新轮胎案的专家组两次援引《关于识别和管理二手轮胎技术指引的巴塞尔公约》(该公约是《控制有害废物跨境转移及其处置巴塞尔公约》的附件)，将该公约项下的轮胎规制措施均作为相关事实证据，从而肯定某种措施的必要性。① 这意味着 WTO 也可以援引 FCTC 中的相关条款，以证明其中某一个条款的措施内容和其他条款的措施内容互不替代，由于 FCTC 的成员国在这些政策措施上能够达成一致，也意味着各成员国认可该些措施均是烟草控制的必要措施。对那些即均为 FCTC 和 WTO 的成员国来讲，该些控烟措施都是必要措施。

综上所述，商标使用限制作为一项知识产权法上的公共健康措施，其必须满足 TRIPS 协定对一国公共健康政策的条件要求，即该措施须为保护公共健康的必要措施。这就要求商标使用限制这一政策措施的采取需要满足特定的公共健康情势要求，只有在公共健康问题(非传染性疾病流行)达到一个严重程度时，方能采取商标使用限制；另外，商标使用限制的政策目标应为具体化的政策目标，将公共健康风险链条上的最近因素列为政策目标；其次，商标使用限制措施还需被证明为一种科学有效的措施，且在该种政策目标之下，并无其他可供合理选择的替代性措施时，方能采取商标使用限制这一特殊措施，以实现特定的政策目标。当然，如前所述，商标使用限制措施不仅仅是一项公共健康措施，也是一项知识产权法上的权利限制，因此，商标使用限制措施在满足作为公共健康政策的条件之外，还需要满足知识产权法上有关权利限制的适用条件。本章以下将作探讨。

---

① WTO Panel Report, Brazil — Measures Affecting Imports of Retreaded Tyres, WT/DS332/R, para. 7. 81.

三、作为权利限制措施的条件：三步检验及“合理”检验

作为一项公共健康政策的商标使用限制措施需要符合 TRIPS 协定对公共健康措施的适用条件，在满足该条件的前提下，则需要再讨论其作为一项知识产权的权利限制的适用条件。本章以下从 TRIPS 协定中的商标权限制条款和商标使用条款出发，结合商标权限制的理论基础，对这种新型权利限制措施的适用条件进行论述。

(一)商标权限制的“三步检验法”

如上所述，商标使用限制作为商标权利限制的内容之一，其需要满足知识产权法对权利限制的要求。在知识产权法理论和实践上，对知识产权权利限制确立了“三步检验法”的要求。三步检验法在著作权、专利权和商标权等知识产权的限制与例外制度中均可适用，并在知识产权国际公约中也得到确立。TRIPS 协定第 13 条、第 17 条和第 30 条分别对著作权、商标权和专利权的限制与例外制度均确立了三步检验的条件要求。TRIPS 协定第 13 条规定，“成员国应界定在特定情形下对专有权利的限制与例外，这种限制与例外不得与作品的正常使用相冲突，也不得不合理地妨碍权利持有人的合法利益。”TRIPS 协定第 17 条则规定，“成员国可以对商标项下的权利规定有限的例外，如描述性术语的合理使用，规定该种例外须考虑到商标权所有人和第三人的合法利益。”TRIPS 协定第 30 条规定，“成员国可以对专利项下的专有权利规定有限的例外，这种例外不得对专利的正常使用造成不合理的冲突，也不得不合理地妨碍专利所有人的合法利益，同时需考虑到第三人的合法利益。”根据上述条款，一般认为著作权限制与例外应满足“在特定情形下、不得与作品的正常使用相冲突、不得不合理地妨碍权利持有人的合法利益”这三步检验；商标权利限制的三步检验则是“有限的例外、考虑到商标权所有人的合法利益、考虑到第三人的合法利益”；专利权限制则需要满足“有限的例外、不得对专利的正常使用造成不合理的冲突、不得不合理地妨碍专利所有人的合法利益并考虑到第三人的合法利益”这三步检验。考察各知识产权项下的权利限制条款可以发现其三步检验的内容虽不一致，但也具有一定的共同特点。著作权限制的三步检验较为明确，商标权限制的三步检验较为简单，而专利权限制的三步检验内容则是对著作权和商标权三步检验内容的糅合。由于本章关注的商标权限制的三步检验内容与专利权限制较为相似，因此，本章将结合专利权利限制条款的实践，对商标权限制的三步检验内容进行分析论述。

1. 有限的例外。商标权限制措施应当是一种对商标权利的“有限例外”，

而不应当构成对商标权利的全盘剥夺。“有限例外”这一条件要求在 TRIPS 协定的专利权限制条款中也同样存在。在 WTO 案例中，WTO 专家组对专利权限制条款中“有限例外”进行了狭义解释。在加拿大药品专利案中，专家组认为“例外”一词即隐含着“有限的减损，这种减损并不对其规则整体造成颠覆……因此，‘有限例外’这一术语应当认为是一种狭窄的例外，这种例外仅会很小地缩减其所对应的权利”。① 该种解释方法也在后来的欧共体农产品商标和地理标志案中得到确认。② 因此，对商标权限制措施的“有限例外”考察，可以参照上述 WTO 案例实践进行，即只要该种商标权限制措施“不对商标项下的权利造成根本性颠覆，而仅仅对该种权利在很小范围内有所缩减”，即认为是满足“有限例外”这一适用条件。其次，由于“有限例外”的对象是“商标项下的权利”，而该种权利的性质和范围是什么，将直接影响到“有限例外”的具体内容。学界一般认为，商标权利的性质应当是一种“消极权利”而不是一种“积极权利”，即商标权权利内容主要是“防止第三人未经商标权利人同意使用其商标”而不是“权利人专有的、绝对的、自由地使用其商标”。③ 根据该理论，“有限例外”的对象则是“防止商标冒用”这一权利内容。因此，商标权限制措施只要不会直接阻碍商标权人行使其“防止第三人未经同意使用其商标”这一权利，即可满足“有限例外”的检验要求。

2. 考虑到权利人的合法利益。WTO 案例曾经对“商标权人的合法利益”作出界定。在欧共体农产品商标案中，专家组认为“每一商标权人都拥有在维持商标显著性，或者维持商标的区分功能上的合法利益，也包括在商品或服务上使用商标的利益。考虑到该些合法利益也就意味着考虑到了商标权人在使用商标形成的商誉而带来的经济价值上的利益。”④专家组在进行该段论

---

① 参见 WTO Panel Report, Canada-Patent Protection of Pharmaceutical Products, WT/DS114/R, para 7. 30。

② 参见 WTO Panel Report, European Communities — Protection of Trademarks and Geographical Indications for Agricultural Products and Foodstuffs, WT/DS290/R。

③ 参见 Carlos M. Correa. Trade Related Aspects of Intellectual Property Rights: A Commentary on the TRIPS Agreement. New York: Oxford University Press, 2007, p. 186, Footnote 57。

④ 参见 WTO Panel Report, European Communities — Protection of Trademarks and Geographical Indications for Agricultural Products and Foodstuffs. , WT/DS174R, para 147. (“Every trade mark owner has a legitimate interest in preserving the distinctiveness, or capacity to distinguish, of its trade mark so that it can perform that function. This includes its interest in using its own trade mark in connection with the relevant goods and services of its own and authorized undertakings. Taking account of that legitimate interest will also take account of the trade mark owner's interest in the economic value of its mark arising from the reputation that it enjoys and the quality that it denotes.”)。

述之后认为，从根本上说，商标不应被阻止发挥其作为“原产地标记”和“信息传输机”的基本功能。根据上述案例实践，“商标权人的合法利益”即是指商标保持其显著性并能够发挥其区分功能而给商标权人所产生的利益，只要不阻碍商标作为“原产地标记”和“信息传输机”的基本功能，则可以认定为“考虑到商标权人的合法利益”。学界观点与上述司法裁判殊途同归。学界观点认为“商标权人的合法利益”是指商标在正常的法律保护之下给商标权人所带来的利益，同时该种利益应当是得到商标法律目的认可的法律利益。[①] 因此，根据学界观点，商标使用限制措施只要考虑到了商标权在正常保护之下并得到商标法律目的认可的利益，即可以认定为满足本项检验要求。

通过第二章的论述也可以得出，商标使用限制措施必须在不剥夺商标基本经济功能的前提下方能实施。第二章通过法经济学分析，认为商标使用限制措施只是对商标的说服功能、广告功能进行限制，而并未对商标的识别功能和通信功能造成限制。在该法理之下，采取商标使用限制措施的一个重要条件即是要保证该种措施不对商标的基本功能造成损害，如果突破这一个适用条件，根据第二章所述的商标经济学理论，则可能会对商标法本身带来巨大的颠覆性影响。因此，从本书所述的法理上看，商标使用限制措施应当保证商标基本经济功能的正常发挥，这一点也即是上述“考虑到商标权人合法利益”的应有之义。

3. 考虑到第三人的合法利益。根据 TRIPS 协定第 17 条，商标权限制需要同时考虑到商标权人和第三人的合法利益。根据权威学者的观点，第 17 条将商标权人和第三人的合法利益放在同等的地位上考察，这意味着如果在两种利益出现冲突的情况下，商标权人的合法利益并不能被认为要比第三人合法利益更为重要。[②] 另外，第 17 条对商标权例外情形的举例即说明了商标权限制与例外本身即是考虑到了第三人合法利益的，甚至是直接为了保护第三人尤其是消费者的合法利益而允许对商标权利进行限制与例外设计。第 17 条将描述性术语作为一种合理使用而允许该种权利限制，即是考虑到社会大众在日常生活将会存在的、对商标合理的、善意的使用方式这一公共利益。从这个角度上看，本章所讨论的商标权限制措施应当能够符合本项检

① 参见 Tania Voon and Andrew Mitchell, Implications of WTO Law for Plain Packaging of Tobacco Products, Melbourne Legal Studies Research Paper, No. 554。

② 参见 Carlos M. Correa. Trade Related Aspects of Intellectual Property Rights: A Commentary on the TRIPS Agreement. New York: Oxford University Press, 2007, p. 195。

验。而且，权威学者对此也持肯定态度。学者认为第 17 条的这一内容可以适用到加拿大政府曾经发起的烟草平装立法行动上，即将公共健康利益作为本项检验中的“第三人合法利益”的一种，从而为烟草平装法案的正当性和合法性提供依据。①

（二）商标使用限制的“合理性”

商标使用限制还需要满足 TRIPS 协定中关于商标使用的条件要求。TRIPS 协定第 20 条规定，“贸易中的商标使用不应以施加特殊要求的方式而受到不合理的妨碍，如要求与其他商标一同使用，以特殊形式进行使用或以一种将会损害到其将商品或服务区分于其他商品或服务的能力的方式进行使用。”根据该条规定，商标使用限制措施不得构成对商标使用的“不合理妨碍”。换言之，如果某些商标使用限制措施构成对商标使用的“合理妨碍”，则能够符合 TRIPS 协定第 20 条的规定，从而具备合法性。关于合理妨碍的认定标准，学界一般认为与该种妨碍措施能在何种程度上实现其所追求的政策目标相关，如果其所追求的政策目标具有重要意义，且该种妨碍措施能够有效达成政策目标，则可以将该妨碍措施认定为一种“合理妨碍”。② 这一点与本章上述讨论的公共健康政策必要性检验内容相关，在知识产权权利限制这一视角下同样体现为前述内容，因此不作赘述。在本章主题上，商标使用限制措施“毫无疑问属于 TRIPS 协定第 20 条中的‘妨碍’”，因此其需要满足该条所设置的“合理性”检验。

从目前学界对以烟草平装为代表的商标使用限制措施态度来看，较多数的学者认为该种商标使用限制措施应当属于 TRIPS 协定第 20 条所规定的“合理妨碍”，而并不违反第 20 条的规定。商标法领域知名学者 Carvalho 教授认为，“第 20 条允许某些合理的特殊要求，即便会对某些商标的经济价值造成损失——如烟草商标。”③“禁止商标使用可能是一种绝对的妨碍，但只要被正当化，这种禁止也不能被 TRIPS 协定所否定，即使其将会对商标

① 参见 Carlos M. Correa. Trade Related Aspects of Intellectual Property Rights：A Commentary on the TRIPS Agreement. New York：Oxford University Press，2007，p. 195。

② 参见 Carlos M. Correa. Trade Related Aspects of Intellectual Property Rights：A Commentary on the TRIPS Agreement. New York：Oxford University Press，2007，p. 200。

③ Nuno Pires de Carvalho. The TRIPS Regime of Trademarks and Designs. The Hague：Kluwer，2011，p. 429.（“Article 20 … permits justifiable special requirements that … cause marks to suffer economic loss of value—such as tobacco … brands.”）。

权人的(合法)利益造成严重损害。”①Watal教授也认为，“对烟草标签和包装施加某些特殊的要求而带来的担忧被过分夸大了，因为第20条允许某些正当合理的妨碍，而上述措施可以被认为是符合TRIPS协定的。”②TRIPS协定研究专家Correa教授在其著作中称，“施加一些致力于警告公众使用烟草产品或限制商标使用的特殊条件可能在基于公共健康的理由下获得TRIPS协定第20条上的正当性。”③

综上，虽然本章所讨论的商标使用限制措施在学界观点上得到支持，但其仍需在制度设计上谨慎把握“合理妨碍”的限度，只有在该种限制措施能够有效地助于政策目标的实现的前提下，满足本章前述的公共健康政策必要性检验标准和知识产权限制标准，方能认定其具备法理上的“正当合理”。

本章小结

商标使用限制措施既是一项知识产权法上的权利限制，也是公共健康法上的一项规制措施。无论是知识产权限制还是公共健康规制，其均需要满足一定的条件和要求，以保证该种权利限制和公共健康规制不超出其政策目标范围。

首先，商标使用限制的实施对象应当是该些对公共健康造成威胁的商品及商标。根据公共健康规制理论，国家有权采取公共健康规制措施，但该种规制措施的对象应当是那些对公共健康产生威胁的事项，传染性疾病和非传染性疾病是主要的公共健康威胁。随着经济社会的发展和全球化的深入，非传染性疾病日益成为公共健康的最大威胁，而非传染性疾病的诱因又具有多重性，其中如烟草产品、酒精饮料和肥胖食品的广泛流行是导致相关非传染

① 参见Nuno Pires de Carvalho. The TRIPS Regime of Trademarks and Designs. The Hague: Kluwer, 2011, p. 442. [“To ban the use of trademarks would be the ultimate encumbrance, and where justified, it could not be challenged under the TRIPS Agreement, even though it would be seriously detrimental to the (legitimate) interests of the trademark owners.”]。

② 参见Jayashree Watal. Intellectual Property Rights in the WTO and Developing Countries. The Hague: Kluwer, 2001, p. 252. (“‘Exaggerated’ fears about ‘introducing special requirements on cigarette … labels or packaging’ because ‘Article 20 allows for justifiable encumbrances and these can be considered as permitted by TRIPS language’.”)。

③ 参见Carlos M. Correa. Trade Related Aspects of Intellectual Property Rights: A Commentary on the TRIPS Agreement. New York: Oxford University Press, 2007, p. 200。

性疾病全球蔓延的重要诱因之一。商标文化学和消费心理学的大量研究显示，烟草产业、酒精产业和肥胖食品产业的品牌商标宣传手法对产品消费流行具有重要贡献，尤其对青少年消费者，更易受到该些商品的品牌商标宣传影响。有害商品的大量消费和过度使用，最终导致了相关非传染性疾病的流行。因此，烟草商标、酒精饮料商标和肥胖食品商标应当成为商标使用限制的主要对象。

其次，根据上述关于烟草产业、酒精产业和肥胖食品产业的品牌商标宣传手法与商品消费流行之间的关系论述，商标使用限制措施的主要内容是对商标品牌在产品包装上的展示进行限制，以打破现有商标宣传策略和产品消费增加之间的内在联系，并最小阻碍到商标基本识别功能的正常发挥。因此，商标使用限制的内容主要是一种展示限制，如要求采用统一的规格、颜色、字体进行展示；同时还包括对商标展示环境的限制，如要求健康警示信息的扩大展示等；另外，对该些将会误导消费者了解商品危害性的商标注册也予以禁止，阻止消费者对误导性“更低危害”商品进行过度消费。

最后，商标使用限制作为一项公共健康的国内规制措施，其需要达到能够进行公共健康规制的必要性标准。国际法上对国家采取的公共健康保护措施设定了一套必要性检验的标准，即公共健康在国内应当是一项重要的政策目标，公共健康情势较为严峻、公共健康规制措施应当有效、其他措施不可替代等几项标准；另外，商标使用限制作为一项知识产权限制措施，其也需要满足知识产权法上的权利限制条件，TRIPS 协定对成员国在商标权限制条件上也设置了一套标准，即三步检验标准和合理限制标准，各成员国应当在满足该些标准检验后方能采取商标使用限制措施。

第四章　公共健康视角下商标使用限制的程序性问题研究

公共健康政策的推行一方面会提高全民整体健康福利，但另一方面也将会对某些私人权利和商业利益造成损害。① 因此，公共健康规制(public health regulation)实质上是公共利益和私人利益之间的某种权衡(trade-off)。例如，对烟草、酒精饮料等特殊商品的广告禁令和标签要求，可以使得消费者全面了解商品信息以避免危害，但同时也会对相关的知识产权和商业利益造成损害。从这个意义上看，任何一项公共健康政策都不可避免地需要面对这种公共利益和私人权益之间"此消彼长"式的权衡关系。本书所讨论的商标使用限制措施也不例外。作为一项公共健康政策，其实质内容即是对产品商标和产品包装进行限制，以达到公共健康保护的政策目标；从私人权利的角度上看，该政策措施则是对商标权利的一种直接干预。因此，需要在实体内容上对这种涉及私权干预的公共健康政策进行严格的内容设计和条件限制，使得私权干预程度能够限定在特定的公共利益(即政策目标)范围内，而不至于过度地干预私权。另一方面，与实体内容相对应，如何在政策法律的制订和实施程序上保障权利人的合法利益也同样重要。例如，如何在公共健康政策法律的制订过程中保障利益相关方和公民团体的诉求主张得到体现，如何对政策法律的执行效果进行科学评价以保证私权干预的合理性，在出现不当干预的情况下如何保障权利人寻求相关法律救济等。本章即对上述问题进行探讨。

第一节　法律制订：公共健康、商标使用限制与立法程序

正当的立法程序是政策法律有效的前提条件。由于公共健康政策法律的

① 参见 Lawrence Gostin. Public Health Law: Power, Duty and Restraint[M]. Berkeley and Los Angeles: University of California Press, 2000, 85-87。

规制目标是对某种流行疾病的预防控制，其规制内容往往具有较强的技术性，同时还涉及对私权的直接干预，因此更加需要立法程序上的科学与民主。例如，政策目标和政策手段的设计需要结合有关流行病学的科学证据进行综合考察和评估；政策内容的设计需要充分考虑到利益相关方的诉求主张，以寻求公共利益和私人权益之间的最大公约数，从而使得政策法律能够在经济社会中得到无障碍实施。在本书主题上，第一章中所论述的菲利普莫里斯与澳大利亚投资仲裁案中，菲利普莫里斯即在仲裁请求中指出澳大利亚的烟草平装法案制订过程并没有充分考虑到产业利益相关方的合法利益期待，其立法程序不是一种正当程序，从而主张澳大利亚的法律违反了投资协定中的公平公正待遇条款。① 因此，立法程序的民主与科学，是公共健康政策法律制订的基本要求。本节从商标使用限制这一公共健康政策的特殊性出发，论证公共健康政策法律在立法程序上的特殊要求，并提出商标使用限制作为一项公共健康政策法律的相关立法原则。

一、公共健康立法程序概述

如上所述，公共健康规制措施是在公共利益和私人权益之间寻求某种权衡，其规制目标和规制手段均具有公共性，② 而规制措施的推行又往往会对某些法定私权形成干预，从而可能对既有的相关法律造成形式上的冲击，因此公共健康规制措施往往要通过民主议会的制定方式形成有效法律，方能得到充分有效的实施。在现代法律与社会条件下，民族-国家理论下的国家（政府）权力与公民权利关系架构已经在世界范围内广泛确立，国家权力制衡机制和公民基本权利体系也得到广泛施行。法律的现代化往往是随着经济社会中出现的新事物和新现象而发生，法律的制定和修改也往往直接针对该些对象。然而，随着经济社会和科学技术的精细化发展，民主议会式的立法活动需要经过经济社会各部门的多重技术论证（如经济数据、社会调查、科学证据等），同时公民政治运动的兴起又使得立法活动在民众参与和民意支持上的要求日益提高，立法活动已然成为一种需要高度技术支持和民主支持的复杂活动。在这种情形之下，民主议会式的立法模式逐渐向“规制国家”理论下的立法模式转变。“规制国家”（regulatory state）是指一种以政府部门为主

① 参见 Notice of Claim Under the Australia/Hong Kong Agreements for the Promotion and Protection of Investment（15 July 2011）, at para 44.

② Philip Crowley, David J. Hunter. Putting The Public Back Into Public Health. J Epidemiol Community Health. 2005, pp. 265-267.

导的立法模式。[①] 由于现代政府的机构设置与经济社会部门之间存在紧密的对应关系，各政府部门(如商务部门、技术部门、卫生部门等)对相关经济社会领域内的利益需求和专业知识等均能够深入了解，因此在相关经济社会领域内出现立法需求的情形下，往往由政府部门提出立法建议，并主导法律议案的起草和说明，最终提交立法机构进行表决。因此，“规制国家”理论下的立法模式往往是一种授权立法模式或者委托立法模式。在这种立法模式之下，政府行政部门对法律起草、法律的公众咨询等立法程序均起着主导作用。除此之外，对经议会表决通过的法律，政府部门还享有对该法律的执行、实施细则的制定(rule making)权力。[②] 公共健康立法作为一项需要诸如流行病学调查、产业经济数据等多方面的科学证据论证的部门立法，在“规制国家”的立法模式下，公共健康规制的立法显然应当在公共卫生部门的主导之下完成。

在以政府为主导的“规制国家”立法模式下，一般由特定的政府部门代表国家政府启动对某一经济社会事项的立法程序。当相关经济社会部门产生立法需求时，其所对应的政府部门将会通过各项论证完成法律条文的起草，最终形成法律议案的草案(draft of bill)，再将草案与公众咨询说明(paper of public consultation)一并对外发布，同时接受公众咨询。在公众咨询期间，公民、利益团体、非政府组织等皆可以通过邮寄信函、电子邮件等各种方式向政府部门提出咨询意见，在公众咨询期限届满后，政府部门将发布公众咨询报告，就相关问题向公众进行答复和解释。公众咨询程序完成之后，政府部门可以直接向议会提交法律议案，该种议案称为“政府议案”(government bill)。政府议案进入议会程序后，议会一般会对该议案进行若干次审议(在英美等国的议会机构一般对议案进行二读或者三读，并必须得到参众两院或者上下两院的通过)，并最终通过(或者不予通过)议案。如果议案得到议会全部通过，则将提交到国家元首进行批准并付诸实施。“规制国家”立法模

① 参见 Kristin E. Hickman and Claire A. Hill. Concepts, Categories, and Compliance in the Regulatory State. Minnesota Law Review, 2010(94), p. 1151; Jason M. Solomon. Law and Governance in the 21st Century Regulatory State. Texas Law Review, 2008(86), p. 820。

② 参见 Lawrence Gostin. Public Health Law: Power, Duty and Restraint. Berkeley and Los Angeles: University of California Press, 2000, p. 250。

式之下的政府议案一般能够得到议会的通过并最终形成正式的法律。[①] 综上，政府部门对立法内容和法律文本拥有制订权，其在整个立法程序中占有重要地位。从这个意义上看，政府部门所制订的议案内容和条款文本是否具备足够的民主性和科学性，将直接决定该项法律本身的正当性。因此，政府议案在起草过程中应当进行充分的科学论证和民主参与，方能保证其实体内容的科学与合理。

在上述"规制国家"立法模式之下，公共健康立法一般由国家的公共卫生部门主导，即公共卫生部门制订公共健康法律草案，形成正式的法律议案之后进行公众咨询，再提交到议会进行表决通过。[②] 因此，在公共健康立法环节中，由公共卫生部门起草的公共健康法律草案是最为关键的一个步骤。基于此，需要对公共卫生部门的草案制订设计一套科学的程序体系，方能保证实体内容的科学公正。在公共卫生法上，对公共健康规制立法的科学论证具有一个完整的程序设计。公共健康规制理论要求规制内容制订需要经过一个严密的论证过程，该论证过程一般包括五个步骤：公共健康风险评估、拟采取规制措施的有效性评估、经济社会成本的合理性评估、对个体权利的干预负担评估、规制措施的公正性评估。[③] 其中，公共健康风险评估应当包括对风险性质、风险的持续期间、风险造成危害的可能性、危害发生的严重性等四个方面的评估；拟采取的规制措施的有效性评估应当采取"手段和结果"测试方法，对措施可能带来的结果（健康风险减少）进行评估；经济社会成本评估主要包括该规制措施对监管者（政府）、规制对象（个体）所带来的经济社会成本以及相关的机会成本进行评估；个体权利负担评估包括规制措施将会对个体权利造成的干预程度、干预范围和干预期限进行评估；规制措

① UK Cabinet：Guide To Making Legislation，July，2013. 参见 https：//www.gov.uk/government/uploads/system/uploads/attachment_data/file/210917/Guide_to_Making_Legislation_July_2013.pdf last visit：5 Dec，2019；Robert Longley. The U.S. Legislative Process：How Bills Become Laws. 参见 http：//usgovinfo.about.com/od/uscongress/a/legprocess.htm last visit：5 Dec，2019；"How laws are made in Great Britain"，参见 http：//www.historylearningsite.co.uk/how_laws_are_made_in_great_brita.htm（"Government Bills embody government policy and a Minister introduces them … it is almost certain that all Government Bills will be passed into law."）last visit：5 Dec，2019。

② 参见 Babette Neuberger & Tom Christoffel. The Legal Basis of Public Health. http：//www.uic.edu/sph/prepare/courses/ph430/resources/lbphmod01.pdf last visit：5 Dec，2019。

③ 参见 Lawrence O. Gostin. Public Health Law：Power，Duty and Restraint，Berkeley and Los Angeles，University of California Press，2000，pp. 92-93。

施的公正性评估则包括对规制措施所产生利益、成本和负担在监管者、规制对象和相关经济社会部门中的公正分配进行评估。①

另外，在"规制国家"立法模式下，除了主导民主议会上的立法程序之外，政府部门立法还包括各种行政法意义上的授权立法和委托立法。即由议会授权或者委托政府部门直接对议会通过的法律制订实施规则或者操作细则。在公共健康立法上，公共卫生部门一般有权对由其主导制订的法律进行操作规则制定(rule making)。如澳大利亚颁布的《烟草平装法案》的实施规则即是由澳大利亚的卫生部进行制定和颁布实施。一般而言，公共卫生部门的规则制定程序主要有非正式程序(informal procedure)和正式程序(formal procedure)两种。② 在实践中，政府部门一般采取非正式程序进行规则制定。非正式程序包括三个步骤：预先公告(prior notice)、接受书面意见(written comment by interested person)和规则内容说明(statement of basis and purpose of rule)。正式程序则较为复杂，包括听证程序、利益相关方和政府部门的交叉质询等内容。除了上述两种程序之外，"协商式规则制定""规制协商"(regulatory negotiation)作为一种新型的规则制定程序在20世纪末期开始出现，"规制协商"是指由政府部门和相关的利益团体、利益相关方一同对规则内容进行协商谈判，由参与协商谈判的各方就规则文本形成一致意见并最终付诸实施。"规制协商"能够节省时间成本，且能够得到广泛认同，使得规则具有较高的执行力，因而被广泛采取。③

在本章主题上，基于公共健康保护的商标使用限制措施属于一种公共健康规制。该公共健康规制以限制特定产品的商标展示方式和设置产品包装要求为规制内容，虽然从实质内容上看该公共健康规制措施将会对商标权利这一私权造成干预，但在形式上其仍然属于一种公共健康规制措施，其主要立法形式是以公共健康规制为内容的行政法律制订，而不是以商标权限制为内容的商标法律修改。因此，在立法程序上其依然应当按照公共健康规制的立法程序进行制订，而不是按照商标法律修改的程序进行。当然，本节关注的重点如何是在这种公共健康规制立法程序中实现商标权权利人和消费群体的程序权利保障，并讨论如何通过立法程序的完善设计以保证商标使用限制的

① 参见 Lawrence O. Gostin. Public Health Law: Power, Duty and Restraint, Berkeley and Los Angeles, University of California Press, 2000, pp. 92-93。

② 参见 Lawrence O. Gostin. Public Health Law: Power, Duty and Restraint, Berkeley and Los Angeles, University of California Press, 2000, p. 250。

③ 参见 Lawrence O. Gostin. Public Health Law: Power, Duty and Restraint, Berkeley and Los Angeles, University of California Press, 2000, p. 250。

合理程度。从上文论述可以发现，在公共健康立法程序上，基于商标权限制的立法内容直接关涉到商标权权利人和消费者群体的利益，因此在法律制订过程中应当保障利益相关方和消费者群体的利益诉求得到呼应和体现；另外，公共卫生部门在制订法律草案的过程中，也应当结合商标使用限制与公共健康保护之间的利益权衡和有效评估，方能保证商标使用限制处于公共健康规制的合理范围内。换言之，立法程序中的民主原则和科学原则是最为重要的两项程序原则，本章以下结合公共健康法律的特殊性以及商标权价值功能，对以商标使用限制为内容的公共健康立法中民主原则和科学原则进行论述。

二、民主：公共健康立法中的公众参与和利益表达

民主原则在立法程序上具有重要地位。OECD 曾经发布报告称，政策法律制订程序上的民主参与是有助于政策法律执行且能够增加程序整体合法性的重要途径。① 公众参与也是立法民主的一项重要内容。公众参与(public participation)是关于立法程序设计的原理、政策和技术的综合工程。公众参与保障公民个体、相关组织、团体有机会参与到将会影响到他们自身利益的政策法律的制订过程，各利益主体通过公众参与活动能够在立法过程中实现协商对话并通过实现利益的协调与平衡，而且公众参与也能够使得立法内容更快捷有效地在社会公众中形成认知和共识，促进立法的顺利实施。在设计公众参与的操作程序上，需要根据不同的立法目的来明确公众参与的主体和实现方式。一般而言，公众参与的主体包括个体和组织两类参与主体，个体参与(individual voice)是指公民将自己的意见观点直接在立法过程中进行表达，集体参与(collective voice)则包括相关组织、利益团体、产业力量等以组织形式进行意见表达。② 立法活动中的公众参与方式一般包括意见信息交换与公开、公众咨询、创造对话场所、决策分享等几个方面。意见信息交换是指在法律文本草案讨论过程中各参与主体能够充分获得法律文本信息以及其他参与主体的意见；其次，政府或者立法机构在公布法律草案时应为开放公众咨询，并为各参与主体创造协商对话的场所，最终促进各参与主体作出

① 参见 *Citizens As Partners*. OECD Handbook on Information, Consultation and Public Participation in Policy-making. Paris, Organisation for Economic Co-operation and Development, 2001。

② 参见 John Church, Ducan Saunders, Margaret Wanke, Raymond Pong, Carol Spooner & Marlene Dorgan. Citizen Participation in Health Decision-Making: Past Experience and Future Prospects. Journal of Public Health Policy, 2002(23), p. 1。

决策并实现决策分享。①

由于公共健康立法并不仅仅是一项针对疾病或者其他健康风险的解决对策，其将广泛涉及公众行动自由、经济社会权利等各种私人权利和私人利益的直接干预，因此，公共健康立法程序更加需要得到广泛的民主参与，包括公民、组织、利益团体、相关方等各类主体的广泛参与，才能使得公共健康的立法活动成为各方主体进行利益平衡的场合，从而增强立法程序的合法性和可信度，最终实现政策法律在社会中的有效执行。② 在本章主题上，涉及商标使用限制的公共健康立法是为了促进公共健康水平提高，立法在本质上具有公共性质；而其立法内容却是对商标权这一私权的直接限制，使得该立法又具有私权干预的特征。因此，对商标使用限制的公共健康立法程序应当广泛涵盖代表公共利益的相关团体和组织以及代表私权权利的产业利益团体或者利益相关方作为公众参与主体，以保障各方利益能够通过公众参与的立法原则实现利益协调和平衡。事实上，在本书第一章所述的菲利普莫里斯与澳大利亚投资仲裁案中，菲利普莫里斯即在仲裁请求中声称，澳大利亚政府《烟草平装法案》的制定过程并没有相关烟草产业利益代表的参与，且该法案的内容也并没有科学证据的支持(以下将对此作讨论)，由此认为澳大利亚在《烟草平装法案》的立法程序上并没有遵循正当程序的原则，违背相关国际义务。由此看来，商标使用限制的公共健康立法需要进行公众参与，特别是产业利益代表的参与，在立法程序上保障产业利益表达的充分实现，将有助于一国国内的公共健康立法符合相关国际法的要求。

在商标使用限制的公共健康立法上确立和实施公众参与原则，需要首先明确公众参与的主体范围。如第三章所述，商标使用限制的公共健康立法直接涉及烟草、酒精和食品等特定产业的商标权利和品牌利益，因此在公共健康法律制订过程中应当保障产业利益的正常表达，产业力量应当是公众参与的一个重要主体以参与到法律制订过程。应当注意的是，产业力量(industry)不仅包括上述产品的直接生产商，还应当包括商品的分销商、进

① Bruce L. Smith. Public Policy and Public Participation Engaging Citizens and Community in the Development of Public Policy, Prepared for Population and Public Health Branch Atlantic Regional Office Health Canada.

② 参见 Montini T, George A, Martin-Mollard M & Bero LA. The Role of Public Participation In Public Health Initiatives: An Analysis of the WHO Framework Convention on Tobacco Control. Glob Public Health, 2010; 5(1), pp. 48-61。

口商和零售商等利益主体。① 而且，由于商标权利及其所产生的品牌价值的损害也将会对特定产业的周边产业利益(allies)造成影响，例如特定产业的赞助对象、广告发行商、包装制品印刷商等多种形式的利益团体。② 因此，商标使用限制的立法同样需要吸纳周边产业力量作为公众参与的主体；其次，以控烟团体、控酒团体和抵制肥胖消费团体为代表的公民团体、非政府组织与商标使用限制的公共健康立法具有重要关系，一定意义上说，空白包装立法即是该些公民团体和非政府组织的呼吁结果，③ 因此，该些公民团体和非政府组织是公共健康立法的直接利益相关方(stakeholders)，应当作为公众参与的另一支重要主体；④ 再次，如本书第二章所述，商标权的基本经济功能即是识别功能，商标权的基本价值是消费者保护，即通过减少消费者的搜寻成本以保护消费者在产品识别和选择上的利益。在经济社会中的每一公民个体均是商标产品的消费者，其应当作为公民个体参与到商标使用限制的公共健康立法程序当中。⑤ 总之，在商标使用限制的公共健康立法活动中，公众参与主体应当至少包括产业利益代表(industry)、产业利益团体(allies)、其他利益关联方(stakeholders)这三股主要力量，方能保证法律制订的民主进行。

另外，公众参与应当广泛适用到公共健康立法程序各环节之中。首先，在政府议案草案制订过程中，基于公共健康立法内容的专业性，以及立法内容所可能体现的利益博弈，应当在议案起草过程中吸纳产业利益代表作为利益损害方参与立法内容的确定，从而使得公共健康政府部门可以获知产业利益诉求，并通过协商谈判式的起草程序对立法内容达成一致；其次，在议案对外公布和公众咨询环节中，则应当进行广泛的公众参与设计，即为各类参

---

① 以烟草产业为例，FCTC 对“烟草产业”的定义即为“烟草生产商、批发分销商和烟草产品的进口商”。

② 参见 WHO Report, Tobacco Industry Interference With Tobacco Control, 2008, pp. 8-10。

③ 参见 Hastie, Robyn E. & Kothari Anita. Tobacco Control Interest Groups and Their Influence on Parliamentary Committees in Canada. http://ir. lib. uwo. ca/healthstudiespub/12 last visit: 5 Dec, 2019。

④ CDC. Introduction to Process Evaluation in Tobacco Use Prevention and Control. Chapter 1: Engage Stakeholders. 参见 http://www. cdc. gov/tobacco/tobacco_control_programs/surveillance_evaluation/process_evaluation/pdfs/tobaccousemanual_updated04182008. pdf last visit: 5 Dec, 2019.

⑤ 例如在英国出现的反对烟草平装法案的消费者请愿运动。见: http://www. ash. org. uk/files/documents/ASH_848. pdf. 访问时间: 2019 年 12 月 5 日。

与方提供便利条件使其能够对立法议案提出评论。在公众咨询内容的设计上也应当区分“产业利益相关方”“普通消费者”“公共卫生专业人士”等不同主体的参与形式，确保公众咨询的科学进行；最后，在议会表决环节，应当严格按照议会程序中的公众参与规则(如举行听证、质询等)，保障各利益主体能够在议会表决这一最后环节行使其民主权利。

三、科学：公共健康立法中的风险评估与影响评估

(一)公共健康立法中的科学评估

立法民主保障多元利益主体在立法程序中的博弈，为立法程序提供了民主合法性。除此之外，在立法程序中还需要运用科学原则对立法内容进行实质论证，使得立法内容符合科学原理、能够有效实施。在本章主题上，以商标使用限制为内容的公共健康立法需要在立法程序中设计严密的科学论证环节，设定相应的立法评估指标和评估程序，对公共健康风险以及商标使用限制措施的预期效果及其影响进行科学评估，以保障对商标使用的限制程度控制在公共健康保护这一特定范围之内，并保证商标使用限制措施的实施与公共健康保护水平相一致，使得商标使用限制及商标权人因此造成的损害能够实质性地促进公共健康水平的提高，达到私人利益和公共利益之间的平衡(trade-off)。

在涉及政府规制立法上，美国和欧盟等国皆设置了有关立法评估程序的法律规范，以明确政府规制措施的科学根据，使得规制措施能够最大发挥作用，避免规制失灵和规制俘虏的发生。例如，美国在1993年即颁布了《规制计划和审查的12866执行令》(Executive 12866: Regulatory Planning and Review)①作为政府规制或政府监管措施的立法评估内容和评估程序。该法令一度被其他法令替代，但奥巴马政府于2009年重新恢复执行。② 欧盟也对一般性立法设定了一系列的评估指引规范。欧盟在2003年颁布《欧盟议会、理事会和委员会关于制定更好法律的跨机构协定》(European Parliament, Council, Commission Inter-Institutional Agreement on Better Law-making), ③ 欧

① 参见 http: //www.whitehouse.gov/sites/default/files/omb/inforeg/eo12866.pdf. last visit: 5 Dec, 2019。

② 参见 http: //www.whitehouse.gov/the-press-office/revocation-certain-executive-orders-concerning-regulatory-planning-and-review. last visit: 5 Dec, 2019。

③ 参见 http: //eur-lex.europa.eu/LexUriServ/LexUriServ.do? uri = OJ:C:2003:321:0001:0001:EN:PDF. last visit: 5 Dec, 2019。

盟委员会在 2009 年还发布《影响评估指南》(Impact Assessment Guideline),① 对欧盟的立法制订了一套详细的影响评估指标和评估程序。2010 年又发布《欧盟的智慧监管》(Smart Regulation in the European Union),② 对政府规制措施的立法评估进行进一步的修改和完善，以提高立法的科学性和有效性。

公共健康立法的根本目标是提高公共健康水平，因此在公共健康立法之前需要对公共健康的现实状态进行评估，这就需要依靠公共卫生专家以及相关卫生数据统计等科学支持；其次，公共健康治理的对象一般是以传染性疾病和非传染性疾病为代表的健康威胁，故也应当根据相关疾病的流行病学调查等科学证据对该种公共健康潜在威胁进行程度评估；再次，公共健康治理所采取的措施往往涉及对某一个体权利或经济利益的限制或者损害，并将会带来一系列的成本代价，因此在进行公共健康立法时还需要对公共健康治理措施的效果和可能影响进行评估。简言之，公共健康立法的科学原则主要包括对公共健康的风险评估和公共健康措施的影响评估两方面。

在本章主题上，由于以商标使用限制为内容的公共健康立法主要目的是通过减少相关产品的消费来降低有关非传染性疾病的流行，立法内容则是对相关产品的包装设计进行限制。因此，本章项下的公共健康风险评估主要针对相关非传染性疾病的现实状态以及发展趋势进行评估；而影响评估则主要针对包装设计限制所可能产生的效果以及相应的经济社会影响进行评估。

(二)公共健康风险评估

根据公共健康规制理论，公共健康风险评估一般包括对风险性质、风险持续时间、发生危害可能性以及危害严重性等四个方面的评估。③

1. 风险性质(nature of risk)。社会公众可能面临不同的风险来源，这些不同来源均代表着不同风险。风险性质的评估即意味着对风险来源的确认和评估。在本章主题下，公共健康风险主要是非传染性疾病的大规模流行。因此，对这一风险的性质评估需要结合长时间的流行病学调查进行，非传染性疾病在长时间范围内可能会造成流行也可能会逐步稳定，这需要通过公共卫生专家的专业分析进行评估。

2. 风险持续时间(duration of risk)。一般来说，风险持续时间的评估是

① 参见 http://ec.europa.eu/smart-regulation/impact/commission_guidelines/docs/iag_2009_en.pdf. last visit: 5 Dec, 2019。

② 参见 http://eur-lex.europa.eu/LexUriServ/LexUriServ.do? uri=COM:2010:0543:FIN:EN:PDF. last visit: 5 Dec, 2019。

③ 参见 Lawrence O. Gostin. Public Health Law: Power, Duty and Restraint, Berkeley and Los Angeles, University of California Press, 2000, pp. 92-93。

指对风险的发展变化过程进行评估。健康风险在长时间范围内，风险可能会维持不变、也可能会减少或者增加。对于规制措施而言，只有在健康风险持续增加并达到一种威胁程度时方能采取。在本章主题下，非传染性疾病这一公共健康风险也是在不断发展变化的，需要获得有关非传染性疾病的长期监测数据方能正确掌握非传染性疾病的发展变化过程。

3. 危害发生可能性(probability of harm)。如果健康风险持续下去将会可能造成何种危害也是风险评估中的重要内容。评估者需要通过科学方法预测风险造成危害的可能性以及发生危害的时间节点，以便于政策制定者可以根据危害可能性的大小以及危害发生的可能时间点上采取措施。因此，危害可能性评估直接关系到公共健康规制措施的正当性评估，因而更加需要通过科学证据进行谨慎评估。

4. 危害严重性(severity of harm)。危害严重性评估也是健康风险评估中的重要指标。危害严重性的评估主要是指对公民个体所带来的健康损失评估，如对个人身体的损害程度、是否导致死亡等；同时也包括对社会公众的评估，例如对青少年群体或者老年人群体的危害；还包括对国家整体的危害评估，如对人力资源水平的影响、对国家卫生保障系统的影响等。

(三)规制措施影响评估

如果公共健康风险评估结果显示风险较大、公共健康问题突出，需要公共政策机构采取相关治理措施进行干预，此时则进入到对相关治理措施的影响评估环节。首先，在进行规制影响评估之前，应对经过风险评估确认的该种公共健康风险或现实问题进行重述，说明公共健康规制措施的必要性；其次，规制影响评估对象应当包括拟采取的规制措施和其他的替代措施等若干政策选择方案，而不能仅仅只对拟采取的规制措施进行影响评估。再次，根据上述欧盟和美国有关规制影响评估的一般方法和指标，规制影响评估主要包括政府影响、产业影响、个人影响、社会影响等几项评估指标。同时，对影响评估的主要方法则是“成本——收益”分析方法，即对规制措施可能对政府、产业、个人、社会所带来的成本和收益进行综合评估，兼采定性和定量的方法对各项成本和收益进行计算，最终形成评估结论。

就本章主题而言，对商标使用限制措施的影响评估应当包括上述几项评估内容，即如果采取商标使用限制措施(或包装限制措施)，对政府、产业、个人、社会可能带来何种成本和收益进行分析。由于本书主题是基于公共健康政策的商标使用限制措施，其政策目标主要是通过减少相关商品消费、降低某些非传染性疾病的发生概率以最终提高公共健康水平；其产业范围也主要指向烟草、酒精饮料和肥胖食品三大产业，因此虽然商标使用限制措施的具体商品范围存在差异，但其政策目标和政策措施均具有趋同性，故对该种规制措施的影响评估方法和指标体系也可逐一类推适用。由于烟草产业上的商标使用限制措施已经成为立法实践，本章即以烟草平装法案的影响评估为例，论述商标使用限制措施影响评估的具体内容、评估方法和评估指标。

1. 政府影响。政府对烟草平装措施所需要付出的成本主要包括立法成本、执法成本和财政成本几项。即如果采取烟草平装措施，政府需要为法案制定过程中的科学论证、公众咨询等等环节付出相关费用，而且在法案通过之后为监测法律执行情况也需要付出相应成本。① 另外，烟草平装措施将必然会带来烟草销售减少，从而使得政府在相关税收上承担一定的成本。上述几项政府成本均可以通过定量分析进行评估；政府因烟草平装措施也将获得一定收益。如吸烟率减少和戒烟率增加所带来的人力资源能力提升收益(可以通过数学评估方式获得定量数据，详见表 4-1)，政府收益还包括因相关非传染性疾病的发生率和死亡率下降而带来的卫生医疗保障支出减少、还包括公民健康水平提升而带来的其他税收增加等。上述政府收益也可通过科学计算进行量化评估。

2. 产业影响。烟草平装措施的产业影响包括烟草产业影响和其他相关产业影响两方面。在烟草产业影响上，烟草平装措施的执行将会使得烟草产品销售额直接下降，这项成本需要烟草生产商、进口商、零售商共同承担。烟草平装措施还会使得烟草品牌价值降低，更换产品包装设计也需要承担一定的成本，这两项成本主要由烟草生产商承担。② 烟草产业在平装措施上还可能取得一定的收益，即烟草品牌宣传费用将可能有所减少；在其他相关产业影响上，烟草平装措施将会对品牌包装设计产业带来一定的冲击，但与此同时，由于更换新的包装，印刷产业和纸板产业也将会获得一定收益。

3. 个人影响。烟草平装措施对消费者个人的影响主要体现为收益，即消费者个体通过减少烟草商品的购买行为以节约资本，并减少相关疾病的发

① 参见 The Ministry of Health of New Zealand. Regulatory Impact Statement: Plain Packaging of Tobacco Products http: //www. health. govt. nz/system/files/documents/pages/regulatory-impact-statement-plain-packaging-tobacco-products. pdf. last visit: 5 Dec, 2019。

② 参见 The Ministry of Health of New Zealand. Regulatory Impact Statement: Plain Packaging of Tobacco Products http: //www. health. govt. nz/system/files/documents/pages/regulatory-impact-statement-plain-packaging-tobacco-products. pdf. last visit: 5 Dec, 2019。

生以降低医疗费用支出，同时还将从健康能力的提升中获得一定的收益。①

4. 社会影响。烟草平装措施造成的社会影响则较难进行量化评估。一般而言，烟草平装措施能够有利于减少二手烟污染并改善社会整体环境，吸烟率的降低也有助于提高社会人口的平均寿命和健康水平，从而形成一个更加健康有序的社会整体。② 这可能需要通过定性分析和定量分析相结合方能得出较为准确的结论。

5. 其他影响。烟草平装措施还可能会产生其他影响，例如对烟草市场趋势、烟草产业的竞争环境和创新驱动、假冒产品、中小商业实体冲击等方面带来消极影响，虽然该些影响无法按照成本——收益分析方法纳入到对各个主体的成本收益影响对比中，但该些影响直接涉及市场、竞争、创新和中小企业支持等宏观政策和经济价值目的，因此必须科学谨慎地评估和分析烟草平装措施在上述宏观政策和经济价值目标上所可能带来的影响。③ 例如，烟草平装措施是否一定会使得烟草产品的价格降低而刺激烟草消费上升，并且最终将一国烟草市场趋向低价发展(即是否会造成低价香烟的市场占有率上升而使得更多的人有能力消费香烟)?④ 该种效应是否一种长期效应，还是仅仅在短期内呈现?⑤ 其次，烟草平装措施是否将抑制烟草产业在产品质量上的竞争和创新？由于烟草平装措施限制了烟草产品种类，其是否一定会

① 参见 UK Department of Health. Impact Assessment of Standardised Packaging for Tobacco Products. https：//www.gov.uk/government/uploads/system/uploads/attachment_data/file/170569/dh_133576.pdf. last visit：5 Dec，2019。

② 参见 UK Department of Health. Impact Assessment of Standardised Packaging for Tobacco Products. https：//www.gov.uk/government/uploads/system/uploads/attachment_data/file/170569/dh_133576.pdf. last visit：5 Dec，2019。

③ 参见 UK Department of Health. Impact Assessment of Standardised Packaging for Tobacco Products. https：//www.gov.uk/government/uploads/system/uploads/attachment_data/file/170569/dh_133576.pdf. last visit：5 Dec，2019。

④ 烟草生产商委托的经济学家通过模拟模型得出的分析的结论。见：Padilla J. The impact of plain packaging of cigarettes in Australia：a simulation exercise. Brussels：LECG Consulting Belgium. http：//www.smoke-free.ca/plain-packaging/documents/industry-responses/Plain_packaging_simulation_PMI_Australia_100202.pdf. 访问时间：2019 年 12 月 5 日。

⑤ 欧洲经济研究机构的研究显示，烟草平装措施在短期内将会刺激烟草消费的升高，但从长期看，却会减少烟草消费。见：Europe Economics. Economic analysis of a display ban and/or a plain packs requirement in the UK. http：//www.smoke-free.ca/plain-packaging/documents/2008/uk-briefings/UK-JTI-response%20consultation-2008-Europe%20Economics%20report.pdf.访问时间：2019 年 12 月 5 日。

导致烟草产业在产品质量创新上停滞?① 再次，烟草平装措施将会使得烟草产品更加容易被假冒和仿制，从而提高假冒产品(以及非法进口产品)的供给数量。该种影响对政府执法成本、烟草产业的诉讼成本等均会提高。然而，如果烟草平装措施使得品牌香烟的价格变得更低，虽然假冒产品的供给增加，但可能并未带来销售上的增加。② 最后，烟草平装措施对国内数量众多的中小商业实体(如便利店、小型商店等)将会造成何种程度的影响?香烟销售在中小商业实体中的份额比例是多少，烟草平装措施是否将会对中小商业实体造成毁灭性的打击?这也需要通过科学数据和方法进行评估分析。

表 4-1　**烟草平装措施的规制影响评估指标**

	成本	收益	总计
政府	① 立法成本(定量) ② 执法成本(定量) ③ 烟草税收的减少(定量)	① 吸烟率减少③(定量) ② 戒烟率增加④(定量) ③ 医疗保障支出减少(定量) ④ 公民健康水平提高带来的其他税收增加(定量)	
烟草产业	① 产品销售减少(定量) ② 品牌价值减少(定量) ③ 包装更改成本(定量)	① 包装品牌宣传费用成本减少(定量)	

① 欧洲经济研究机构的研究显示，“对烟草平装措施在产品质量创新上的影响无法通过定量分析得到准确答案。”见：Europe Economics. Economic analysis of a display ban and/or a plain packs requirement in the UK. http://www.smoke-free.ca/plain-packaging/documents/2008/uk-briefings/UK-JTI-response% 20consultation-2008-Europe% 20Economics% 20report. pdf. 访问时间：2019 年 12 月 5 日。

② 参见 Luk Joossens. Smuggling, the tobacco industry, and plain packs. http://www. cancerresearchuk. org/prod _ consump/groups/cr _ common/@ nre/@ pol/documents/generalcontent/smuggling_fullreport. pdf. last visit: 5 Dec, 2019。

③ 根据英国政府的评估，某一尝试吸烟的青年放弃吸烟将会带来 1. 56 个生命年的终身受益，估量价值为 93600 英镑(a lifetime benefit of 1. 56 life years, valued at £ 93,600)。见：https://www. gov. uk/government/uploads/system/uploads/attachment _ data/file/170569/dh_133576. pdf. 访问时间：2019 年 12 月 5 日。

④ 根据英国政府的评估，某一位吸烟成年人完成戒烟，将会带来 1. 24 个生命年的终身受益，估量价值为 74400 英镑(lifetime benefit of 1. 24 life years, valued at £ 74,400)。见：https://www. gov. uk/government/uploads/system/uploads/attachment _ data/file/170569/dh_133576. pdf. 访问时间：2019 年 12 月 5 日。

续表

	成本	收益	总计
相关产业	① 品牌包装设计产业的收入减少(定量)	① 包装要求更改对印刷产业、纸板产业等的收入增加(定量)	
个人	① 烟草产业的成本转嫁(定量)	① 商品购买减少(定量) ② 医疗支出减少(定量) ③ 健康能力提升收益(定量)	
社会		① 吸烟率降低(定量或定性) ② 公共场所环境改善(定性) ③ 人口寿命增加(定性) ④ 公共健康水平提升(定性)	
其他影响: ① 烟草市场趋势评估(定量或定性) ② 烟草产业竞争影响(定性) ③ 非法产品销售影响(定量或定性) ④ 中小商业实体冲击(定量或定性)			

第二节　法律实施：效果评估及其指标设计

作为公共健康法律的商标使用限制措施进入实施环节后，应当适时监测商标使用限制措施在实践中的执行，并对其实施效果进行科学评估，这即是立法后评估(post-legislative scrutiny)。公共健康政策法律的立法后评估应当综合公共健康风险因素的持续期间、健康规制措施对风险因素的作用效果、公共健康政策法律目标的完成情况进行评估。在完成该种效果评估后，则应当对公共健康政策法律进行审查，系统分析政策法律的实际效果，论证政策法律是否应当继续实施、进行修改或者停止实施。本章所讨论的商标使用限制措施作为一种公共健康政策，其终极目标是通过减少非传染性疾病的发生率以提升公共健康水平，其具体目标则是通过包装限制以降低特定产品的吸引力并减少(或者消除)相关产品的消费量。因此可以明确的是，商标使用限制作为一种公共健康规制措施，其与传染性疾病爆发(或称“公共健康危机”)之下的公共健康规制措施在性质上并无二样，两种规制措施都存在一定的时效性，只不过传染性疾病情势之下的规制措施可能时效更短(传染性疾病一般能够较快地得到控制)，非传染性疾病情势之下的规制措施则持续时间要更长(因为非传染性疾病的防治需要相当长的一段时间)。但无论如何，作为一种公共健康规制措施，其一定在某个时间节点或者达成某种标准之后即可以停止实施，而对这种时间节点或者结果标准的确定，则需要通过立法后评估进行确定。

一、立法后评估概述

立法后评估是指一种广泛的审查形式，其目标是论证立法文件的实际效果，探求法律是否达到政策目标以及达成目标的实际效率。① 立法后评估是掌握法律实施效果以及法律的实施情况对立法目标的实现程度的最重要工具，虽然关于立法后评估的定义、性质以及相关理论体系在学术界和各国国家实践上还存在分歧，但立法后评估这一制度工具的重要性却得到了世界主要国家的广泛认可，英国、澳大利亚和欧盟均在其立法实践中确立并实施了立法后评估制度(虽然各国的具体做法存在一定差异)。例如，英国法律委员会(UK Law Commission)指出，通过立法后评估能够准确把握立法文件在实践中的执行情况、了解立法文件是否按照立法意图的方式在实践中顺利运行。立法后评估也能够增强立法目的或者政策目标的顺利实现和广泛传播，并在立法后评估中发现立法文件在内容设计或者具体实施过程中存在的问题，以促进法律文件的进一步改善和实现更佳的监管。②

根据英国、澳大利亚等国的立法后评估制度，立法后评估的实施主体主要包括政府和议会两个评估主体。政府评估(government review)是指由与法律文件实施具有紧密联系的政府部门对法律文件进行评估。在英国政府实践上，政府部门一般会在有关法律文件付诸实施后的三到五年内对其实施效果进行评估，并对外发布评估备忘录，备忘录的主要内容包括法案的实施时间和法案具体条款在实践中的执行情况、政府部门为执行法案所制定的实施细则的简报、对法案如何在实践中得到具体实施进行简要评估以及对法案的政

① UK Law Commission, Post-Legislative Scrutiny, Cm 6945 (2006) 5. http://lawcommission.justice.gov.uk/docs/lc302_Post-legislative_Scrutiny.pdf ("Post-legislative scrutiny refers to a broad form of review, the purpose of which is to address the effects of the legislation in terms of whether the intended policy objectives have been met by the legislation and, if so, how effectively.") last visit: 5 Dec, 2019.

② 参见 UK Law Commission, Post-Legislative Scrutiny, Cm 6945 (2006) 5. http://lawcommission.justice.gov.uk/docs/lc302_Post-legislative_Scrutiny.pdf. last visit: 5 Dec, 2019。

策目标实现情况的简要评估。① 议会评估(parliamentary review)则是指在议会中单独由某一专门委员会或者成立一个联合评估委员会对法律文件进行评估。② 虽然英国议会对立法后评估的重要性以及议会在立法后评估中所承担的职责持积极评价,③ 但目前在议会层面上对立法后评估的机构设置并未达成一致意见。目前实践更多的是由政府部门来承担立法后评估的具体职责，议会则对政府的立法后评估报告进行二次审议。政府评估和议会评估并不是同一个评估程序内的两个步骤，政府评估和议会评估应当根据各自的职责范围从不同的角度对法律文件的实施效果进行评估，政府评估和议会评估应当是两种评估方式，二者的关系应当较为灵活。④

在立法后评估的具体操作上，根据英国法律委员会的报告，立法后评估中最为重要的内容即是对政策目标的明确界定(clarification of policy objectives)。一般来说，法律文件中的政策目标或者立法目的很有可能是一种抽象式的表述，然而，在对法律文件进行立法后评估时，该种政策目标或立法目的应当得到明确界定。由于立法者往往希望以一种广泛的、抽象式的目标条款以使得立法内容获得最大正当性，因此法律文件中的政策目标或立法目的条款在进行立法后评估时则需要得到谨慎合理的解释，以避免对政策目标或立法目的作出过于宽泛或者过于狭窄的界定。一般来说，对政策目标或立法目的的准确界定可以通过法律文件的解释性说明(explanatory notes)、

① 参见 Post-legislative scrutiny — the Government's approach. Cm 7320. 20 March 2008. http://www.official-documents.gov.uk/document/cm73/7320/7320.pdf. last visit: 5 Dec, 2019。

② 参见 Post-legislative scrutiny — the Government's approach. Cm 7320. 20 March 2008. http://www.official-documents.gov.uk/document/cm73/7320/7320.pdf. last visit: 5 Dec, 2019。

③ UK Law Commission, Post-Legislative Scrutiny, Cm 6945 (2006) 5 http://lawcommission.justice.gov.uk/docs/lc302_Post-legislative_Scrutiny.pdf ("JUSTICE made the following point: We consider that there is a positive, constitutional reason why post enactment review of legislation is more appropriately the work of Parliament — namely that it contributes to the core function of the legislative branch to make laws wisely.") last visit: 5 Dec, 2019.

④ UK Law Commission, Post-Legislative Scrutiny, Cm 6945 (2006) 5 http://lawcommission.justice.gov.uk/docs/lc302_Post-legislative_Scrutiny.pdf ("We are not suggesting that post-legislative scrutiny should necessarily be a two stage process, stage one in the hands of Government and stage two in the hands of Parliament …… The link between Government review and Parliamentary review is therefore envisaged to be two-way and flexible.") last visit: 5 Dec, 2019.

法律制定过程中的规制影响评估（regulatory impact assessment）或者有关立法机构及政府部门的表述（ministerial speeches）中获得。①

在明确了法律文件的具体政策目标后，则需要以该政策目标为纲领，设计一整套的评估指标体系，结合法律文件在实践中的执行情况，分析法律文件的实施对政策目标的实现程度。立法后评估的具体指标应当进行明确和公开，立法后评估在指标体系设计宜主要采取宽泛的评估方式（broader review），宽泛评估主要解决"法案是否按照其所预想的方式在实践中得到实施"这一问题，具体来说其包括四个问题：①政策目标是否已经实现？②立法是否产生了某些未能预见的经济影响或者其他结果？③是否还需要采取相关措施以促进法案的有效实施？④是否出现了某些情势变更而不需要法案实施？② 另外，在实施立法后评估的时间选择上，应当根据法律文件的不同类型进行灵活处理。一般来说，政府部门对法律文件的立法后评估会在该法律文件实施后的三到五年内进行首次评估，但是针对某些需要经过长时间法律实施过程方能显示实施效果的法律文件，则应当在实施后的更长时间才进行立法后评估。③

二、商标使用限制措施的立法后评估指标

商标使用限制措施作为一种公共健康法律，需要对其在实践中的具体实施效果进行评估，以充分了解商标使用限制对公共健康目标的实现程度，并对这一具体措施的实施环境再次进行评估，以论证权利限制是否发生了情势变更，从而对权利限制措施作出相应的调整，以最大程度地保证权利限制措施在公共健康政策目标的框架下发挥作用。

根据上述立法后评估的一般理论，公共健康法律的立法后评估主要问题是明确评估主体和设计评估指标。在评估主体上，由于公共健康立法主体是以公共卫生部门为主的政府部门，而公共健康法律的实施主体也主要是政府

---

① 参见 UK Law Commission, Post-Legislative Scrutiny, Cm 6945 (2006) 5. http://lawcommission. justice. gov. uk/docs/lc302_Post-legislative_Scrutiny. pdf. last visit: 5 Dec, 2019。

② 参见 UK Law Commission, Post-Legislative Scrutiny, Cm 6945 (2006) 5. http://lawcommission. justice. gov. uk/docs/lc302_Post-legislative_Scrutiny. pdf. last visit: 5 Dec, 2019。

③ 参见 UK Law Commission, Post-Legislative Scrutiny, Cm 6945 (2006) 5. http://lawcommission. justice. gov. uk/docs/lc302_Post-legislative_Scrutiny. pdf. last visit: 5 Dec, 2019。

部门，其对公共健康法律的政策目标设计和政策实施预测等相关信息具有充分的获取可能。因此，公共健康法律的立法后评估应当主要由公共卫生部门来完成。在实践中，英国、美国等主要国家也是通过公共卫生部门来对公共健康政策法律进行立法后评估。在本章主题上，商标使用限制措施的根本性质是公共健康政策法律，因此商标使用限制措施的公共健康法律仍然应当由公共卫生部门负责实施，对商标使用限制措施的立法后评估也应当由公共卫生部门进行。

在评估指标设计上，根据上述立法后评估的一般理论，应当在明确公共健康政策目标的前提下设计评估指标。在本章主题下，商标使用限制的公共健康立法目标是通过减少特定产品的消费，以降低相关非传染性疾病的发生率，并提升全体国民的公共健康水平。因此，商标使用限制的公共健康法律的总体目标应当包括特定产品（即本书所述的烟草、酒精饮料和肥胖食品）流行趋势的下降和因该些特定产品消费导致的非传染性疾病发生率的减少这两大总体目标。在特定产品流行趋势下降这一总体目标的具体评估上，则应当将该总体目标进行量化和细分，例如对特定产品在某一时间范围内的消费数量进行统计，分析商标权限制措施立法实施后该些特定产品的消费数量所发生的实际变化；在非传染性疾病发生率减少这一总体目标的评估上，则应当将特定产品所可能引起的某些非传染性疾病的发生率进行统计，并分析其发展变化过程。当然，特定产品的流行趋势下降和非传染性疾病发生率减少的总体目标实现程度变化并不仅仅是商标使用限制措施这一种政策工具发生作用的结果，政策目标的逐步实现一定是多种政策工具组合实施的结果，因此在客观评估商标使用限制措施对总体目标实现程度的实际效用时，需要结合商标使用限制这一具体政策工具的特征分析其在政策目标实现上的贡献比例。如本书第三章所述，商标使用限制措施在立法上的具体目标是通过包装限制以减少特定商品的吸引力、提升健康警示标识的效应和减少误导性产品危害信息的传播这三大目标，本章称之为“执行目标”，即对商标使用限制这一政策措施的具体执行所期望达成的目标。因此，对于商标使用限制这一种政策工具而言，其对总体政策目标的贡献只限于通过上述三个执行目标的实现来促进总体目标的最终实现。因此，如果商标使用限制措施能够在上述三个执行目标上达到预期，则可以认定商标使用限制措施在实践中取得了积极效果。那么，在对商标使用限制这一措施的立法后评估上，则只需要重点评估上述三个执行目标的实现情况。

由于烟草产品上的商标使用限制立法已经在实践中得到执行，且有关烟草控制的政策体系也已经较为完善，本章以下结合烟草产品上的商标使用限制立法和烟草控制政策目标，对一般的商标使用限制措施立法后评估指标进行论述，其他特定产品上所实施的商标使用限制措施亦可类推适用。

烟草产品上的商标使用限制是烟草控制措施的一种，采取商标使用限制措施是为了达到烟草控制的目标，而烟草控制则是一项综合性工程，烟草控制不仅仅是为了减少烟草有关非传染性疾病发生率的公共健康政策措施，其自身还具备人权议题的性质，通过烟草控制不仅能够提升公共健康水平，还能够减少烟雾有害影响、改善社会生活环境，保障全体公民的健康权利。因此烟草控制本身即是一项重要的人权议题，其即是一项政策手段，又是一项政策目标或政策价值。① 据此，烟草产品上的商标使用限制措施应当是烟草控制这一总体目标中的一项环节，其终极目标应当是减少(或消除)烟草流行。具体而言，对商标使用限制措施的实施效果评估应当主要包括尝试吸烟者(以青少年为主)首次吸烟比例、习惯吸烟者(以成年人为主)的戒烟率、烟草产品的消费数量、吸烟人口数量等四项具体监测指标。② 首先，由于商标使用限制措施的主要作用是减少产品包装设计的吸引性，以此来减少尝试吸烟者(一般为青少年)使用烟草的比例。因此，在商标使用限制立法实施一段时间后，应当通过烟草流行调查获取首次吸烟比例的数据变化，并在该项数据统计过程中通过社会调查的方式掌握数据变化的具体原因，例如通过问卷调查的方式统计放弃首次吸烟的原因构成，以获取商标使用限制措施在其中的贡献程度；③ 其次，由于商标使用限制措施被认为可以通过包装上的健康警示文字和图片信息来促进习惯吸烟者放弃烟草消费。因此，在效果评估上应当对习惯吸烟者(一般是成年人)的戒烟率进行监测，并通过社会调查的方式掌握戒烟率数据变化原因，获取烟草包装限制措施在促进戒烟上的

---

① 参见 V. Leary. Concretizing the Right to Health: Tobacco Use as a Human Right Issue. F. Coomanss, F. Grunfeld, I. Westendorp & J. Willems. Rendering Justice to the Vulnerable: Liber Amicorum in Honout of Theo van Boven. The Hague: Kluwer Law International, 2000, p. 161.

② Crawford Moodie, Kathryn Angus, Martine Stead & Linda Bauld. Plain Tobacco Packaging Research: An Update, Stirling, Scotland: Centre for Tobacco Control Research, Institute for Social Marketing, University of Stirling. 参见 http://www.stir.ac.uk/media/schools/management/documents/Plain%20Packaging%20Studies%20Update.pdf. last visit: 5 Dec, 2019。

③ 参见 David Hammond, Martin Dockrell, Deborah Arnott, Alex Lee & Ann McNeill. Cigarette Pack Design and Perceptions of Risk Among UK Adults and Youth. European Journal of Public Health. 2009(6), pp. 631-637。

贡献程度;① 再次，商标使用限制措施也被认为是通过包装限制、健康警示和误导性危害信息消除等方式使得烟草产品消费数量减少，因此对商标使用限制的实施效果评估需要掌握烟草产品消费数量的变化、并最终落脚到吸烟人口数量的变化上。综上，在商标使用限制措施实施后的一定时间范围内，如果首次吸烟比例降低、戒烟率上升、烟草消费数量下降、吸烟人口数量下降，则能够证明商标使用限制措施获得了积极的实施效果；反之，则可以证明商标使用限制措施在实践中并不能对政策目标的实现带来积极影响。此外，在上述四项具体目标的实现过程中，通过社会调查所获得的商标使用限制措施贡献比例则能够进一步证明其执行目标的实现程度(或者阻碍程度)。

最后，非传染性疾病的发生率也是商标使用限制措施在效果评估上的一项重要指标。在对烟草产品消费减少这一政策目标的实现程度进行评估后，还应当对商标使用限制措施在非传染性疾病防治这一终极目标的实现程度进行评估。具体而言，在商标使用限制的立法实施一段时间后，应当通过流行病学调查获得烟草致病率(如第三章所述的、WHO 认定的口腔疾病、肺部疾病等)的变化情况，如果在该段时期内烟草致病率降低，再结合烟草产品消费上的评估数据，则可以证明商标使用限制措施的充分有效性。

表 4-2　　**烟草平装措施的实施效果评估指标**

总体目标	具体目标	执行目标
烟草产品的供给与消费	首次吸烟比例	烟草包装吸引力效应
	戒烟率	烟草包装警示标识效应
	烟草产品消费数量	烟草包装危害性信息效应
	吸烟人口数量	
非传染性疾病的发生率	烟草疾病的发生率	烟草包装限制对疾病发生率的贡献
	烟草疾病防治费用	

三、法律的实施与废止

对商标使用限制措施的立法后评估主要是为了准确把握其在实践中的实

① 参见 Moodie. C & Hastings G. Making the Pack the Hero, Tobacco Industry Response to Marketing Restrictions in the UK: Findings Fromm a Long-Term Audit. International Journal Mental Health Addiction, 2011(9), p. 24。

施效果，发现立法或执法上存在的问题，并根据立法后评估结果对商标使用限制立法的实施状态进行评估，以决定立法是否应当继续实施或者停止实施。

(一)继续实施

一般而言，立法后评估结果显示法律文件能够有效地促进各级政策目标的实现，法律文件在效果评估上呈现的是积极效应，则可以证明法律文件能够在实践中得到有效实施，也可以证明法律文件能够达到其预设目标，从而认定法律文件可以继续付诸实施。在本章主题上，通过立法后评估的商标使用限制措施如果在上文所述的评估指标上取得积极效应，即商标使用限制措施能够减少特定产品消费和降低相关非传染性疾病发生率，并且分别在几项具体监测指标上被证明为有效措施，则可以认为商标使用限制措施在实践中能够充分有效地发挥既定作用。

以烟草平装措施为例，澳大利亚于 2011 年 11 月颁布《烟草平装法案》并于 2012 年 10 月 1 日起付诸实施，在法案实施一年后，即已经有政府部门、市场调查机构和专家学者从不同角度对该法案在实践中的实施效果进行评估。澳大利亚维多利亚州癌症委员会(Cancer Council of Victoria)于 2013 年 7 月发布了一份关于烟草平装法案实施影响的研究报告，该研究报告主要目的在于探索烟草平装法案的实施对吸烟者所产生的即时效果(immediate effect)。研究针对 536 位居住于维多利亚州的吸烟者进行调查统计，调查显示：相比于吸食品牌包装香烟的吸烟者而言，吸食空白包装、且包装上具有大面积健康警示图片香烟的吸烟者更加以为“其目前吸食的香烟要比一年前(即平装法案实施前，笔者注)的香烟品质更低且满足感更差”，并更加愿意考虑放弃吸烟、更加支持烟草平装法案。① 虽然该项研究被认为存在统计样本偏小、时机选择不佳(烟草平装法案刚刚实施)等问题，但仍然被视为是有关烟草平装法案能够发挥作用的有效证明，其也被英国公共卫生部门采纳、并被认为是英国引入烟草平装法案的一个强有力证据。② 另外，公共卫生专家在 2013 年 12 月也发布了相关研究报告，称烟草平装措施和大面积健康警示图片能够有效地抑制青少年放弃尝试吸烟，并建议相关国家通过烟草

① 参见 Melanie A Wakefield, Linda Hayes, Sarah Durkin, Ron Borland. Introduction Effects of the Australian Plain Packaging Policy on Adult Smokers：A Cross-sectional Study. British Medical Journal. 2013，Volume 3，Issue 7。

② 参见 Crawford Moodie, Linda Bauld & Martine Stead. UK Government's Delay on Plain Tobacco Packaging：How Much Evidence Is Enough? — Early Findings From Australia Add To A Rapidly Growing Body of Research. British Medical Journal. 2013.

平装立法。[①] 有学者还对烟草平装法案实施后澳大利亚戒烟电话热线的拨打频次变化进行统计分析，研究表明，烟草平装法案引入后一年内澳大利亚戒烟电话热线的拨打数量增加了 78%，烟草平装法案所引起的戒烟热线拨打数量上升效应和 2006 年澳大利亚颁布实施《图片健康警示法案》时的热线拨打数量上升具有同样的效应，而烟草平装法案的这种影响则显得更为持久。该研究结论声称，澳大利亚引入烟草平装法案后，戒烟热线拨打数量持续上升，且这种上升是只在烟草平装法案的影响下发生的，因为在这一上升时间范围内并没有相关的反对烟草广告行动(anti-tobacco advertising activity)、烟草价格行动(cigarette price increase)和其他明显原因(other identifiable causes)，据此可以认定烟草空白包装是一项有效的综合性烟草控制措施。[②]

根据上述已有的评估资料和评估结论，可以发现对烟草产品上的商标使用限制措施实施效果评估指标主要体现为青少年放弃首次吸烟比例、戒烟意愿和戒烟率影响等几个主要方面，而对商标使用限制措施的评估方法也综合采用数据统计分析、问卷调查等多种评估方法获得与商标使用限制实施效果有关的评估信息；在评估结论上，根据上述评估报告，可以认定这一时期内烟草产品的商标使用限制措施在主要评估指标上呈现积极效应，从而可以决定继续实施烟草商标限制措施。以此类推，在普遍适用的商标使用限制措施经过立法后评估后，如果上述主要评估指标结果能够证明政策措施的有效性，则可以继续推行立法实施。

(二)停止实施

经过立法后评估发现法律文件并不能有效地促进政策目标的实现、或者在实践中无法取得预设的实施效果(甚至相反的效果)，则可以考虑对该法律文件停止实施或者直接废止；另外，如果通过立法后评估发现法律文件的总体政策目标已经实现、或者相关的具体政策目标已经达到了监管退出的标准，也应当及时决定对法律文件及其相关政策措施予以直接废止。

政策措施如果未能在一个合理时间范围内的通过具体实施以有效促进政策目标的实现，则可以认定该政策措施的有效性存在不足。在本章主题上，

---

① 参见 Darren Mays, Raymond S Niaura, W Douglas Evans, David Hammond, George Luta & Kenneth P Tercyak. Cigarette Packaging and Health Warnings: The Impact of Plain Packaging and Message Framing on Young Smokers, Tobacco Control, 2013(5)。

② 参见 Jane M Young, Ingrid Stacey, Timothy A Dobbins, Sally Dunlop, Anita L Dessaix & David C Currow. Association Between Tobacco Plain Packaging and Quitline Calls: A Population-based, Interrupted Time-series Analysis. The Medical Journal of Australia. 2014(1), pp. 29-32。

如果商标使用限制措施并不能在几项执行目标和具体目标上呈现积极效应，例如在烟草产品的商标使用限制措施上，青少年首次吸烟比例并未降低、戒烟率没有上升、烟草消费数量并未下降、吸烟人口反而增加，① 且并无其他合理解释，则可以认定商标使用限制措施并不能实现降低烟草产品的吸引性、提升健康警示信息的效应和减少危害误导信息传播等几项具体执行目标，商标使用限制措施并不具备实际有效性，如果商标使用限制措施还存在其他的负面效应，② 其总体评估并不能顺利实现预设目标，则可以考虑对该政策措施予以停止实施。

另外，如果法律文件及其政策措施具备足够的有效性，在经过长时期的实施过程后通过效果评估发现预设的政策目标已经得到充分实现，则应当对该法律文件予以废止。在本章主题上，由于商标使用限制措施仍然属于一种公共健康政策，而公共健康政策则是一种具有时效性的公共政策，如果公共健康目标顺利实现，则可以对公共健康规制措施予以废除。例如，在传染疾病爆发的情势下，实行人群隔离和强制接种的规制措施具备正当性，但如果该种传染疾病已经得到充分控制、公共健康风险业已消除，则应当立即解除人群隔离和强制接种等规制措施。据此推论，对非传染性疾病的规制措施也同样具备一定的时效性，虽然非传染性疾病的防治周期较为漫长，但该种周期仍为一种时间维度，在规制措施充分有效的前提下，非传染性疾病的防治目标依然可以完全实现。在本章主题下，商标使用限制措施的总体目标即是减少特定产品消费、降低相关疾病的发生率，若经过长时间的实施，商标使用限制措施与其他的公共健康规制措施的有效执行使得相关疾病的发生率降至可承受范围内、公共健康风险亦不复存在，则应当对该些规制措施进行废止。以烟草控制为例，烟草产品上的商标使用限制措施的总体目标即是烟草

---

① 伦敦经济机构（London Economics）于 2013 年发布澳大利亚在《烟草平装法案》实施后的布烟草流行统计报告，显示尽管烟草平装措施大幅增加健康警示信息展示，但澳大利亚的烟草流行趋势并未出现任何变化。参见：London Economics：An Analysis of smoking prevalence in Australia，November，2013. http：//londoneconomics. co. uk/wp-content/uploads/2013/11/London-Economics-Report-Australian-Prevalence-Final-Report-25-11-2013. pdf. 访问时间：2019 年 12 月 5 日。

② 例如非法烟草贸易增加对合法烟草生产商、销售商的负面影响。在澳大利亚实施《烟草平装法案》后的首个财政年（2013 年），非法烟草贸易从 2012 年的 11. 8%上升到 13. 3%，给澳大利亚政府直接造成了十亿澳币的财政收入损失。参见：KPMG：Illicit Tobacco in Australia，October，2013. http：//www. bata. com. au/group/sites/bat _ 7wykg8. nsf/vwPagesWebLive/DO9879X3/% 24FILE/medMD9D4L6C. pdf? openelement. 访问时间：2019 年 12 月 5 日。

产品控制，世界各国在烟草控制上也设定了具体的政策目标，并预计通过长时间的政策实施来达成这些总体目标，若在某个时间节点上该些政策目标已经顺利实现，则应该评估规制措施的继续执行必要性，若无适当理由，则应当考虑废止规制措施。

第三节　法律救济：私权不当干预及其救济途径

作为一种新型的公共健康规制措施，商标使用限制的立法从科学论证到最终付诸实施都充满着争议。否定商标使用限制措施的主要观点均来自于对其实施效果(正面效果和负面效果)和具体影响的不确定与不可控。① 对于监管者而言，商标使用限制措施虽然可以在立法过程中通过规制影响评估对其可能造成的影响进行量化评估，从而对其负面影响有所把握，但监管者本身也不能保证政策措施在实际执行中能够百分之百地实现其所预想的一切效果，监管者亦对政策措施在具体实施上所可能出现的负面效果及其严重程度充满着不确定。同时，在实际执行过程中，监管者也应当尽可能地减少或者避免这种不可预期的溢出效应；② 对于商标权人而言，商标使用限制措施所可能产生的若干负面效果将严重关切到其商标品牌价值以及相关商业利益，这也是为什么商标权人极力宣传商标使用限制措施的诸多潜在负面效果，试图否定商标使用限制措施的实践正当性。因此，一旦商标使用限制立法付诸实施后，则需要密切关注该政策措施在实施过程中所发生的负面效果，并在行政执法和司法程序上保障权利人的法律救济权利及其实现途径，以最少代价保障商标使用限制措施的实践有效性，尽可能地减少立法评估上所述的“成本”并扩大“收益”，这样方可保障商标使用限制的实然效果和实践正当，也可保障商标权人的正当权益，从而达到商标使用限制措施在公共健康这一政策目标的范围内实施，实现公共健康和商标保护之间的合理平衡。

① 参见 Petar Ganev. Plain packaging and Its Unintended Consequences. The Sofia Globe, http：//sofiaglobe. com/2012/11/28/plain-packaging-and-its-unintended-consequences/. last visit：5 Dec，2019。

② 澳大利亚烟草平装法案在议会质询程序中，公共卫生部门对议员有关法案实施影响的质询时表示法案可能会造成某些政府无法预知的负面效果。见：The Senate，Legal and Constitutional Affairs Legislation Committee，Trade Marks Amendment（Tobacco Plain Packaging）Bill 2011，13 September 2011，page 28。

一、行政执法

商标使用限制措施最大的潜在负面效应在于引起非法商品贸易的上升。非法商品贸易(illicit trade)主要包括假冒商品、走私商品和灰色商品贸易三大种类。[①] 假冒商品(counterfeit)是指对原商标品牌下商品进行假冒生产的商品。由于商标使用限制措施使得产品包装设计趋于单一，同类产品在外观包装上大体相似，从而使得假冒商品制造者在仿冒原商标品牌商品上获得了更大的便利，商品外观包装的统一也在一定程度上使得消费者更加难以辨别合法商品和假冒商品之间的差别。因此，假冒商品贸易可能会有所上升；走私商品(smuggling)是指在某一国境外将其他国家的同类商品走私到该国的商品。由于商标使用限制措施打破了消费者对原有商品及其商标品牌的熟悉度和认同度，迫使消费者放弃其原本持有的商品认知方式和品牌忠诚，消费者可能在短时间内难以接受如此改变、并希望继续追随其原有的品牌认知，从而使得走私产品的消费需求升高，走私者则具有更大的动力，从其他尚未实施商标使用限制法律的国家中走私同类商品到该国，以侵害到该国合法商品生产商和销售商的合法利益；灰色商品(illicit white)是专门用于走私而生产的商品。该种商品在一国合法地生产，但却通过走私的渠道销往其他国家。商标使用限制措施使得一国境内的商品包装外观统一，将可能会造成消费者对其他包装外观的商品需求增加，从而导致灰色商品贸易的上升。

商标使用限制措施的上述负面效应也将影响到商标权利人的商业利益。以烟草产品为例，在各国推进烟草平装法案的立法进程中，烟草生产商和销售商对上述潜在的负面效果表示出了极大的担忧，并以此为理由阻止各国推行烟草平装法案。在英国烟草平装法案的立法咨询中，菲利普莫里斯认为烟草平装措施将会“对假冒生产者和走私者提供强有力的刺激”；[②] 日本烟草公司声称平装法案将会“使得英国非法烟草市场更加繁荣”；[③] 英美烟草公司表示平装措施将会“使得政府在打击假冒产品和走私产品上更加艰难，并造成

---

① 参见 Elizabeth Allen：The Illicit Trade in Tobacco Products and How to Tackle It, page 23. http：//www.kangaroogroup.eu/DB_beelden/booklet_illicit_trade_tobacco_products.pdf. last visit：5 Dec, 2019。

② 参见 http：//www.pmi.com/eng/tobacco_regulation/regulating_tobacco/pages/generic_packaging.aspx. last visit：5 Dec, 2019。

③ 参见 http：//www.jti.com/download_file/view/873/627/. last visit：5 Dec, 2019。

财政税收的极大损失，政府将更加难以解决非法烟草产品贸易问题”。①

另外，公共卫生部门和立法机构也无法准确预知商标使用限制措施在实践中所可能造成的负面影响。在烟草平装法案的立法论证过程中，新西兰、英国等国家有关对烟草平装措施科学性和有效性的报告也表示对烟草平装法案所可能引起的非法烟草贸易这一负面影响的担忧。英国公共卫生部门的烟草平装立法报告和公众咨询报告中说明，平装措施将会带来关于非法烟草(包括假冒和走私)贸易的更加便利以及需求增加;② 新西兰公共卫生部门在其平装法案建议稿和公众咨询报告中也表示烟草平装措施将可能会造成黑色市场的繁荣并就此向公共征求意见。③

澳大利亚在实施《烟草平装法案》一年后，著名的会计师事务所 KPMG 于 2013 年 10 月发布了一份澳大利亚在实施《烟草平装法案》后一年内该国非法烟草贸易情况的调查报告，2013 年澳大利亚非法烟草商品贸易比上一年度增加了 1.5%，非法烟草消费占总消费的 13.3%，而这一比例在 2012 年的统计则是 11.8%。在非法烟草商品的构成上，走私商品增加了 162%，假冒商品增加了 71%。非法烟草贸易给澳大利亚政府造成了十亿澳币的财政税收损失。④ 这一统计数据使得希望引入烟草平装法案的国家不得不继续保持观望，英国议会即表示对烟草平装法案所可能引起的非法烟草贸易需要进一步论证，因为英国的非法烟草贸易情形原本就比澳大利亚要更加严重。⑤

行政执法在打击非法商品贸易上具有重要作用，建立起充分有效的行政执法体系应当是快速解决非法商品贸易问题的首要步骤。因此，针对商标使用限制措施可能引起的非法商品贸易上升趋势，需要政府部门在行政程序上

① 参见 http：//www.bat.com/group/sites/uk_3mnfen.nsf/vwPagesWebLive/DO7J7DCZ?opendocument&SKN=1. last visit：5 Dec，2019。

② 参见 Department of Health Tobacco Programme：Consultation on Standardised Packaging of Tobacco Products：Summary Report，page 6. [“Standardised packaging would have implications for the availability of，and demand for，illicit tobacco（both smuggled and counterfeit”）]。

③ 参见 Ministry of Health. Proposal to Introduce Plain Packaging of Tobacco Products in New Zealand：Consultation document. Wellington：Ministry of Health，2012，page 25.

④ 参见 KPMG：Illicit Tobacco in Australia，October，2013，page 29. http：//www.bata.com.au/group/sites/bat_7wykg8.nsf/vwPagesWebLive/DO9879X3/%24FILE/medMD9D4L6C.pdf?openelement. last visit：5 Dec，2019。

⑤ 参见 Andrew Orlowski：Why a plain packaging U-turn from UK.gov could cost £3bn a year? 28，November，2013. http：//www.theregister.co.uk/2013/11/28/why_plain_packaging_uturn_could_cost_uk_3bn_a_year/. last visit：5 Dec，2019。

建立和完善执法体系，以最大可能地减少商标使用限制措施所引发的负面效应，保障商标权利人的合法利益：首先，行政执法部门应当配合商标使用限制法律的制订一同出台相关执法行动战略，必要时应促进海关、税收机构、政府执法机构和公共卫生部门组成联合执法机构，以打击非法商品贸易的进一步泛滥；① 其次，快速有效的行政执法体系应当以高效率的科学技术和高素质的执法人员以保障。因此，针对商标使用限制措施下的商品特点，应当联合相关技术机构完善质量检验技术，联合海关、边境机构建立起对特定商品的进出口追踪系统，同时保持与合法产业的联系，建立起对特定商品供应链条的安全保障体系；② 再次，行政执法的高效率也有赖于相关司法程序的完善。因此应当促进司法机构提高其快速处理执法部门所提交犯罪案件的司法能力，以高效率地打击与非法贸易有关的犯罪活动。③

二、司法保障

商标使用限制措施是一项通过国家立法程序而实施的公共健康法律，公共卫生部门还可以在议会的授权之下对法律实施制定相关的操作规则，因此，商标使用限制措施在通过立法程序付诸实施后，商标权人必须要严格执行商标使用限制立法。然而，通过立法程序所制定的国家法律和政府部门制定的实施规则并不一定天然地具备正当性和合法性(合宪性)；另外，商标使用限制措施作为一种权利限制制度，其制度内容将对商标权这一私权权利以及言论自由这一宪法基本自由带来直接限制，因此对商标权限制的立法可能还需要通过司法审查(宪法审查)的检验，当商标权人主张该权利限制的立法与宪法规定不相符且需要通过司法救济来解决时，应当对商标权人的这一司法救济权利进行充分保障，使其能够通过司法途径主张权利。

商标使用限制措施主要是指对商品包装和外观设计的限制，其核心内容包括商标规格统一、健康警示标识扩大和商品危害误导性信息祛除三项。实

① 参见 European Commission：EU strategy to step up fight against illicit tobacco trade, 6 June 2013. http：//europa. eu/rapid/press-release _ IP-13-512 _ en. htm. last visit：5 Dec, 2019。

② 参见 European Commission：EU strategy to step up fight against illicit tobacco trade, 6 June 2013. http：//europa. eu/rapid/press-release _ IP-13-512 _ en. htm. last visit：5 Dec, 2019。

③ 参见 Elizabeth Allen：The Illicit Trade in Tobacco Products and How to Tackle It, page 23. http：//www. kangaroogroup. eu/DB_beelden/booklet_illicit_trade_tobacco_products. pdf. last visit：5 Dec, 2019。

际上，在世界各国采取的烟草控制行动及相关立法上，健康警示文字和警示图片的展示要求已经被广泛采取，且展示规格日趋增加。在这一商标使用限制措施上，作为商标权人的烟草生产商曾经发起过多次司法诉讼以主张权利。以美国为例，2009年国会通过一项《禁止家庭吸烟和烟草控制法案》(Family Smoking Prevention and Tobacco Control Act)，该法案修改了《联邦食品、药品和化妆品法案》的规定，将烟草产品也纳入到美国食品和药品管理局(FDA)的监管范围之内。该法案还规定所有的烟草广告和烟草包装上必须展示九幅新的文字性健康警示框。法案授权美国健康和民众服务部门(Department of Health and Human Service)制定实施细则，要求在健康警示文字框可以附有关于吸烟有害健康的彩色图片。2010年，FDA颁布了法案的实施细则，要求全美的烟草产品必须于产品包装上载有健康警示图片，该实施细则从2011年9月22日起执行。该实施细则纳入到联邦监管法典之中，每一幅健康警示文字旁边均需要配一张警示图片，例如，“香烟引起致命肺病”这一文字旁边则应配一幅黑色的、饱受疾病侵蚀的肺部图片；“香烟引起癌症”这一文字则配一幅口腔癌症状的图片。烟草生产商认为这一法案和FDA的实施细则侵犯了其在《宪法第一修正案》上的言论自由，并向法院提起了诉讼。目前法院已经受理的有R. J. Reynolds Tobacco Co. v. FDA和Disc. Tobacco City & Lottery, Inc. v. United States两起案件。前案是在华盛顿特区巡回法庭受理和裁判的,① 后案是在第六巡回法庭受理和裁判。② 两起案件的一审判决均认定健康警示的法案和实施规则并未侵犯商业者的言论自由，没有违反《宪法第一修正案》。③ 在控烟措施较为严厉的加拿大，烟草生产商也可以自由地对加拿大政府出台的控烟法规进行司法诉讼。例如，加拿大总督(the governor in Council)在卫生部(Minister of Health)的建议下于2011年9月22日颁布了一项《烟草产品标签规则》(Tobacco Products Labelling Regulation)，要求在加拿大生产和销售的香烟和雪茄产品必须强制性地在外包装的正反面印有健康警示图片(从政府规定的16幅图片中选择)，且图片比例从之前的50%提高到75%，在图片一侧还需配有健康警示文字；另外，烟草产品包装上还需展示戒烟热线和戒烟网站信息；烟草包装

① R. J. Reynolds Tobacco Co. v. FDA, 696 F. 3d 1205, 1208 (D. C. Cir. 2012).

② Disc. Tobacco City & Lottery, Inc. v. United States, 674 F. 3d 509, 518 (6th Cir. 2012).

③ 参见Ellen English. “Camels Agree With Your Throat” and Other Lies: Why Graphic Warnings Are Necessary To Prevent Consumer Deception. Florida Law Review. December 2013, p. 2055。

上还需要载有毒性物质成分的表述(例如“烟草中含有苯这一致癌物质”)。①加拿大的这一法规实施同样引起了烟草生产商的异议，日本烟草公司②和帝国烟草公司③分别向安大略州高等法院提起诉讼，认定加拿大的法规侵犯了其商业言论自由，违反了加拿大的《自由权利宪章》(The Canadian Charter of Rights of Freedoms)。

综上，作为商标使用限制措施的健康警示要求能够在法院得到司法审查，商标权人能够通过司法途径主张权利，为其保障自身合法权利和经济利益提供了最后一道安全阀门(如果说立法的民主是第一道阀门)。因此，在本章所讨论的商标使用限制措施立法上，也应当保证商标权人能够通过司法途径，将可能对其基本宪法权利构成限制的国家立法和政府法规诉诸于法院，以在程序上最大地保障权利人的充分救济机会。在具体的司法程序上，首先应当在受案范围上保障当事人对立法文件和政府法规的诉讼能够顺利得到法院受理；其次，在举证责任设置上，可以考虑采取举证责任倒置的方式保障权利人作为弱势方的程序权利。由于商标使用限制措施的立法和政府法规均是通过国家立法程序和政府监管规则程序制定的，法律文件的内容也是由议会和政府部门主导制定，政府在法律文件的科学性、合法性证据获得上具有更大的优势，因此应当将举证责任倒置，由被告方举证证明其立法文件和政府法规并未构成对宪法基本权利的限制，其立法内容的科学根据和法律依据也应当由被告方出示。如此方能最大可能地保障商标权利人在司法程序上获得充分救济。

本章小结

商标使用限制规则制订、实施和相关救济的程序要求主要是从公共健康规制理论中引申出来的。商标使用限制是一项以限制个人权利为核心的公共健康规制措施，虽然公共健康规制理论下国家政府有权基于公共健康保护的

---

① 详细内容和图片参见：http：//www. hc-sc. gc. ca/hc-ps/tobac-tabac/legislation/label-etiquette/cigarette-eng. php#toxic. 访问时间：2014 年 4 月 12 日。

② 日本烟草公司的诉讼请求参见：http：//www. smoke-free. ca/litigation/US-CDA-Litigation/Canada%20Litigation/Warnings/Statement%20of%20Claim-2012-04-03. pdf. 访问时间：2014 年 4 月 12 日。

③ 帝国烟草公司的诉讼请求参见：http：//www. smoke-free. ca/litigation/US-CDA-Litigation/Canada% 20Litigation/Warnings/Statement% 20of% 20Claim-Imperial% 20Tobacco. pdf. 访问时间：2014 年 4 月 12 日。

目标对个人权利和私人利益进行限制甚至剥夺，但该种限制剥夺除了满足实体性要求外，还应当满足正当程序要求，以保证个人权利和私人利益在受到公权限制或剥夺时能够通过有效的法律救济主张权利。另外，国际投资法上对公共健康规制措施设置了正当程序要求，以在限制私权的国家政策法律变化上满足投资者的合理期待。

作为一项对个人权利和私人利益进行限制的公共健康规制措施，商标使用限制的立法应当扩大民主参与，广泛纳入受影响的权利主体，通过在立法过程中的充分博弈使得各方利益主体能够在法律文本的制订上达到一致，才能使得商标使用限制的法律更有效率地实施；另外，应当在立法过程中对商标使用限制措施进行影响评估和风险评估，以保证具体规制措施的科学合理；其次，商标使用限制措施是一项新型的公共健康规制措施，即便在法律制订上遵循了民主立法和科学立法的原则，但立法者和利益方均不能对这一项新立法的实际执行效果进行保证，因此在法律执行过程中应当严密监测商标使用限制措施的执行动态，设定一套科学的评价指标体系，综合评估其实际执行效果，并根据执行效果对法律进行相应的调整；最后，商标使用限制措施是一项对个人权利的限制措施，应当对该种权利限制设置一套便利的救济机制。由于在规制影响评估中可以预见的负面效果，政府应当采取必要的行政执法以最小化该种负面效果，保障个人权利和私人利益的最小受损；另外，在权利主体通过司法途径寻求救济时应当在司法程序上更加便利，以有益于权利主体进行司法救济，保障其合法利益。

第五章　全球健康治理与商标保护的国际法再审视

以烟草平装法案为代表的商标使用限制措施已经成为立法实践，且似乎具有全球推行的趋势；不仅如此，烟草产品上的商标使用限制还广泛影响到了酒精饮料、肥胖食品等其他领域，在这些产品上适用平装法案的呼声也日益增多。然而，商标使用限制措施在实践中还存在着诸多争议并引发了多起国际法律争端，这些实践中存在的问题和争议迫切需要进行理论探讨和解释。本书以上从商标法理论和公共健康法理论对商标使用限制措施的理论正当性和具体适用条件等若干问题进行了探讨，当这些问题发展演变成为国际法律争端后，如何在国际上进行解释则成为继续讨论的话题。另外，烟草平装法案已经引起的国际法律争端恰也证明了当前国际知识产权法和全球健康治理规则存在一定冲突，国际法的改进与完善应当成为解决国际争议的一条重要路径。首先，在国际知识产权法内部，以商标权、专利权、著作权为代表的知识产权类型并非是一种绝对权利，权利保护与公共利益之间必须保持平衡。TRIPS 协定也设置了权利限制制度以保持该种平衡。然而，TRIPS 协定的权利限制规则在适用到某种具体的“公共利益”上如何进行解释却并没有确切的答案。在 TRIPS 协定的公共健康议题上，药品专利保护和公共健康之间的制度协调一直是关注焦点，对当前商标权利限制和公共健康的关系问题也具有一定参考意义；其次，在国际卫生法上，由于公共健康问题的日益突出，全球健康治理理论逐渐成熟，以 WHO 为主的全球健康治理机制也日趋完善，WHO 主导下的国际机制也制订了一系列有关全球健康治理的国际公约。在这一背景下，以 TRIPS 为主的一套知识产权国际规则和 WHO 下的健康治理国际公约之间将可能存在规则冲突，在国际法规范层面如何协调知识产权保护和全球健康治理是一个亟待解决的重要问题。

第一节　TRIPS 协定的“公共健康条款”及其适用

知识产权法的目的不仅仅在于对知识产权提供保护，更在于对公共利益和社会福祉的增进和保障，最终促进经济社会文化的进步。基于此，知识产权法对商标权、专利权和著作权均设置了权利限制制度，当出于公共利益保护需要时，可以对知识产权进行若干限制。在公共健康议题上，专利法上设置了强制许可制度，以保障在发生公共健康危机的情形下社会公众得以有效获得药品以阻止危机扩大。然而，在 TRIPS 协定中，专利权的强制许可制度被施加了众多的条件限制，使得有需要的 WTO 成员国在实际执行 TRIPS 协定的过程中难以有效实施专利的强制许可，由此引发了一系列的国际法律争端。学术界对 TRIPS 协定的专利强制许可条件限制也多有批评。此后，WTO 对 TRIPS 协定中的专利强制许可和公共健康保护之间的关系进行了一系列的制度协调，取得了一些成果。本节试图通过对专利权上的公共健康问题进行系统梳理，并探讨在商标权领域公共健康保护规则的解释和适用方法。

一、TRIPS 协定下的药品专利强制许可与公共健康保护

TRIPS 协定序言承认"一国的知识产权保护体系应当具有公共政策目标，包括一国的发展目标和技术目标"，① "公共健康"显然应包括在内。TRIPS 协定第 7 条明确规定知识产权的保护应当促进经济社会福利，第 8 条特别对公共健康和知识产权保护的关系进行了阐述，规定成员国可以制定和修改法律，以采取必要措施保护公共健康和营养。第 8 条是 TRIPS 协定中对"公共健康"有明确表述的唯一条款，故本章将其称为"公共健康条款"。② 然而，该条款的表述较为抽象和模糊，在具体问题的适用和解释上还存在争议，药品专利的强制许可即是突出一例。

(一)规则缺陷与实践问题

按照 TRIPS 协定，WTO 成员方应当对符合条件的药品予以专利权保护。专利权人因此获得了一项排他权利，即"阻止其他人未经专利权人同意生产、使用、销售、许诺销售和进口产品"的权利。如此一来，获得专利权保护的药品则比一般的"通用药品"(generic medicine)或"专利过期药品"(off-

① "Recognizing the underlying public policy objectives of national systems for the protection of intellectual property, including developmental and technological objectives."

② 与 GATT 第 20 条的"公共健康例外"不同，TRIPS 协定第 8 条并不是将"公共健康"视为一种对知识产权保护的例外，成员国在制定和修改有关公共健康的法律时还应当遵守 TRIPS 协定的其他条款，因此本章将 TRIPS 协定第 8 条称为"公共健康条款"，而不称"公共健康例外"条款。

patent medicine)更加昂贵。① 高昂的价格使得 WTO 中的发展中国家和最不发达国家无法生产和进口专利药品以解决其国内的公共健康问题(突出的例子是艾滋病流行)。由于 TRIPS 协定第 65 条对发展中国家设置了一个比发达国家更长的执行过渡期，按照该条的规定，许多发展中国家可以在 2005 年 1 月 1 日才开始对药品建立起专利保护体系。而最不发达国家的过渡期则延长到 2006 年 1 月 1 日(除非经过 TRIPS 理事会批准延长)。在该过渡期内，相关国家可以对专利药品的通用物进行生产，从而获得更加便宜的通用药物以应对国内的公共健康危机。过渡期的设置使得相关国家能够安全度过 TRIPS 协定生效后的第一个十年。然后，过渡期仅仅是一个短期措施，TRIPS 协定并未对 WTO 相关成员在药品可获得性这一问题上提出长效解决措施。

TRIPS 协定过渡期的设置初衷是给发展中国家和最不发达国家提供一个较为充分的法律改革和技术发展时间，促使其能够在国内法律改革和经济技术发展上达到和 TRIPS 规则相适应的水平。在公共健康主题上，TRIPS 协定的起草者认为通过对发展中国家和最不发达国家设置一个较长的过渡期，其即可在这一时期内提升国内的研发能力以生产制造有关的药品，即便在公共健康危机爆发或者其他的特殊情形下这些国家也可以通过第 30 条和第 31 条的规定对专利药品颁发强制许可来应对国内的公共健康危机。然而实际情况却并不总是按照预设的方向发展。由于第 31 条对专利强制许可设置了诸多的条件限制，使得强制许可成为一项难以实施的制度。例如，第 31(f)条规定，对专利药品颁发的强制许可应主要(predominantly)用于成员国的国内市场。然而，这一条件将会对某些发展中国家或最不发达国家在实施强制许可上造成极大阻碍。理由在于，虽然经过长时间的过渡期，该些国家还是缺乏对专利药品的生产制造能力，即便这些国家对某些专利药品颁发了强制许可，但其无法生产和制造专利药品的通用药，其仍然需要通过进口的方式来获得药品；而对于出口国家而言，第 31(f)条规定了强制许可下的专利产品只能主要用于国内市场，而不能主要用于出口。② 因此，在这种情形下，只有少量的专利药品能够通过强制许可的方式合法出口到有需要的国家，这显

① 参见 Frederick M. Abbott. The Doha Declaration on the TRIPS Agreement and Public Health: Lighting a Dark Corner at the WTO. Journal of International Economic Law. 2002(5), p. 469。

② Article 31(f) of TRIPS Agreement: Any such use shall be authorized predominantly for the supply of the domestic market of the Member.

然无法帮助进口国实际有效地解决其国内的公共健康问题；此外，第31(b)条规定，在颁发强制许可之前，拟被许可人应当按照合理的商业条款获得专利持有人的授权以生产或进口专利药品，如果该项尝试失败方可申请政府的强制许可。然而，如果某国在发生突发性的紧急公共健康问题时需要立即颁发强制许可，这一条件限制又将极大地延误国家在解决公共健康问题上的及时性和有效性。虽然TRIPS协定的起草者认识到了此问题，并进一步规定如果在“国家紧急状态、其他极端紧急情况以及公共的非商业性使用”下，成员国可以不执行上述条件。然后对“国家紧急状态、其他极端紧急情况以及公共的非商业性使用”的具体含义和解释却存在模糊(ambiguity)，[①] 使得国家在该条款的正当适用上总是受到质疑。

(二)临时解决：《多哈宣言》

为解决上述问题，WTO成员于2001年在多哈第四次部长级会议上通过了《关于TRIPS协定和公共健康的宣言》(以下简称“《多哈宣言》”)。《多哈宣言》在处理知识产权保护和公共健康之间关系的原则上，声明“TRIPS协定能够、也应当以一种支持WTO成员保护公共健康特别是促进药品获得权利的方式进行解释和实施”，[②] 并确认“每一成员都享有实施强制许可的权利和决定何种情况下颁发强制许可的自由”。[③]《多哈宣言》第5段还规定，“每一成员有权决定何种情形构成国家紧急状态和其他极端紧急情况，与艾滋病、肺结核、疟疾和其他流行疾病相关的公共健康危机能够构成国家紧急状态或其他极端紧急情况。”[④]除了上述原则性规定，《多哈宣言》还规定了

① Negotiations on Improvements and Clarifications of the Dispute Settlement Understanding: Further Contribution of the United States on Improving Flexibility and Member Control in WTO Dispute Settlement, WTO Doc TN/DS/W/82/Add. 1(2005), p. 2.

② 参见 Paragraph 4 of The Doha Declaration. (We affirm that the Agreement can and should be interpreted and implemented in a manner supportive of WTO Members' right to protect public health and, in particular, to promote access to medicines for all.)。

③ 参见 Paragraph 5 of The Doha Declaration. (Each member has the right to grant compulsory licences and the freedom to determine the grounds upon which such licences are granted.)。

④ 参见 Paragraph 5 of The Doha Declaration. (Each Member has the right to determine what constitutes a national emergency or other circumstances of extreme urgency, it being understood that public health crises, including those relating to HIV/AIDS, tuberculosis, malaria and other epidemics, can represent a national emergency or other circumstances of extreme urgency.)。

一些具体的实质性措施。例如对最不发达国家延长了药品专利保护上的过渡期;① 并督促 TRIPS 理事会在规定期限内提出措施解决在药品生产制造能力缺乏的国家内实施强制许可的问题。《多哈宣言》第 6 段又规定，“认识到缺乏药品制造能力的 WTO 成员将会面临有效利用 TRIPS 协定中强制许可规定的困难，督促 TRIPS 理事会于 2002 年底提出迅速有效的措施以解决该问题并向总理事会报告。”②《多哈宣言》第 6 段最终于 2003 年 8 月以 WTO 总理事会决定的形式得到执行。WTO 成员可以同意放弃 TRIPS 协定第 31(f)条的规定，最不发达国家和欠缺制药能力的国家可以在特定的条件下进口强制许可下的药品，任何国家均可根据合格进口国的要求颁发强制许可并生产和对其出口药品以解决进口国的公共健康问题。所有的最不发达国家均成为“合格的进口成员国”(eligible importing member)，其他国家在向 TRIPS 理事会通知后也可以成为“合格的进口成员国”。采用该制度的条件有四项：①合格的进口国向 TRIPS 理事会通知其所需要的药品名称和具体数量；②出口国颁发的强制许可只能根据进口国申报的药品数量进行生产，且只能出口到该进口国，同时还应当采用特殊的标签和颜色以表示其是在这一制度下的产品；③出口国应当向 TRIPS 理事会通知其颁发的强制许可和附加条件以及生产的药品数量；④进口国应当采取合理的方式或提高其行政执法能力，以避免出现已经进口的药品再次出口到其他国家。③ 自此，WTO 在应对专利强制许可和药品获得性难题上，采取了一种以 WTO 成员放弃 TRIPS 条款义务的方式进行临时性解决，并将该种解决方案以总理事会决定的方式确定下来。

(三)正式解决：TRIPS 协定的修改

在达成总理事会决定后，WTO 试图通过修改 TRIPS 协定的方式将上述“放弃条款”变成正式的条约内容。2005 年 12 月 6 日，WTO 总理事会提交了一份成员国同意的、关于修改 TRIPS 协定的草案(protocol)，希望通过增

---

① 参见 Paragraph 7 of The Doha Declaration。

② 参见 Paragraph 6 of The Doha Declaration. (We recognize that WTO Members with insufficient or no manufacturing capacities in the pharmaceutical sector could face difficulties in making effective use of compulsory licensing under the TRIPS Agreement. We instruct the Council for TRIPS to find an expeditious solution to this problem and to report to the General Council before the end of 2002.)。

③ 参见 WTO General Council Decision of 30 August, 2003。

加第 31*bis* 条或者增加一个附件的形式将“放弃条款”永久确定下来。[①] 根据《关于建立世界贸易组织的马拉喀什协定》第 10 条第 3 款的规定，对 TRIPS 协定的修改在得到全体成员三分之二同意后，对接受修改的成员方生效，并在此后对每一接受修改的成员生效。截至本章完成时，共有 103 个成员同意接受该修改草案，并已经生效。[②]

(四)实际执行效果

2007 年 7 月 17 日，卢旺达成为第一个向 TRIPS 理事会通知其希望在 2003 年总理事会决定下执行强制许可以进口药品的国家。具体的进口药品为治疗艾滋病的 TriAvir 这一药物，出口国为加拿大。此后，加拿大也按规定向 TRIPS 理事会告知其作为合格出口国生产该药品并向卢旺达出口。然而，自 2003 年 WTO 成员达成这一决定到目前为止，仅有卢旺达这一起案例实际采用了该决定，没有其他任何成员向 TRIPS 理事会通知其希望采用放弃条款进口药品，除加拿大外，也无任一其他国家向 TRIPS 理事会告知其意愿成为该制度下的出口国。从当前的实践上看，似乎 2003 年总理事会决定的执行效果并不理想，WHO 甚至在 2007 年的知识产权、创新和公共健康委员会的报告中呼吁相关的 WTO 成员(进口国和出口国)积极利用 2003 年总理事会决定并促进其国内立法的完善，但也应者寥寥。[③] 2003 年总理事会决定的实际执行效果不佳可能和成员方国内的有关公共健康的专利强制许可立法不积极有关，至今只有少部分国家通过国内立法以执行该制度。但无论是《多哈宣言》还是 2003 年总理事会决定抑或 2005 年的 TRIPS 协定修正草案，均一定程度体现了 WTO 机制在应对公共健康问题上的能力与效率，也反映了 WTO 框架下成员方可以就公共健康议题达成协定，并通过相关的 WTO 法律文件以有效解决条款缺陷及其所带实际问题。

二、TRIPS 协定下的商标使用限制与公共健康保护

专利权上的强制许可条款所引起的药品获得和公共健康保护问题最终在 WTO 及 TRIPS 协定的框架下得到了一定程度的解决，通过药品专利上的公共健康议题，TRIPS 成员也在有关知识产权和公共健康之间关系问题以及如

---

① 参见 Amendment of the TRIPS Agreement (Decision of 6 December 2005 of the General Council), WTO Doc WT/L/641 (2005), para 11。

② 参见 http://www.wto.org/english/tratop_e/trips_e/amendment_e.htm. last visit: 31 Jan, 2020。

③ 参见 WHO Report: Public Health, Innovation and Intellectual Property Rights, Commission on Intellectual Property Rights, Innovation and Public Health 2006, p. 139。

何解释和执行公共健康条款的问题上达成了某些共识。商标使用限制作为TRIPS协定下涉及公共健康保护的新问题，其根本性质与专利权所涉公共健康问题的性质是一致的，都是如何利用知识产权权利限制制度以保障促进公共利益。因此，在应对商标使用限制这一新问题时，应当积极利用WTO和TRIPS理事会在专利权限制上所已经达成的某些谈判成果及规则共识，将该些成果和共识具体适用到商标使用限制下的公共健康问题上，寻求TRIPS协定下公共健康条款和商标权条款的解释路径与适用办法。

（一）扩大公共健康条款的解释灵活性

如上所述，TRIPS协定的公共健康条款为第8条。该条规定，"成员方可以制定和修改法律法规，采取必要措施以保护公共健康和公众营养以及促进经济社会和技术发展的至关重要部门的公共利益。这些必要措施应当与本协定下的条款相一致。"从条文上看，该条赋予了WTO成员方自主选择国内措施以保护公共健康和公众营养的权利，成员方享有自主权对"何种措施能够保护公共健康和促进公共利益"以及"什么是至关重要部门"等事项进行判断。这种宽泛的措施范围在第8条下应当具备两个条件：一是该种措施必须是"必要措施"；二是该种措施必须与TRIPS协定的其他条款相一致。本书第三章从WTO案例法的角度对这两项条件进行分析并论证该两项条件的实质内容。然而，如何从国际法上的条约解释方法对TRIPS协定文本条款进行解释，则是另一个需要解决的问题。换言之，TRIPS协定作为一项国际条约，其文本条款中"必要措施"和"与其他条款相一致"到底为何意，是需要通过国际法上的条约解释方法来解决的。由于"必要措施"的解释结果和GATT上的"必要性检验"趋同，本书第三章已经进行详细论述，此处不再展开。以下只针对"与其他条款相一致"这一规定的解释进行论述（这一规定也是TRIPS协定的特有规定，WTO其他协定中的公共健康条款并无此项要求和此种规定）。

"一致性"条件要求WTO成员采取的政策措施应与TRIPS协定相一致。从表面上看，该项要求排除了成员方采取那些和TRIPS协定条款相违背的公共健康保护措施。然而，如何解释和适用该"一致性"要求，却并未在学术界和WTO案例法中得到明确答案。有学者认为，该要求仅仅是一项"政策性表述"（policy statement），① 并不具备实质内容。理由在于TRIPS协定在各项具体的知识产权项下均设置了权利限制条款，例如第13条对著作权的

① 参见Gervais D. The TRIPS Agreement-Drafting History and Analysis. London：Sweet & Maxwell，2003，p. 2. 84。

权利限制与例外、第 17 条对商标权的权利限制、第 30 条对专利权的权利限制等。因此该“一致性要求”只是对基于公共健康保护的权利限制要求的一种声明，具体的权利限制制度则在各知识产权项下单独解释和适用即可；①另外一种观点则认为，“一致性要求”并不只是一种政策性声明，原因在于该条款是 TRIPS 协定的“原则”条款(即第 8 条的标题为“principle”)，“一致性要求”应当和之前的“必要性要求”以及公共健康保护等目标相对应并结合起来解释，其构成各具体知识产权项下的权利限制条款的解释原则和执行原则(a statement of TRIPS interpretative principle)。② 即各知识产权项下的权利限制条款应当在 TRIPS 协定第 8 条的意义上进行解释和执行。本章认可第二种观点。原因有二：首先，从知识产权理论上看，权利限制制度的设计初衷即是为了防止权利保护范围的不断扩大而阻碍公共利益和社会福利，权利限制条款的解释和适用不能离开条款目的单独进行；其次，在国际法的条约解释规则上，根据《维也纳条约法公约》第 31 条的规定，对条款的解释应当结合条约制定的目标和原则进行。因此，在对各项具体的知识产权权利限制条款进行解释和适用时，应当结合 TRIPS 协定第 7 条和第 8 条的条款意义进行。

其次，《多哈宣言》对公共健康条款的灵活性解释予以承认。《多哈宣言》第 4 段规定“TRIPS 协定不能也不应阻碍成员方采取公共健康保护措施”“TRIPS 协定应当以支持成员方公共健康保护权利尤其是促进药品获得的方式进行解释和执行”，第 4 段还确认“成员方有权充分利用 TRIPS 协定下的灵活性条款以达成上述目标。”对以上规定进行分析可以发现：第一，《多哈宣言》确认 WTO 成员方享有自主权利采取公共健康保护措施，TRIPS 协定不应当对成员方的措施造成阻碍；第二，成员方应当充分利用 TRIPS 协定下的灵活性条款制定相关的公共健康保护措施；第三，TRIPS 协定中的灵活性条款能够使得成员方采取合法的公共健康保护措施，前提是以“对成员方公共健康保护权利予以支持”的方式对其进行解释和执行。同时，《多哈宣言》还以具体的表述明确了 WTO 成员在国内实施强制许可和自主决定实施强制许可情势上的灵活性权利，并赋予成员方在确定何为“国家紧急状态和极端

① 参见 Gervais D. The TRIPS Agreement-Drafting History and Analysis. London: Sweet & Maxwell, 2003, p. 2. 84; Blakeney M. Trade Related Aspects of Intellectual Property Rights: A Concise Guide to the TRIPS Agreement. London: Sweet & Maxwell, 1996, p. 3. 09。

② 参见 ICTSD/UNCTAD: Resource Book on TRIPS and Development: An Authoritative and Practical Guide to the TRIPS Agreement, Geneva 2005, part one, Chapter 6。

紧急情况"这一问题上的充分自主权利。虽然《多哈宣言》这一规定的具体指向是 TRIPS 协定第 31 条的强制许可条款及其相关的公共健康危机(或国家紧急状态等),但根据上述第 4 段的解释原则,可以认定《多哈宣言》在 TRIPS 协定的其他灵活性条款上也可以进行类推适用,如在商标权限制条款上,赋予 WTO 成员在确定其政策目标和政策措施空间上的自主权利,由成员方自主决定何为在何种情况下需要采取商标权限制,即成员方在确定公共健康风险这一问题应当享有自主权利。《多哈宣言》第 5(a)段明确规定,"在适用国际公法上的解释习惯和解释规则时,TRIPS 协定下的每一条款均应按照条约的目标即 TRIPS 协定的目标条款和原则条款进行解读。"①这一规定表明,在 TRIPS 协定下的任何灵活性条款均应当按照第 7 条和第 8 条来进行解释,结合上述《多哈宣言》第 4 段对 TRIPS 协定第 7 条和第 8 条的解释原则,可以认定在商标使用限制的条款上也能够以专利强制许可条款的灵活解释方法进行解释。

综上,TRIPS 协定第 8 条赋予成员在确定其公共健康政策目标和政策措施制定上的灵活性,《多哈宣言》赋予了 WTO 成员在运用 TRIPS 协定灵活性条款时对"公共健康情势"认定的自主权利,并要求对 TRIPS 第 8 条的解释应当以一种"支持成员方有权进行公共健康保护"的方式进行,即要求在具体适用 TRIPS 协定下的权利限制条款时应当倾向于支持成员方的公共健康保护权利。因此,将上述结论适用到商标使用限制上,可以认为:WTO 成员首先享有对"公共健康概念"的灵活性认定,其次对所应当采取的"必要措施"也享有自主权利,即运用 TRIPS 协定第 17 条(商标权限制条款)和第 20 条(商标使用限制)这两项灵活性条款,自由采取具体的商标使用限制措施以实现特定的公共健康政策目标,对第 17 条和第 20 条的解释也应当按照《多哈宣言》所确定灵活性解释原则,以"支持成员方有权保护公共健康"的方式进行解释和适用。

(二)将非传染性疾病纳入到 TRIPS 协定的"公共健康情势"

在当前实践上,TRIPS 协定和《多哈宣言》中所规定的"公共健康情势"主要是传染性疾病在相关发展中国家或最不发达国家的流行,且仅仅只包括几种特定的传染性疾病。《多哈宣言》第 5 段对"国家紧急状态和极端紧急情

---

① 参见 Paragraph 5 of The Doha Declaration. (In applying the customary rules of interpretation of public international law, each provision of the TRIPS Agreement shall be read in the light of the object and purpose of the Agreement as expressed, in particular, in its objectives and principles.)。

况”的认定中特指了“艾滋病、肺结核和疟疾”三种传染性疾病，虽然该段也规定“其他的流行疾病及其引发的公共健康危机”也可构成“国家紧急状态和极端紧急情况”，但在实践中还是主要针对“艾滋病、肺结核和疟疾”这三种疾病来进行药品专利强制许可。然而，根据上述TRIPS协定第8条解释原则和《多哈宣言》精神，对公共健康情势的界定绝不应当仅仅限定在若干种传染性疾病范围内，① 利用TRIPS协定灵活性条款所保护的“公共健康”应当是一个宽泛的概念，其所涵盖的公共健康风险范围应当较为广泛。根据第三章的论述，非传染性疾病对人类健康和人体生命的威胁要比传染性疾病更大，某些非传染性疾病同样在世界多个国家广泛流行，其影响面并不亚于传染性疾病且病程时间要更为长久，某些非传染性疾病已经造成了极高的死亡率且发病率的上升趋势明显。② 因此，在利用TRIPS协定和《多哈宣言》所形成的公共健康保护制度应当适用到所有的公共健康风险治理上，从传染性疾病的控制扩展到非传染性疾病的防控。WTO成员不仅可以在“传染性疾病爆发”的公共健康危机下利用TRIPS灵活性条款进行控制，也可以在“非传染性疾病流行”的公共健康情势下采取措施进行防控。

（三）从“专利权限制”到“商标权限制”

公共健康情势的变迁将必然造成公共健康治理措施的不同。药品专利强制许可能够保证药品获得以控制传染性疾病流行及其所引起的公共健康危机。而在非传染性疾病流行这一新的公共健康问题下，根据第三章的论述，以癌症和肥胖疾病为代表的非传染性疾病逐渐从发达国家向发展中国家和最不发达国家蔓延，并引起了较高的死亡率，非传染性疾病已经成为发展中国家最主要的公共健康威胁。因此，在非传染性疾病的治疗上，发展中国家和最不发达国家仍然有可能面临药品可承受性获得的问题，其还需要利用TRIPS协定中的专利强制许可及《多哈宣言》确定的弃权制度以获得药品，对非传染性疾病的流行进行控制。这也是本章上述“非传染性疾病纳入公共健康情势”的重要理由之一。然而，本书第三章曾述，与传染性疾病控制不同，非传染性疾病的防治过程一般较为漫长。传染性疾病的控制也许只需要通过药物治愈疾病和控制疾病流行（如疫苗）即可达到解除公共健康危机的

① 参见Kevin Outterson. Should Access To Medicines and TRIPS Flexibilities Be Limited To Special Diseases?, American Journal of Law & Medicine, 2008(34): 279。

② 参见GLOBAL FORUM FOR HEALTH RESEARCH, Global Forum Update on Research for Health, 2005 Volume 2, p. 1, pp. 10-11; see also Alan Lopez & Colin Mathers, Inequities in Health Status: Findings From the 2001 Global Burden of Disease Study, Global Forum Update on Research for Health, 2007, Volume 2, p. 163, 164。

目标；而在非传染性疾病的防治上，对已致病人群以药物治愈只能达到短期控制的效果(即便是药物治愈，非传染疾病的治愈时间也更长)，其还需要通过一系列的预防措施以达到长久控制，例如对不良消费习惯的控制、对有害产品的供给与消费进行干预等。据此，非传染性疾病不仅需要利用专利权上强制许可制度以保证治疗药物的获得，还需要通过商标权限制措施以减少致病性有害商品消费，配合其他干预措施，形成非传染性疾病的综合防治体系。

(四)TRIPS 协定商标权限制条款的“解释和执行”

在专利权限制和公共健康保护的问题上，《多哈宣言》第 4 段确认了“TRIPS 协定不应阻止成员方采取公共健康保护措施”这一原则，并在该原则的基础上要求以“支持成员方保护公共健康的权利”之方式对 TRIPS 协定相关灵活性条款进行解释和执行。在这一基本原则下，方能形成了 2003 年总理事会决定和 2005 年的 TRIPS 协定修改草案。由于 TRIPS 协定在专利强制许可条款上陷入难以执行的困境，因此在药品专利上只能通过“放弃 TRIPS 条款义务”甚至修改 TRIPS 协定这一方式以落实《多哈宣言》第 4 段所明确的总体原则。然而，通过上述分析可以发现，在利用商标权限制条款以采取公共健康保护措施的问题上，由于 TRIPS 协定的商标权限制条款只是抽象地规定了在商标权限制上的“三步检验法”，而商标使用条款也只是抽象地规定“不合理妨碍”，其并未如专利强制许可条款那样存在严格的条件限制规定，因此 TRIPS 协定的商标权限制条款和商标使用条款并不需要进行任何修改，只需要将《多哈宣言》所明确的总体原则适用到条款上即可。也就是说，对 TRIPS 商标权限制和商标使用条款的解释只要以“一种支持成员方保护公共健康权利”的方式进行即可。根据这一解释方式，WTO 成员方能够充分利用 TRIPS 商标权限制和商标使用条款在其国内实施有关商标使用限制的公共健康保护措施。也就是说，按照《多哈宣言》，WTO 成员方在利用和执行 TRIPS 商标权限制条款以采取公共健康保护措施(即行使“保护公共健康的权利”)上应当获得正当性支持。在具体实施层面上，一国在确定其国内“公共健康情势”问题上应当享有充分的自主权利，在具体的政策措施上应当拥有更大的政策选择空间。

总之，在知识产权法上，公共利益的扩大保护成为学术理论和立法实践的发展趋势。彼时热门的《跨太平洋贸易伙伴关系协议》(TPP)中的知识产权一章也明确把“公共健康保护”等几项具体的公共利益完全纳入目标条款之中,① 同时要求 TPP 成员遵守和执行《多哈宣言》的规定。结合到本章主题，WTO 成员有权利用 TRIPS 协定的公共健康条款，以解释和执行具体的知识产权权利限制条款，并在确定公共健康情势、采取公共健康保护措施和明确公共健康保护水平上享有自主权利，TRIPS 协定不应当成为成员方采取公共健康保护措施的障碍。

第二节 全球健康治理与商标保护的国际法协调：FCTC 与 TRIPS 协定

在国际知识产权法上，公共健康是一项反映“公共利益”或“社会福利”的立法目标，法律规则通过知识产权限制制度来实现公共健康的保护和促进；在国际卫生法上，公共健康治理则是一项系统工程，其拥有一套完整自洽的理论体系和规范体系。在国际治理机制上，全球健康治理已经形成了一套“自足”制度，其拥有以 WHO 为主的国际机制，国际法规范体系也逐渐形成。因此，如何从全球健康治理的角度，解决全球健康治理和知识产权国际保护之间的规则冲突和机制冲突，也是国际法上的一项重要议题。

一、全球健康治理理论与实践

2002 年，WHO 的一系列研究报告首次提出并系统论述了全球健康治理(global health governance)这一概念及其理论。② 此后十余年，学界对全球健

---

① TPP 知识产权部分第 A. 2 条中列举了从 a 到 h 等 7 项立法目的，公共健康是第 h 项。见维基解密：Secret TPP treaty：Advanced Intellectual. Property Chapter For All 12 Nations with Negotiating Positions. https://wikileaks.org/tpp/static/pdf/Wikileaks-secret-TPP-treaty-IP-chapter.pdf. 访问时间：2019 年 12 月 13 日。

② 参见 Dodgson R.，Lee K.，Drager N. Global Health Governance：A Conceptual Review. Geneva：World Health Organization and London School of Hygiene and Tropical Medicine，Discussion Paper No. 1，2002；Loughlin K.，Berridge V. Global Health Governance：Historical Dimensions of Global Governance. Geneva：World Health Organization and London School of Hygiene and Tropical Medicine，Discussion Paper No. 2，2002；Fidler D. Global Health Governance：Overview of the Role of International Law in Protecting and Promoting Global Public Health. Geneva：World Health Organization and London School of Hygiene and Tropical Medicine，Discussion Paper，No. 3，2002。

康治理理论进行了深入的研究和探讨，初步形成了全球健康治理的理论框架。① 在实践中，全球健康治理的概念也逐渐得到主权国家、国际组织和非政府组织等各方认同，并创造和积累了一定的全球健康治理实践经验。

全球健康治理来源于全球治理理论，全球治理是与国家治理和国际治理相对应的概念，国家治理(national governance)是指一国通过其国内法律体系和司法体系，以政府为主体的、对其国内事务的管辖治理；② 国际治理(international governance)是指通过国际条约、习惯国际法、一般法律原则等正式国际法渊源，以政府间国际组织为主体的、对国家间关系以及其他跨国行为事务的治理。③ 而全球治理(global governance)则是指一种"不仅包括正式的组织机构通过正式的规则形式以维持和发展世界秩序，也包括其他的非正式组织、机构、非政府组织等机构形式通过其所确定的规则和权威体系来实现其政策目标"的治理方式。在全球治理理论下，全球健康治理是指"主权国家、政府间国际组织和非政府组织运用正式及非正式的机构、规则、程序，以应对该些需要通过跨国集体行动方式方能解决的健康挑战。"④

1. 全球健康治理的主体。全球健康治理的主体包括主权国家、政府间

---

① 关于全球健康治理的论著主要包括：Global Health Governance：Crisis, Institutions, and Political Economy (Adrian Kay & Owain D. Williams eds., 2009); Health For Some：The Political Economy of Global Health Governance (Sandra J. MacLean et al. eds., Palgrave Macmillan, 2009); Mark W. Zacher & Tania J. Keefe, The Politics of Global Health Governance：United by Contagion (Palgrave Macmillan, 2011); Governing Global Health：Challenge, Response, Innovation (Andrew F. Cooper et al. eds., Ashgate, 2007); Obijiofor Aginam, Global Health Governance：International Law and Public Health in a Divided World (2005); and David P. Fidler, SARS, Governance and the Globalization of Disease (Palgrave Macmillan, 2004).

② 参见 David Fidler. Global Health Governance：Overview of the Role of International Law in Protecting and Promoting Global Public Health. Geneva：World Health Organization and London School of Hygiene and Tropical Medicine, Discussion Paper No. 3, 2002, p. 8。

③ 参见 David Fidler. Global Health Governance：Overview of the Role of International Law in Protecting and Promoting Global Public Health. Geneva：World Health Organization and London School of Hygiene and Tropical Medicine, Discussion Paper No. 3, 2002, p. 8。

④ 参见 David P. Fidler, The Challenges of Global Health Governance, working paper for Council of Foreign Relations, May 2010. (Global health governance refers to the use of formal and informal institutions, rules, and processes by states, intergovernmental organizations, and nonstate actors to deal with challenges to health that require cross-border collective action to address effectively.)。

国际组织、非政府组织、跨国机构、公民团体等多种主体。① 事实上，随着健康问题的跨国流行趋势以及国际社会民主程度的提高，全球健康治理也需要多样化的主体参与，方能正当、高效地解决全球公共健康问题。而且，当前以非政府组织和公民团体为代表的机构组织在全球卫生事务中扮演着愈来愈重要的角色，但以国家和政府间国际组织为主体的国际治理体系却将其排除在外，而这些主体往往又是国际治理模式下规则秩序的利益相关方，还可能是规则秩序的推动力量。因此需要寻找一种对国际治理模式的改进或补充，以最为有效和合理的方式解决新趋势下的全球健康挑战。另外，传统国际治理体系下的国际正式规则(条约、公约等)只是作用于成员国国内健康法律，并不涉及其他形式的政策措施或者相关“软法”，但在全球化背景下健康问题的治理却越来越多地依靠软法，软法的制定者又往往是一些非政府组织或公民团体，因此也需要依靠全球治理模式以覆盖全球卫生事务的参与主体。当然，这并不意味着国际治理模式将不复重要，相反，主权国家和政府间国际组织仍然是全球健康治理的核心主体，只是当前的全球化形势迫使需要扩大治理主体。全球健康治理在治理主体上将非政府组织和公民团体纳入其中，这些主体在治理实践中已经发挥了巨大作用。例如，在婴幼儿健康问题上，为广泛提倡母乳喂养和减少母乳替代品的消费，国际上形成了一股反对母乳替代品的潮流，并建立了“国际婴儿食品行动网络”这一组织，正是在该组织的推动下，才有 UNICEF 和 WHO 联合通过的《母乳替代品销售的国际准则》;② 再如，在烟草控制这一公共健康议题上，非政府组织也发挥了巨大的作用。相关控烟非政府组织甚至得到 WHO 的批准，和其他的主权成员国一起参与了 FCTC 的谈判过程。在 FCTC 缔结后，非政府组织甚至还组成了“框架公约联盟”，以推进 FCTC 的有效实施。

2. 全球健康治理的对象。全球健康治理的对象是跨国界甚至无国界的公共健康问题及其潜在风险。③ 传统的国际治理模式的治理对象一般仅仅包

---

① 参见 Dodgson R., Lee K., Drager N. Global Health Governance: A Conceptual Review. Geneva: World Health Organization and London School of Hygiene and Tropical Medicine, Discussion Paper No. 1, 2002, p. 19。

② 参见 Dodgson R., Lee K., Drager N. Global Health Governance: A Conceptual Review. Geneva: World Health Organization and London School of Hygiene and Tropical Medicine, Discussion Paper No. 1, 2002, p. 19。

③ 参见 Dodgson R., Lee K., Drager N. Global Health Governance: A Conceptual Review. Geneva: World Health Organization and London School of Hygiene and Tropical Medicine, Discussion Paper No. 1, 2002, p. 17。

括传染性疾病跨国流行，即通过国家间达成某种疾病控制方法的共识(如同时采取限制出入境、强制隔离等措施)并在其国内实施，以实现对传染疾病跨国传播的控制。而在全球化背景下，世界各国间因贸易、投资等带来的人员往来越来越频繁，各国间的经济社会联系越来越紧密，这种大规模和高频率的跨国交往一旦引起某种跨国公共健康危机，单凭某国力量显然难以掌控，这就使得国家间需要通过更广泛的国际合作以有效应对；另外，网络信息的全球传播、气候环境变化带来的生态影响、通过电子媒体发生的金融资本交易、消费文化在大众媒体的传播等无国界行为也均是全球公共健康的风险因素，最典型的例子即是非健康商品的全球流通、不健康生活习惯的全球蔓延，在世界范围内造成了极高的致病率和死亡率。因此，在这种全球化背景下，基于上述跨国交流的范围不断扩大、无国界影响遍及全球，使得全球公共健康的问题解决需要从国际治理模式转换到全球治理模式。全球健康治理的对象也主要是针对该些多种多样的、跨社会领域的、跨国界或者无国界的公共健康风险因素。

3. 全球健康治理的方式。全球健康治理通过多方参与主体对全球公共健康事务制定相关的国际规则和国际标准，并在特定的公共健康问题上展开全球范围内的多部门(multi-sectoral)合作。① 全球健康治理理论要求对人口健康威胁进行全面评估，并要求考虑健康风险对全球社会环境和自然环境的严重影响。因此，在全球健康治理的模式下，政策制定需要融合多个社会部门(如商业、制造、劳工等)、政府部门(如卫生部门、商务部门、农业部门等)并寻求多样化的专业支持(如卫生学、经济学、人类学等)，政策执行需要依靠更多的执法部门(如贸易、海关、税收、环境等)甚至非政府组织和公民团体对健康政策进行综合实施。总之，全球健康治理的方式是跨部门、跨专业、多种政策手段综合运用的治理方式。在当前的全球健康治理实践上，各类国际组织制定诸多的有关健康治理的国际条约。如在 WHO 项下的《国际卫生规范》(International Health Regulations 1951)、《烟草控制框架公约》(FCTC)等；在国际劳工组织项下的《职业安全和卫生公约》(Occupational Safety and Health Convention 1981)、《职业卫生服务公约》(Occupational

---

① 参见 David Fidler. Global Health Governance: Overview of the Role of International Law in Protecting and Promoting Global Public Health. Geneva: World Health Organization and London School of Hygiene and Tropical Medicine, Discussion Paper No. 3, 2002, p. 8。

Health Service Convention 1985)等。①

二、国际法的冲突：以 FCTC 与 TRIPS 协定为例

全球健康治理要求国际社会成员广泛参与到全球公共健康事务当中，且治理方式强调跨社会部门、跨专业领域的综合治理，因此，在全球健康治理的框架下健康治理国际条约和其他社会部门或专业领域上的国际条约不可避免地将会发生规则冲突。最典型的例子即是 FCTC 和 WTO 相关条约之间的冲突。例如，FCTC 要求成员国提高烟草产品的关税和价格，这与 GATT 的规定相冲突；FCTC 要求禁止烟草产品的广告宣传，可能与 GATS 相关规定相冲突。在本章的主题下，FCTC 要求成员国采取烟草包装限制措施，这可能与 TRIPS 协定下的商标使用条款相冲突。

（一）"冲突"的概念

国际法上的条约冲突问题一般是基于条约之间在主题事项上的相同或者重叠（overlap）。根据著名国际法学家、日内瓦大学 Joost Pauwelyn 教授的观点，国际条约之间因主题事项相同或重叠引起的冲突主要有四种情形：

1. 在某一情形下成员国 A"应当实施 X"与相同情形下成员国 A"应当实施 Y"（Y 与 X 不同或者相互排除）相冲突；

2. 在某一情形下成员国 A"应当实施 X"与相同情形下成员国 A"不得实施 X"相冲突；

3. 在某一情形下成员国"应当实施 X"的义务与成员国 A 在该情形下可以"不实施 X"的权利（或者豁免）相冲突；

4. 在某一情形下成员国 A"不应实施 A"的义务与成员国 A 在该情形下"可以实施 X"的权利（或者许可）相冲突。②

（二）FCTC 及其第 11 条

FCTC 是 WHO 框架下通过的第一个国际公约，其于 2003 年开放签字并于 2005 年 2 月 27 日开始生效。截至目前，FCTC 共有 181 个成员国，覆盖了世界 85%左右的人口。③ FCTC 致力于减少因全球烟草流行而导致的公共

---

① 参见 David Fidler. Global Health Governance: Overview of the Role of International Law in Protecting and Promoting Global Public Health. Geneva: World Health Organization and London School of Hygiene and Tropical Medicine, Discussion Paper No. 3, 2002, p. 35。

② 参见 Joost Pauwelyn. Conflict of Norms in Public International Law: How WTO Law Relates to Other Rules of International Law. New York: Cambridge University Press, 2003, p. 179。

③ 参见 http://www.who.int/fctc/signatories_parties/en/. last visit: 13 Dec, 2019。

健康危害，其共有38个条款，核心条款（即具体控烟措施）均是在得到各成员国认可的科学证据支持下制定的，其是一项基于科学证据而形成的国际公约（evidence-based treaty）。[①] 然而，FCTC是一项"框架公约"，其大部分条款均是宽泛性规定，在具体实施上需要通过一系列附加的"指南"（guideline）来明确具体的执行措施。FCTC则通过缔约方大会（COP）来对各核心条款设计具体的实施指南。然而，该些实施指南却并不是FCTC的正式文本，其对FCTC成员国只具有建议性效果，并不具有国际法上的约束力。[②]

与本书主题直接相关的FCTC条款是第11条。该条规定："每一成员国应当在公约对其生效后三年内，根据其国内法采取和实施有效措施以保证：（a）烟草制品包装和标签不得以任何虚假、误导、欺骗或可能对其特性、健康影响、危害或释放物产生错误印象的手段推销一种烟草制品，包括直接或间接产生某一烟草制品比其他烟草制品危害小的虚假印象的任何词语、描述、商标、图形或任何其他标志。其可包括"低焦油""淡味""超淡味"或"柔和"等词语；（b）在烟草制品的散包装及此类制品任何外部包装和标签上带有说明烟草使用有害后果的健康警语，并可包括其他适宜信息。这些警语和信息包括：（i）应经国家主管当局批准；（ii）应轮换使用；（iii）应是大而明确、醒目和清晰的；（iv）宜占据主要可见部分的50%或以上，但不应少于30%；（v）可采取或包括图片或象形图的形式。"除了上述规定，COP制定的"第11条实施指南"中，还对上述条款中的图形、颜色、位置等各项具体要求进行了细化，并规定"成员国应当考虑采取措施以限制或禁止标识、颜色、品牌图案或促销信息在包装上使用，品牌名称和产品名称可以以一种标准颜色和字体字号在包装上使用。这将会增加健康警示信息和图案的显著性和有效性，使得包装更加能够引起注意，并阻止包装设计上出现某一产品比另一产品更小危害性的暗示。"

（三）FCTC与TRIPS协定的冲突

FCTC第11条所规定的包装限制措施主要包括三种：一为对商标标识和展示设计（图形、颜色等）进行限制；二为对统一健康警示信息的强制性展示；三为对某些特定的商标名称或商品类别的禁止使用。根据本书第三章的

---

① 参见Sam Halabi. The World Health Organization's Framework Convention on Tobacco Control: An Analysis of Guidelines Adopted by the Conference of the Parties. Georgia Journal of International and Comparative Law. Vol. 39, No. 1, 2011(1), p. 128。

② See Sam Halabi. The World Health Organization's Framework Convention on Tobacco Control: An Analysis of Guidelines Adopted by the Conference of the Parties. Georgia Journal of International and Comparative Law. Vol. 39, No. 1, 2011(1), p. 163。

论述，FCTC 第 11 条所规定的这三种措施均会对烟草产品的商标品牌构成一定的限制，至少在商标的说服功能和广告功能上会有所削弱。

FCTC 第 11 条与 TRIPS 协定第 20 条可能存在冲突。TRIPS 协定第 20 条规定，“贸易中的商标使用不应以施加特殊要求的方式而受到不合理的妨碍，如要求与其他商标一同使用、以特殊形式进行使用或以一种将会损害到其将商品或服务区分于其他商品或服务的能力的方式进行使用。”根据上述条约冲突类型的论述，FCTC 第 11 条要求成员国“应当实施商标限制”，而 TRIPS 协定第 20 条则要求成员国“不应当对商标实施特殊要求或不合理妨碍”。两个国际条约均对商标这一主题事项上进行了规定，前者要求“应当实施 X”，后者要求“不应当实施 X”，条约之间构成了前述第二种条约冲突类型。虽然 TRIPS 协定第 20 条的“不合理妨碍”为商标限制留下了一定的灵活空间，但该种灵活空间只存在于 TRIPS 协定的内部语境，置于 TRIPS 协定和其他国际条约的外部关系上看（至少从两个公约的文本表述上看），该条款与 FCTC 第 11 条构成条约冲突。

三、FCTC 与 TRIPS 协定的协调方式及其扩展

（一）条约冲突的解决

FCTC 在其缔约谈判过程中即有三种不同的解决方案以处理与其他国际条约（尤其是 WTO 相关协议）的关系问题。在 2000 年第一次谈判会议通过的条约草案中规定“基于烟草控制的贸易政策措施不应对国际贸易构成一种专断的或不合理的歧视，也不应对国际贸易构成一种变相的限制”。[①] 而在 2002 年 1 月份第四次谈判会议上的条款草案则规定“当检验本公约项下的烟草控制措施是否与其他国际条约相符合时，应当对公共健康保护措施给予一种优先权。”同年 6 月举行的第五次谈判大会所形成的条款草案又变为“本公约项下的任何内容不应解释为对现有条约上权利义务的一种改变”。通过上述谈判历史可以发现，FCTC 在处理其与其他国际条约的关系上模糊不定。第一个处理方案希望在贸易利益（歧视性贸易的避免）和公共健康保护之间

---

① 参见 World Health Organization, Proposed Draft Elements for a WHO Framework Convention on Tobacco Control: Provisional Texts with Comments of the Working Group, Intergovernmental Negotiating Body of the WHO Framework Convention on Tobacco Control, First session, Provisional Agenda 8, A/FCTC/INB1/2, 26 July 2000, p. 9. （“Trade policy measures for tobacco control purposes should not constitute a means of arbitrary or unjustifiable discrimination or a disguised restriction on international trade.”）。

寻求某种平衡；第二个处理方案则规定 FCTC 条款要优先于其他国际条约；① 第三个方案则是对第二个方案的彻底否定。② FCTC 的最终文本是第 2 条，该条标题即为“公约与其他国际条约和法律规则的关系”。该条规定：“1. 为更好保护人类健康，应鼓励成员国采取超过本公约和协定项下的措施，本公约和协定不应当阻止成员国根据规定和其他国际法以采取更为严格的要求。2. 本公约和协定项下的条款不应影响到成员国加入双边协定或多边协定，包括区域协定和次区域协定，在涉及与本公约和协定时，该些协定应与本公约和协定相符合。成员国应通过秘书处对该些协定与缔约国大会进行联系。”由于该条并未就 FCTC 与现有的国际条约之间的关系及其处理方式予以明确规定，因此在处理 FCTC 与现有国际条约的关系上只能适用国际公法上的条约冲突规则；该条第 2 款则对 FCTC 与此后缔结的国际条约之间的关系进行了明确规定，即后缔结的条约应当与 FCTC 相符合，这被视为是对“后法优于先法”规则的例外规定，以保证“在先条约的规范权力”。由于 TRIPS 协定是先于 FCTC 缔结的，因此，对 FCTC 与 TRIPS 协定的冲突应当按照《维也纳条约法公约》的规定进行解决。

《维也纳条约法公约》第 30 条对涉及同一主题事项的条约冲突进行了规定，具体规则为：“1. 遇条约订明须不违反先订或后订条约或不得视为与先订或后订条约不合时，该先订或后订条约之规定应居优先。2. 遇先订条约全体当事国亦为后订条约当事国但不依第五十九条终止或停止施行先订条约时，先订条约仅于其规定与后订条约规定相合之范围内适用。3. 遇后订条约之当事国不包括先订条约之全体当事国时：(1)在同为两条约之当事国间，适用第三项之同一规则；(2)在为两条约之当事国与仅为其中一条约之当事国间彼此之权利与义务依两国均为当事国之条约定之。”

---

① 参见 World Health Organization, Co-Chairs' Working Papers: final revisions, Working Group2, Intergovernmental Negotiating Body of the WHO Framework Convention on Tobacco Control, Fourth Session, Provisional Agenda item 4, A/FCTC/INB4/2(a), 24 January 2002, p. 3. ("Priority should be given to measures taken to protect public health when tobacco control measures contained in this Convention and its protocols are examined for compatibility with other international agreements.")。

② 参见 World Health Organization, New Chair's Text of a Framework Convention on Tobacco Control, Intergovernmental Negotiating Body of the WHO Framework Convention on Tobacco Control, Fifth Session, A/FCTC/INB5/2, 25 June 2002, Article 2(3), p. 4. ("Nothing in this convention and in its related protocols shall be interpreted as implying in any way a change in rights and obligations of a Party under any existing treaty.")。

根据《维也纳条约法公约》的规定，FCTC 和 TRIPS 协定中均未明确规定其不得与另一条约规定不合，因此对其只能适用第 2 条规则，即“先法在与后法相同规定的范围内适用”或称“后法优先于前法中的不同规定”(*les posterior*)。① 因此，FCTC 作为后于 TRIPS 协定的条约，其在商标限制的规定上要优先于 TRIPS 协定的商标权保护条款，成员国采取 FCTC 第 11 条的包装限制措施具备在国际法上的合法性。除此之外，根据 Joost Pauwelyn 教授对特别法优于一般法(*lex specialis*)的解释规则，“WTO 只是规定不得进行一般的贸易限制，并未涉及具体的贸易产品，因此相比于一种要求对具体产品 A 或 B(例如有害产品)进行贸易限制的义务(或者许可)，WTO 规则应当视为更少的特别性。”②而 FCTC 只是专门针对烟草产品的，从 Joost Pauwelyn 教授的解释上看，FCTC 第 11 条的规定也可能要优先于 TRIPS 协定第 20 条进行适用。

(二)扩展：全球健康治理下的国际法碎片化及其解决

“全球化使得世界范围内的社会生活方式日趋统一，但也导致社会行动和社会实践的各个自治领域和专业化分工出现的碎片化。”③经济全球化一方面使得商品和服务在全球范围内广泛推行，使得世界各国在消费文化和生活习惯上日趋统一；另一方面经济全球化下的社会部门细分也导致在各个专业领域上均建立起了一套自成体系的游戏规则，从而造成了国际法律规范层面上的碎片化。“国际社会碎片化是伴随着社会专业化以及各种自治规则、法

---

① 参见 Finalized by Martii Koskenniemi. Fragmentation of International Law: Difficulties Arising from the Diversification and Expansion of International Law, Report of the Study Group of the International Law Commission, International Law Commission, Fifty-eighth Session, Geneva, 1 May-9 June and 3 July-11 August 2006, A/CN. 4/L. 682, 13 April 2006, para 223-266。

② 参见 Joost Pauwelyn. Conflict of Norms in Public International Law: How WTO Law Relates to Other Rules of International Law[M]. New York: Cambridge University Press, 2003: 389. [“WTO obligation not to restrict trade, irrespective of the product involved, must be seen as less specific than an obligation(or permission) to restrict trade in the specific products A and B (which are, for example, labeled harmful).”]。

③ 参见 International Law Commission, Fragmentation of International Law: Difficulties Arising from the Diversification and Expansion of International Law — Report of the Study Group of the International Law Commission, International Law Commission, Fifty-eighth Session, Geneva, May 1-9 & July 3-Aug. 11, 2006, para. 7, U. N. DOC, A/CONF. 4/L. 682. (“Globalisation has led to increasing uniformization of social life around the world, it has also led to its increasing fragmentation—that is, to the emergence of specialized and relatively autonomous spheres of social action and structure.”)。

律机制和法律实践领域而出现，其具有重要的法律意义。”①造成国际法碎片化的原因是多种多样的，如概念创设和概念影响下的国际机构不断涌现、区域化组织和区域规则的增加、技术发展带来的全球变化及其对新监管领域的开拓等。由于当前国际社会在各个专业化部门上均存在着自成体系的国际法规则，如贸易规则、环境规则、劳工规则等，而该些各自独立的、自成体系的国际法规则又不可避免地存在着某些相同的政策目标，例如公共健康保护。相同的政策目标却需要依赖不同的政策规则，而且该些政策规则又往往可能存在冲突或者不一致，这即是国际法碎片化的典型体现。

全球健康治理下的国际法碎片化问题更为严重。原因在全球健康治理的宏观目标是全球公共健康保护，但决定公共健康的因素却是多种多样的，“除了原本的健康因素外，贸易、环境、教育等均成为健康或者健康风险的驱动因素。”②因此，“健康问题并不仅仅是健康问题也不仅仅是卫生部门的独立领域。”③本章主题下的商标使用限制问题即是一例。商标权作为一项知识产权的国际保护规则已经逐步形成一个规则体系，由于 TRIPS 协定将《伯尔尼公约》和《巴黎公约》等国际公约纳入到其规则体系之中，知识产权国际保护形成了以 TRIPS 协定为主导的规则体系；公共健康保护的规则体系则主要是以 WHO 为主导、并在其组织下制定和通过的国际公约，当前主要是指 FCTC 这一项在烟草控制专门领域内的国际公约。然而，知识产权保护这一范畴也构成公共健康风险因素之一，在 TRIPS 协定主导下的国际知识产

① 参见 International Law Commission, Fragmentation of International Law: Difficulties Arising from the Diversification and Expansion of International Law — Report of the Study Group of the International Law Commission, International Law Commission, Fifty-eighth Session, Geneva, May 1-9 & July 3-Aug. 11, 2006, para. 8, U. N. DOC, A/CONF. 4/L. 682. [“Fragmentation of the international social world has attained legal significance especially as it has been accompanied by the emergence of specialized and (relatively) autonomous rules or rule-complexes, legal institutions and spheres of legal practice.”]。

② 参见 Diana Chigas. Negotiating Across Boundaries: Promoting Health in a Globalized World[G]. Chantal Blouin, Jody Heymann & Nick Drager. Trade and Health: Seeking Common Ground. Montreal: McGill-Queen's University Press, 2007, p. 325. (“Policies outside the health sector, in areas such as trade, the environment, and education, are becoming drivers of health and health risks.”)。

③ 参见 Diana Chigas. Negotiating Across Boundaries: Promoting Health in a Globalized World[G]. Chantal Blouin, Jody Heymann & Nick Drager. Trade and Health: Seeking Common Ground. Montreal: McGill-Queen's University Press, 2007, p. 326. (“Health problems are no longer ‘only’ health problems and are no longer the domain of ‘only’ health officials.”)。

权法也承认保护公共健康这一政策目标，但在具体的规则制度上却与 WHO 主导下的规则存在不一致。除了通过国际公法上的条约解释方法解决条约冲突之外，还应当在全球健康治理框架下通过全球健康治理和知识产权保护之间的机构协调以及规则协调来解决这一碎片化问题。

1. 促进机构间合作。全球健康治理的主要机构是 WHO，其作为联合国的专门机构，主要目标是“为全体人类获得最高水平的健康”。根据《WHO 宪章》的规定，WHO 应当“与联合国及其专门机构、政府卫生部门、专业团体以及其他的相关组织建立和维持有效的合作”、① “制定与国际健康事务相关的公约、协定和规则并履行相关义务”②“制定、建立和促进有关食品、生物产品、药品和其他产品上的国际标准”。③ 在知识产权保护上，当前主要的国际机构是 WIPO 和 WTO，由于 TRIPS 协定将 WIPO 管理下的相关知识产权公约也纳入到了其体系之下，且 WTO 具有强制性的争端解决机制，故当前在国际知识产权保护实践上是以 WTO 为主导机制。WTO 建立于 1994 年，根据《马拉喀什协定》，WTO 的主要任务是为 WTO 相关协定的执行提供便利，并为成员国在贸易事项上的谈判提供场所、管理 DSU 和贸易政策评审机制以及与其他国际机构就全球经济政策制定进行合作。在公共健康与知识产权的合作上，WHO 与 WTO 作为两个主要机构应当进一步加强其机构联系和协调。事实上，在专利权与药品获得的公共健康问题上，WHO 早在 1996 年即开始对 TRIPS 协定的实施进行监测，并建议其成员国积极利用 TRIPS 协定的灵活性条款以实现其国内健康目标。④ 在 2004 年，WHO 成立了关于知识产权、创新和公共健康委员会，向 WHA 报告工作。⑤ 然而，该

---

① 参见 Art. 2(b) of WHO Constitution. (“Establish and maintain effective collaboration with the United Nations, specialized agencies, governmental health administrations, professional groups and such other organizations as may be deemed appropriate.”)。

② 参见 Art. 2(k) of WHO Constitution. (“Propose conventions, agreements and regulations, and make recommendations with respect to international health matters and to perform such duties as may be assigned thereby to the Organization and are consistent with its objective.”)。

③ 参见 Art. 2(u) of WHO Constitution. (“Develop, establish and promote international standards with respect to food, biological, pharmaceutical and similar products.”)。

④ 参见 Laurence R. Heifer. Regime Shifting: The TRIPs Agreement and New Dynamics of International Intellectual Property Lawmaking. Yale Journal of International Law. 2004(1), p.42。

⑤ 参见 WHA, Intellectual Property Rights, Innovation and Public Health Resolution, Res. WHA56.27, A56/VR/10 (May 28, 2003)。

些实践均是 WHO 内部对公共健康与知识产权之间关系问题的处理，并没有联合 WTO 这一知识产权国际机构进行协作。因此，为了加强全球健康治理与知识产权保护的机制协调，WHO 应当与 WTO 建立起一种正式的合作关系。目前 WHO 仅仅是 WTO 内 SPS 和 TBT 两个协定的观察员，在 GATS 理事会和 TRIPS 理事会还只是临时观察员身份，① 这显然与当前实践中出现的公共健康和知识产权保护之间的紧张关系不相符，或者说这种机构协调的不力正是造成当前公共健康保护国际法碎片化的原因之一。因此，WHO 应当像与国际劳工组织、② 国际粮农组织③签订正式合作协定一样，与 WTO 也签订正式的合作协定。这种正式的合作协定关系将会大大有利于两个机构在处理公共健康和知识产权问题上进行信息的相互交流，为将来在公共健康和知识产权关系问题上进行新议题的讨论或者新公约的制定上提供对话场所，也可以在处理当前具体的实际问题上建立起各自管理下的国际条约实施监测框架，从而减少在公共健康治理和知识产权保护上的国际法冲突。

2. 相关标准的设定。WHO 是一个联系国家政府、国际组织以及专业团体的国际卫生机构，在公共卫生领域具有独一无二的专业权威，其主导下的国际规则均是以各成员国认可的科学证据为基础而制定的，因此 WHO 应当成为在公共健康治理措施标准制定的权威主体，而且 WHO 宪章也赋予其“制定、建立和促进有关食品、生物产品、药品和其他产品上的国际标准”的职责，其在相关产品的健康标准上具有制定权威，也应当在相关产品的健康认证以及卫生保障等标准上具有足够权威。本章主题下的商标使用限制措施在根本上属于一项公共健康治理措施，其基本内容即是对相关产品的包装设计进行限制，因此，可以在 WHO 主导下对烟草产品、酒精饮料产品和肥胖食品的包装设计标准进行规范化，在与其他国际组织、专业团体和利益集团进行民主协商的前提下，制定一套在上述特定产品上适用的包装规则，以在全球范围内通行适用。由于 WTO 本身“并不是一个科学机构或卫生机构，

① 参见 WTO, About the Organization—International Intergovernmental Organizations Granted Observer Status to WTO Bodies, www. wto. org/english/thewto_e/igo_obs_e. htm. last visit: 13 Dec, 2019。

② Agreement Between the International Labour Organization and the World Health Organization, July 10, 1948, 19 U. N. T. S. 270.

③ Agreement Between the Food and Agriculture Organization and the World Health Organization, Dec. 13, 1948, 76 U. N. T. S. 172.

其并不制定相关标准”,① WHO 根据其自身的机构权威和专业权威所制定的包装标准也能够对 WTO 在对相关条款的解释上进行合理适用。② 虽然由 WHO 制定的相关标准并不具备国际法上的约束力，但只要该种标准是在一种科学、民主和合法的方式下制定的，其仍然可以对协调公共健康和知识产权之间关系作出实质性贡献。

本章小结

商标使用限制措施的国内实施离不开国际法审视，国际法上对国内公共健康政策和知识产权限制的规范要求及其解释适用也是制定国内法时需要考察的重要问题。另外，当前因一国国内法采取的商标使用限制也演变成为国际法争端，其也反映了全球健康治理和商标保护之间出现了国际法上的解释和适用难题。因此，需要进一步在国际法和全球治理框架下对全球健康治理和商标保护的关系进行分析并寻找平衡之道。

首先，在国际知识产权法上，全球健康治理和知识产权保护的紧张关系在专利权强制许可问题上即已出现，WTO 经过一系列的国际法协调取得了一定成果。具体来说，TRIPS 协定下的专利权强制许可条款和目标原则条款是一国可以采用的灵活性条款，且该些灵活性条款应当以一种支持成员国保护其国内公共健康的方式进行解释。因此，TRIPS 协定可以、也应当成为一国采取权利限制措施的依据。如果 TRIPS 协定中的灵活性条款能在专利权限制上作此解释，那么其也应当在商标权限制与公共健康保护的问题上作同理解释。原因在于专利权限制和商标权限制均在同一个条约解释体系下，且二者面对的公共健康情势相同、利用的条款性质相同、目标相同、措施相同，因此在解决措施上也应参照适用。

其次，在全球健康治理和国际卫生法上，以 FCTC 为代表的健康治理国际条约与 TRIPS 协定存在实施机制冲突。FCTC 要求对特定商品商标进行一

① 参见 Roger S. Magnusson. Non-communicable Diseases and Global Health Governance: Enhancing Global Processes to Improve Health Development. www.globalizationandhealth.com/content/3/1/2. last visit: 13 Dec, 2019. (“WTO is neither a scientific nor a health agency and it does not develop standards.”)。

② 参见 Roger S. Magnusson. Rethinking Global Health Challenges: Towards a “Global Compact” for Reducing the Burden of Chronic Disease. Public Health. 2009, p.265. (“International standard has a positive impact on global health by serving to ‘WTO proof’ domestic and regional responses to chronic disease.”)。

定程度的限制使用或者施加特殊要求的方式使用，而 TRIPS 协定则规定不得对商标“不合理”地施加特殊要求。如何认定 TRIPS 协定上的“不合理”之具体含义属于其条约内部解释范畴，但在条约外部，根据条约冲突理论，可以认定为该 TRIPS 条款与 FCTC 的条款之间存在冲突。根据条约冲突解决规则，FCTC 的条款要优先于 TRIPS 协定条款进行适用。另外，将该种条约冲突放置于全球健康治理的大背景下，则体现为一种国际法碎片化问题和治理机制冲突，其原因在于全球健康治理涉及范围较大，贸易、环境、劳工等多个领域均有所涉及。知识产权保护也不例外。但知识产权保护上的公共健康条款和全球健康治理上的规则并不一致。因此，应当全面加强机制协调和规则协调，促进国际法和国际组织在这一事项上进行协调合作，使得全球健康治理和知识产权保护之间能够以一种兼容(至少是国际法规范上的兼容)的方式实现有效平衡。

结　论

公共健康是一项国内公共政策，也是国际社会的共同目标。在国内法上，一国政府有义务为国民健康保障提供必要条件，也有义务保障和促进全体人口健康水平的不断提升；在国际法上，治理跨国健康问题和促进全体人类共同健康也是国际社会致力追求的目标。为实现这一共同目标，各国均制定实施了有关公共健康保护的法律法规，采取相关的公共健康规制措施；国际法上也成立了以 WHO 为主导的全球健康治理机制，并在国际社会间缔结通过了相关的全球健康治理国际公约。国内法上的公共健康规制和国际法上全球健康治理均具有共同的政治哲学理论和法学理论支持。

在国内法上，公共健康规制是一国政府对其国内公共健康事务的管辖权力和规制自由。根据一般的政治学原理，在某一特定的政治共同体中，每一成员均对共同体的其他成员以及整个共同体的安全、健康、福祉负有义务，每一共同体成员通过社会契约的方式将其在共同体中所享有的某些权利让渡出来，通过由民主选举产生的政府行使该种权利的整体让渡。因此，政府根据宪法和法律的规定，为保护整个共同体的安全、健康和福祉，有权对共同体成员的部分权利进行限制甚至剥夺。在本书主题下，即国家政府可以基于公共健康保护的目标对某些个人权利和私人利益进行限制。如不实施该种限制和剥夺，公共健康保护的目标可能难以实现。然而，在国内法律体系中，多种类型的个人权利和私人利益均具有各自独立的法律部门进行保护，公共健康规制对该些个人权利的限制需要考虑特定的权利保护规则，从而不至于在根本上威胁到权利本身的存在意义。另外，在公共健康规制程序上需要考虑私人利益团体的正当理由，而不至于对私人利益构成不当剥夺。

在国际法上，经济全球化使得世界各国的经济贸易交往和人员流行日趋频繁，这种经济往来和人员流动造成的传染性疾病爆发和非传染性疾病流行也在全球范围逐渐出现。在这一背景下，国际社会需要通过治理合作的方式来解决这一全球问题。因此，国际社会建立相关国际组织机构，缔结健康治理公约，开展全球治理。但与国内法的法律体系一样，全球健康治理也是一项综合工程，其涉及到贸易、环境、劳工等多个方面，而这些领域本身也自成规则体系。全球健康治理需要与这些领域的国际规则进行协调。这种国际法的规则协调对各成员国国内在实施公共健康规制和个人权利限制措施上提出了更高的要求，其不仅需要满足基于一般政治伦理意义上的国内法标准，还需要满足国际法关于这种规制措施的最低标准(虽然二者可能趋同)。

国内公共健康规制措施需要满足的国际法标准到底是什么，这有赖于国际法标准(即国际公约的具体条款)的具体解释和适用。以 WTO 一揽子协定为代表的国际法对一国国内采取公共健康措施和知识产权限制措施均设定了相关的条款，如公共健康保护措施的必要性条款、知识产权限制措施的"三步检验"条款和"合理条款"等。那么，该些条款应当作何种解释？按照当前的国际法协调实践，一般认为国际法上所设置的该些标准不应当成为一国采取公共健康保护措施的障碍，国际法应当以一种支持成员国保护公共健康的方式进行解释。换言之，国际法赋予了一国在采取公共健康政策上的规制自由(事实上，如无国际法，国内政策在满足一般政治伦理的前提下即享有绝对规制自由)，国际法应当尊重一国国内在公共健康规制以及基于公共健康保护对个人权利进行限制的自主权利。另一方面，国际法本身也需要通过机制协调和规则协调的方式，促进在国际卫生法、全球健康治理与国际贸易规则、知识产权保护规则的协调，进一步促成全球健康治理机制和其他国际机制的协同作用，从而达到价值平衡和治理共识。

参考文献

一、中文文献

（一）专著

[1]陈颖健. 公共健康全球合作的国际法律制度研究[M]. 上海：上海社会科学院出版社，2010.
[2]邓宏光. 商标法的理论基础：以商标显著性为中心[M]. 北京：法律出版社，2008.
[3]邓衍森. 法治与人权[m]. 台北：新学林出版社，2006.
[4]樊静. 人权与贸易关系研究[M]. 北京：法律出版社，2011.
[5]冯洁菡. 公共健康危机与 WTO 知识产权制度的改革：以 TRIPs 协议为中心[M]. 武汉：武汉大学出版社，2005.
[6]何贵忠. 版权与表达自由：法理、制度与司法[M]. 北京：人民出版社，2011.
[7]黄海峰. 知识产权的话语与现实：版权、专利与商标史论[M]. 武汉：华中科技大学出版社，2011.
[8]黄少安. 产权·人权·制度[M]. 北京：中国经济出版社，1998.
[9]李春林. 国际法上的贸易与人权问题研究[M]. 武汉：武汉大学出版社，2007.
[10]胡朝阳. 知识产权的正当性分析：法理和人权法的视角[M]. 北京：人民出版社，2007.
[11]林秀芹. TRIPs 体制下的专利强制许可制度研究[M]. 北京：法律出版社，2006.
[12]刘明江. 商标权效力及其限制研究[M]. 北京：知识产权出版社，2010.
[13]刘敬东. 人权与 WTO 法律制度[M]. 北京：社会科学文献出版社，2010.
[14]那力、何志鹏、王彦志. WTO 与公共健康[M]. 北京：清华大学出版社，2005.

[15]宋慧献. 版权保护与表达自由[M]. 北京：知识产权出版社，2011.
[16]孙晓云. 国际人权法视域下的健康权保护研究[M]. 北京：光明日报出版社，2011.
[17]文学. 商标使用与商标保护研究[M]. 北京：法律出版社，2008.
[18]王渊. 现代知识产权与人权冲突问题研究[M]. 北京：中国社会科学出版社，2011.
[19]王太平. 知识产权法律原则理论基础与具体构造[M]. 北京：法律出版社，2004.
[20]余俊. 商标法律进化论[M]. 武汉：华中科技大学出版社，2011.
[21]衣淑玲. 国际人权法视角下《TRIPS 协定》的变革研究[M]. 厦门：厦门大学出版社，2010.
[22]郑万青. 全球化条件下的知识产权与人权[M]. 北京：知识产权出版社，2006.

（二）译著

[1][美]安靖如著，黄金荣、黄斌译：人权与中国思想：一种跨文化的探索[M]. 北京：中国人民大学出版社，2012.
[2][美]路易斯·亨金：权利的时代[M]. 北京：知识出版社，1997.
[3][美]林·亨特著，沈占春译. 人权的发明：一部历史[M]. 北京：商务印书馆，2011.
[4][英]简·汉考克著，李隼译. 环境人权：权力、伦理与法律[M]. 重庆：重庆出版社，2007.
[5][美]科斯塔斯·杜兹纳著，辛亨复译：人权与帝国：世界主义的政治哲学[M]. 南京：江苏人民出版社，2010.
[6][美]罗纳德·德沃金：认真对待人权[M]. 桂林：广西师范大学出版社，2003.
[7][美]塞瑞娜·潘琳著，张云龙译. 阿伦特与现代性的挑战：人权现象学[M]. 南京：江苏人民出版社，2012.
[8][美]苏姗·K·塞尔著，董刚，周超译：私权、公法：知识产权的全球化[M]. 北京：中国人民大学出版社，2008.
[9][瑞士]托马斯·弗莱纳著，谢鹏程译：人权是什么？[M]. 北京：中国社会科学出版社，2000.

（三）论文

[1]陈卫东. 从国际法角度论多边贸易自由化与国内公共健康政策的冲突和协调[J]. 当代法学. 2006(02).

[2]邓宏光. 论商标权与言论自由的冲突[J]. 内蒙古社会科学(汉文版). 2006(01).
[3]冯晓青. 商标权扩张及其利益平衡机制探讨[J]. 思想战线. 2006(02).
[4]黄玉烨. 知识产权与其他人权的冲突及其协调[J]. 法商研究. 2005(05).
[5]胡加祥、彭德雷. TBT视角下澳大利亚《香烟简明包装法》的法律刍议与分析[J]. 比较法研究. 2013(03).
[6]何艳. 投资协定视阈下知识产权与公共健康的冲突与协调——由两起"菲利普·莫里斯案"引发的思考[J]. 法商研究. 2013(06).
[7]何志鹏、孙璐. 国际贸易体制的公共健康之维[J]. 武大国际法评论. 2005(01).
[8]晋继勇. 全球公共卫生治理中的国际人权机制分析——以《经济、社会和文化权利国际公约》为例[J]. 浙江大学学报(人文社会科学版). 2010(05).
[9]江玉荣. 对知识产权国际保护的反思——从公共健康角度[J]. 安徽大学学报(哲学社会科学版). 2007(06).
[10]孔祥俊. 商标权属性及其与商标权保护的关系[J]. 人民司法. 2009(17).
[11]李雨峰. 企业商标权与言论自由的界限——以美国商标法上的戏仿为视角[J]. 环球法律评论. 2011(04).
[12]刘志云. 国际机制理论与国际法的发展[J]. 现代国际关系. 2004(10).
[13]刘志云. 国际法的"合法性"根源、功能以及制度的互动——一种来自国际机制理论视角的诠释[J]. 世界经济与政治. 2009(09).
[14]李扬. WTO/TRIPs协议下知识产权国际争端解决机制特殊问题研究[J]. 法商研究. 2004(05).
[15]李霞. TRIPS协定下为公众健康限制商标使用的合法性评析[J]. 北方法学. 2014(01).
[16]雷建锋. 多层治理与欧洲联盟合法性的重构[J]. 广西社会科学. 2008(07).
[17]那力. 国际卫生法的新使命：全球公共健康治理[J]. 云南大学学报(法学版). 2008(06).
[18]那力、何志鹏、王彦志. WTO与公共健康：一个世界性的前沿话题[J]. 中州学刊. 2006(01).
[19]宋建宝. 论商标权的本质及其异化[J]. 知识产权. 2011(01).

[20]史学瀛、张春玲. 我国解决公共健康危机的法律策略探析[J]. 河北法学. 2008(04).
[21]吴汉东. 知识产权的私权与人权属性——以《知识产权协议》与《世界人权公约》为对象[J]. 法学研究. 2003(03).
[22]王渊、马治国. 现代知识产权与人权冲突的法理分析[J]. 政治与法律. 2008(08).
[23]王太平. 商标概念的符号学分析——兼论商标权和商标侵权的实质[J]. 湘潭大学学报(哲学社会科学版). 2007(03).
[24]王丽华. 公共健康危机与发展中国家的知识产权战略[J]. 法学. 2004(06).
[25]王燕. WTO 体制下公共健康治理和商标保护冲突的评述——以澳大利亚烟草简易包装案为视角[J]. 武大国际法评论. 2013(02).
[26]徐升权. 烟草平装制度的商标法审视[J]. 法学杂志. 2014(01).
[27]杨明、肖志远. 知识产权与人权：后 TRIPS 时代的知识产权国际保护[J]. 法律科学. 西北政法学院学报. 2005(05).
[28]余俊. 商标保护模式进化论[J]. 法学杂志. 2011(09).
[29]张乃根. 论 TRIPS 协议框架下知识产权与人权的关系[J]. 法学家. 2004(04).
[30]郑万青. 知识产权与人权的关联辨析——对“知识产权属于基本人权”观点的质疑[J]. 法学家. 2007(05).
[31]朱贵昌. 多层治理理论与欧洲一体化[J]. 外交评论(外交学院学报). 2006(06).
[32]朱工宇. 与公共健康有关的 TRIPS-plus 条款研究——兼论国际知识产权立法的双边趋势[J]. 世界贸易组织动态与研究. 2010(02).
[33]赵勇. 国际投资法中的商标保护与公共健康的冲突及对策[J]. 云南大学学报(法学版). 2013(02).

二、外文文献

***Books*：**

[1]Benn McGrady. Trade and Public Health：The WTO, Tobacco, Alcohol and Diet[M]. New York：Cambridge University Press, 2011.
[2]Blakeney M. Trade Related Aspects of Intellectual Property Rights：A Concise Guide To the TRIPS Agreement[M]. London：Sweet & Maxwell, 1996.
[3]Brigit C. A. Toebes. The Right To Health As A Human Right in International

Law[M]. Antwerp/Oxford/Groningen: Intersentia, 1999.

[4] Carlos M. Correa, Abdulqawi and A. Yusef. Intellectual Property and International Trade: the TRIPs Agreement [M]. The Hague: Kluwer Law International, 2008.

[5] Carlos M. Correa. Trade Related Aspects of Intellectual Property Rights: A Commentary on the TRIPS Agreement [M]. New York: Oxford University Press, 2007.

[6] Charlotte Ku. International Law, International Relations, and Global Governance[M]. New York: Routledge, 2012.

[7] Cottier Thomas. The Prospects of International Trade Regulation: From Fragmentation To Coherence [M]. New York: Cambridge University Press, 2011.

[8] David P. Fidler. International Law and Public Health: Materials on And Analysis of Global Health Jurisprudence [M]. New York: Transnational Publisher, Inc., 2000.

[9] Gervais D. The TRIPS Agreement-Drafting History and Analysis[M]. London: Sweet & Maxwell, 2003.

[10] Graeme B. Dinwoodie and Mark D. Janis. Trademark Law and Theory: A Handbook of Contemporary Research [M]. Cheltenham: Edward Elgar, 2008.

[11] Harrington John. Global Health and Human Rights: Legal and Philosophical Perspectives[M]. New York: Routledge, 2010.

[12] J. Thomas McCarthy. McCarthy on Trademarks and Unfair Competition[M]. St. Paul: West Group, c2009.

[13] Jayashree Watal. Intellectual Property Rights in the WTO and Developing Countries[M]. The Hague: Kluwer, 2001.

[14] Joost Pauwelyn. Conflict of Norms in Public International Law: How WTO Law Relates to Other Rules of International Law[M]. New York: Cambridge University Press, 2003.

[15] Kälin Walter. The Law of International Human Rights Protection[M]. New York: Oxford University Press, 2009.

[16] Klabbers Jan. The Constitutionalization of International Law[M]. New York: Oxford University Press, 2009.

[17] Lionel Bently and Brad Sherman. Intellectual Property Law[M]. New York:

Oxford University Press, 2008.

[18]Lawrence Gostin. Public Health Law: Power, Duty and Restraint [M]. Berkeley and Los Angeles: University of California Press, 2000.

[19]Laurence Helfer & Graeme Austin. Human Rights and Intellectual Property: Mapping the Global Interface[M]. New York: Cambridge University Press 2011.

[20]Lionel Bently, Jennifer Davis and Jane C. Ginsburg. Trade Marks and Brands: An Interdisciplinary Critique[M]. New York: Cambridge University Press, 2008.

[21]Michael Walzer. Sphere of Justice: A Defense of Pluralism and Equality [M]. New York:Basic Books, 1983.

[22]Nuno Pires de Carvalho. The TRIPS Regime of Trademarks and Designs[M]. The Hague: Kluwer, 2011.

[23]Phillip Areeda & Louis Kaplow. Antitrust Analysis: Problems, Text, Cases [M]. New York: Aspen Law & Business. 1997.

[24]P. M. Dupuy, F Francioni & E. U. Petersmann. Human Rights In International Investment Law and Arbitration [M]. New York: Oxford University Press, 2009.

[25] Pogge Thomas & Winfried Menko. Incentives For Global Public Health: Patent Law and Access To Essential Medicines[M]. New York: Cambridge University Press, 2010.

[26]Robert P. Merges, Peter S. Menell, Mark A. Lemley. Intellectual Property In the New Technological Age[M]. New York: Aspen Publishers, 2010.

[27]Sarah Joseph. Blame It On the WTO? A Human Rights Critique[M]. New York: Oxford University Press,2011.

[28]Ssenyonjo Manisuli. Economic, Social and Cultural Rights In International Law[M]. Oxford: Hart Pub, 2009.

[29]Tania Voon & Andrew D. Mitchell. Public Health and Plain Packaging of Cigarettes: Legal Issues[M]. Cheltenham: Edward Elgar Publishing, 2012.

[30]Torremans Paul. Intellectual Property and Human Rights, New York: Wolters Kluwer Law & Business, 2008.

[31]Valentina Vadi. Public Health in International Investment Law and Arbitration[M]. New York: Routledge, 2012.

***Articles*：**

[1] Andrew Mitchell. Australia's Move to the Plain Packaging of Cigarettes and Its WTO Compatibility[J]. Asian Journal of WTO & International Health Law and Policy. 2010(5).

[2] Aron M. Levin & Irwin P. Levin. Packaging of Healthy and Unhealthy Food Products For Children and Parents: The Relative Influence of Licensed Characters and Brand Names[J]. Journal of Comsumer Behaviour. 2010(9).

[3] Alberto Alemanno & Enrico Bonadio. Do You Mind My Smoking? Plain Packaging of Cigarettes under the TRIPS Agreement [J]. John Marshall Review of Intellectual Property Law. (2011) 10.

[4] Annette Kur. The Right to Use One's Own Trade Mark: A Self-evident Issue or a New Concept in German, European, and International Trade Mark Law? [J]. European Intellectual Property Review. 1996, 198.

[5] Benn McGrady TRIPS and Trademarks: The Case of Tobacco[J]. World Trade Review. 2004 (53).

[6] Bryan Mercurio. Awakening The Sleeping Giant: Intellectual Property Rights In International Investment Agreements[J]. Journal of International Economic Law. 15(3).

[7] Chuang-feng Wu. State Responsibility For Tobacco Control: The Right to Health Perspective[J]. Asian Journal of WTO & International Health Law & Policy. September, 2008(3).

[8] Chuan-feng Wu. Raising the Right to Health Concerns Within the Framework of International Intellectual Property Law [J]. Asian Journal of WTO & International Health Law & Policy. 2010(5).

[9] C. G. Weeramantry. Human Rights and the Global Marketplace[J]. Brooklyn Journal of International Law. 1999(25).

[10] Craig Depken. The Effect of Advertising Restrictions on Cigarette Prices: Evidence From OECD Countries[J]. Applied Economics Letters. 1999(6).

[11] Chee-Ruey Hsieh, Teh Wei Hui & Chien Fu Jeff Lin. The Demand for Cigarettes in Taiwan: Domestic Versus Imported Cigarettes[J]. Contemporary Economics Policy. 1999, 17(2).

[12] Chad Bown and Joel Trachtman. Brazil — Measures Affecting Imports of RetreadedTyres: A Balancing Act[J]. World Trade Review. 2009, 8(1).

[13] Crawford Moodie, Linda Bauld & Martine Stead. UK Government's Delay on

Plain Tobacco Packaging: How Much Evidence Is Enough? - Early Findings From Australia Add To A Rapidly Growing Body of Research[J]. British Medical Journal. 2013.

[14] David P. Fidler. International Law and Global Public Health[J]. University of Kansas Law Review. 1999(1).

[15] David W. Barnes. A New Economics of Trademarks[J]. Northwestern Journal of Technology & Intellectual Property. Fall 2006.

[16] David P. Fidler. From International Sanitary Convention to Global Health Security: The New International Health Regulations[J], Chinese Journal of International Law, 2005(4).

[17] David A. Marshall, Mark Stuart & Rick Bell. Examining the Relationship Between Product Package Colour and Product Selection in Preschoolers[J]. Food Quality & Preference. 2006(17).

[18] David Hammond, Martin Dockrell, Deborah Arnott, Alex Lee & Ann McNeill. Cigarette Pack Design and Perceptions of Risk Among UK Adults and Youth[J]. European Journal of Public Health. 2009(6).

[19] Darren Mays, Raymond S Niaura, W Douglas Evans, David Hammond, George Luta & Kenneth P Tercyak. Cigarette Packaging and Health Warnings: The Impact of Plain Packaging and Message Framing on Young Smokers[J], Tobacco Control, 2013(5).

[20] Ellen English. "Camels Agree With Your Throat" and Other Lies: Why Graphic Warnings Are Necessary To Prevent Consumer Deception [J]. Florida Law Review. December 2013.

[21] Enrico Bonadio. Plain Packaging of Tobacco Products Under EU Intellectual Property Law[J]. European Intellectual Property Review, 2012, 34(9).

[22] Frederick M. Abbott. The Doha Declaration on the TRIPS Agreement and Public Health: Lighting a Dark Corner at the WTO [J]. Journal of International Economic Law. 2002(5).

[23] George Stigler. The Economics of Information [J]. Journal of Political Economy. 1973(69).

[24] George Tridimas & Takis Tridimas. The European Court of Justice and the Annulment of the Tobacco Advertisement Directive: Friend of National Sovereignty or Foe of Public Health? [J]. European Journal of Law & Economics. 2002, 14(2).

[25] Illari Aragon Noriega. J Judicial Review of the Right To Health and Its Progressive Realisation: the Case of the Constitutional Court of Peru[J]. UCL Journal of Law and Jurisprudence. 2012(1).

[26] Javier Garcia Olmedo. The Use of Tobacco Trademarks Versus Public Health: A New Trend in Investor-state Arbitration [J]. International Arbitration Review. 2012, 15(2).

[27] Jennifer Prah Ruger. Toward A Theory of A Right To Health: Capability And Incompletely Theorized Agreements [J]. Yale Journal of Law & the Humanities. 2006(18).

[28] Jonathan Moskin. Dilution Law: At a Crossroads? Dilution or Delusion: The Rational Limits of Trademark Protection[J]. Trademark Reporter. 1993(78).

[29] Jan Neumann & Elisabeth Türk. Necessity Revisited: Proportionality in World TradeOrganization Law After Korea — Beef, EC — Asbestos and EC — Sardines[J]. Journal of World Trade, 2003, 37(1).

[30] John Church, Ducan Saunders, Margaret Wanke, Raymond Pong, Carol Spooner & Marlene Dorgan. Citizen Participation in Health Decision-Making: Past Experience and Future Prospects[J]. Journal of Public Health Policy. 2002(23).

[31] Jane M Young, Ingrid Stacey, Timothy A Dobbins, Sally Dunlop, Anita L Dessaix & David C Currow. Association Between Tobacco Plain Packaging and Quitline Calls: A Population-based, Interrupted Time-series Analysis [J]. The Medical Journal of Australia. 2014 (1).

[32] Julio Frenk & Suerie Moon. Governance Challenges in Global Health[J]. The New England Journal of Medicine. March 7, 2013.

[33] Keith M. Stolte. How Early Did Anglo-American Trademark Law Begin? An Answer To Schechter's Condundrum[J]. Fordham Intellectual Property Media & Entertainment Law Journal. 1998(8).

[34] Kathleen L. Keller, Laura G. Kuilema, Norman Lee, Joyce Yoon, Brittany Mascaro, Anne Laure Combes, Bryan Deutsch, Kathryn Sorte & Jason C. G. Halford. The Impact of Food Branding on Children's Eating Behavior and Obesity[J]. Physiology & Behavior. 2012(106).

[35] Kristin E. Hickman and Claire A. Hill. Concepts, Categories, and Compliance in the Regulatory State[J]. Minnesota Law Review, 2010(94): 1151; Jason M. Solomon. Law and Governance in the 21st Century

Regulatory State[J]. Texas Law Review, 2008(86).

[36] Kevin Outterson. Should Access To Medicines and TRIPS Flexibilities Be Limited To Special Diseases? [J], American Journal of Law & Medicine, 2008(34).

[37] L.R.Helfer. Human Rights and Intellectual Property: Conflict or Coexistence? [J]. Minnesota Intellectual Property Review. 2003(5).

[38] Lawrence O. Gostin. Conceptualizing the Field After September 11 th: Forward to a Symposium on Public Health Law[J]. Kentucky Law Journal. 2002(90).

[39] Lawrence O. Gostin. Theory and Definition of Public Health Law[J]. Journal of Health Care Law and Policy. 2007(10).

[40] Lawrence O. Gostin, Scott Burris, & Zita Lazzarini. The Law and the Public's Health: A Study of Infectious Disease Law in the United States[J]. Colum. L. Rev. 1999.

[41] Lawrence O. Gostin. Public Health, Ethics, and Human Rights: A Tribute to the Late Jonathan Mann[J]. The Journal of law, medicine & ethics. 2001 (29).

[42] Lawrence O. Gostin & Madison Powers, What Does Justice Require for the Public's Health? Public Health Ethics and Policy Imperatives[J]. Health Affair. 2006(4).

[43] Lisa L. Sharma, Stephen P. Teret & Kelly D. Brownell. The Food Industry and Self-Regulation: Standards to Promote Success and to Avoid Public Health Failures[J]. American Journal of Public Health. February 2010(2).

[44] Laurence R. Heifer. Regime Shifting: The TRIPs Agreement and New Dynamics of International Intellectual Property Lawmaking[J] Yale Journal of International Law. 2004(1).

[45] Mark A. Rothstein. Rethinking the Meaning of Public Health[J]. J.L. Med. & Ethics. 2002(30).

[46] M. A. Cunningham. A Complementary Existence: An Economic Assessment of the Trademark and Competition Law Interface in the European Community [J]. Tulane European and Civil Law Forum. Fall 1995.

[47] Mark P. McKenna. A Consumer Decision-making Theory of Trademark Law [J]. Virginia Law Review, March, 2012.

[48] McClure SM, Li J, Tomlin D, Cypert KS, Montague LM & Montague PR.

Neural Correlates of Behavioral Preference For Culturally Familiar Drinks [J]. Neuron. 2004(44).

[49] Montini T, George A, Martin-Mollard M & Bero LA. The Role of Public Participation in Public Health Initiatives: An Analysis of the WHO Framework Convention on Tobacco Control[J]. Glob Public Health. 2010,5(1).

[50] Moodie. C & Hastings G. Making the Pack the Hero, Tobacco Industry Response to Marketing Restrictions in the UK: Findings Fromm a Long-Term Audit[J]. International Journal Mental Health Addiction. 2011(9).

[51] Melanie A Wakefield, Linda Hayes, Sarah Durkin, Ron Borland. Introduction Effects of the Australian Plain Packaging Policy on Adult Smokers: A Cross-sectional Study[J]. British Medical Journal. 2013,Volume 3, Issue 7.

[52] Mark Davison, Plain Packaging of Tobacco and the "Right" To Use A Trade Mark[J]. European Intellectual Property Review, 2012, 34(8).

[53] Oscar A. Cabrera & Lawrence O. Gostin. Human Rights and the Framework Convention on Tobacco Control: mutually reinforcing systems [J]. International Journal of Law in Context, 2011, 7(3).

[54] P.K.Yu. Reconceptualizing Intellectual Property Interests In A Human Rights Framework[J]. University of California Davis Law Review.2007(40).

[55] Peter D. Jacobson & Soheil Soliman. Co-opting the Health and Human Rights Movement[J]. J. L. Med. & Ethics. 2002(30).

[56] Paul L. Bonewitz. Beyond Confusion: Reexamining Trademark Law's Goal In the World of Online Advertising[J]. Saint John's Law Review, Fall 2007.

[57] Philip Crowley, David J. Hunter. Putting the Public Back into Public Health [J]. J Epidemiol Community Health. 2005.

[58] Phillip Johnson. Trade Marks Without A Brand: the Proposals On "Plain Packaging" of Tobacco Products[J]. European Intellectual Property Review, 2012, 34(7).

[59] Robert N. Klieger. Trademark Dilution: The Whittling Away of the Rational Basis for Trademark Protection[J]. 58 U. PITT. L. REV. 1997.

[60] Ralph Brown Jr. Advertising and the Public Interest: Legal Protection of Trade symbols[J]. 57 YALE L.J. 1948.

[61] Stephen Stern & Olivia Draudin. Generic Packaging—A Bridge (over the

body of IP rights) Too Far? [J]. Australia Intellectual Property Law Bulletin. 2011(23).

[62]Stacey L. Dogan & Mark A. Lemly. A Search-cost Theory of Limiting Doctrines in Trademark Law [J]. The Trademark Reporter. November-December, 2007.

[63]Sally Casswell & Anna Maxwell. Regulation of Alcohol Marketing: A Global View[J]. 26 Journal of Public Health Policy. 2005(26).

[64] Sarah E. Speers, Jennifer L. Harris & Marlene B. Schwartz. Child and Adolescent Exposure to Food and Beverage Brand Appearances During Prime-tine Television Programming [J]. American Journal of Preventive Medicine. 2011, 41(3).

[65]Sam Halabi. The World Health Organization's Framework Convention on Tobacco Control: An Analysis of Guidelines Adopted By the Conference of the Parties[J]. Georgia Journal of International and Comparative Law. 2011, 39(1).

[66]Tania Voon & Andrew Mitchell. Time to Quit? Assessing International Investment Claims Against Plain Tobacco Packaging in Australia[J]. Journal of International Economic Law. 2011,14(3).

[67]Thomas Cottier & Marina Foltea. Global Governance in Intellectual Property Protection: Does the Decision-making Forum Matter? [J]. The WIPO Journal. 2012 3(2).

[68] Thomas Cottier & Panagiotis Delimatsis. The Prospects of International Regulation: From Fragmentation to Coherence [J]. World Trade Review. 2012, 11(2).

[69]Veronica J. Cherniak. Ornamental Use of Trademarks: the Judicial Development and Economic Implications of An Exclusive Merchandising Right[J]. Tulane Law Review. April 1995.

[70]Valentina S. Vadi. Global Health Governance at a Crossroads: Trademark Protection v. Tobacco Control in International Investment Law[J]. Stanford Journal of International law. 93 (2012).

[71]Wang Y & Lobstein T. Worldwide Trends In Childhood Overweight and Obesity[J]. International Journal of Pediatric Obesity. 2006(1).

Research Papers:

[1]David P. Fidler. The Challenges of Global Health Governance, working paper

for Council on Foreign Relations International Institutions and Global Governance Program, May 2010.

[2] Dodgson R., Lee K., Drager N. Global Health Governance: A Conceptual Review. Geneva: World Health Organization and London School of Hygiene and Tropical Medicine, Discussion Paper No.1, 2002.

[3] Fidler D. Global Health Governance: Overview of the Role of International Law in Protecting and Promoting Global Public Health. Geneva: World Health Organization and London School of Hygiene and Tropical Medicine, Discussion Paper No.3, 2002.

[4] Henning Grosse Ruse-Khan, A Conflict-of-laws Approach To Competing Rationalities In International Law: the Case of Plain Packaging Between IP, Trade, Investment and Health, Max Planck Institute for Intellectual Property and Competition Law Research Paper No.13-05.

[5] Loughlin K., Berridge V. Global Health Governance: Historical Dimensions of Global Governance. Geneva: World Health Organization and London School of Hygiene and Tropical Medicine, Discussion Paper No.2, 2002.

[6] Tania Voon & Andrew Mitchell, Implications of WTO Law for Plain Packaging of Tobacco Products, Melbourne Legal Studies Research Paper No.554.

Website Papers:

[1] Babette Neuberger & Tom Christoffel. The Legal Basis of Public Health. http://www.uic.edu/sph/prepare/courses/ph430/resources/lbphmod01.pdf

[2] CTRS. For Disease Control & Prevention, Reducing Tobacco Use: A Report of The Surgeon General 166 (2000). www.cdc.gov/tobacco/data_statistics/sgr/2000/complete_report/pdfs/Chapter5.pdf

[3] Crawford Moodie, Kathryn Angus, Martine Stead & Linda Bauld. Plain Tobacco Packaging Research: An Update, Stirling, Scotland: Centre for Tobacco Control Research, Institute for Social Marketing, University of Stirling. See http://www.stir.ac.uk/media/schools/management/documents/Plain%20Packaging%20Studies%20Update.pdf

[4] Deadly In Pink: Big Tobacco Steps Up Its Targeting of Women And Girls, 2009: 1. www.tobaccofreekids.org/content/what_we_do/industry_watch/deadly_in_pink/deadlyinpink_02182009_FINAL.pdf

[5] Diane McKenzie. Under the Influence? The Impact of Alcohol Advertising on Youth. Ontario Health Promotion E-Bulletin, OHPE Bulletin 129, Volume

1999, No.129. http://www.ohpe.ca/node/99

[6] Europe Economics. Economic analysis of a display ban and/or a plain packs requirement in the UK. http://www. smoke-free. ca/plain-packaging/documents/2008/uk-briefings/UK-JTI-response%20consultation-2008-Europe%20Economics%20report.pdf

[7] Elizabeth Allen: The Illicit Trade in Tobacco Products and How to Tackle It. http://www.kangaroogroup. eu/DB_beelden/booklet_illicit_trade_tobacco_products.pdf

[8] Introduction to Process Evaluation in Tobacco Use Prevention and Control. Chapter 1: Engage Stakeholders. http://www.cdc.gov/tobacco/tobacco_control_programs/surveillance_evaluation/process_evaluation/pdfs/tobaccousemanual_updated04182008.pdf

[9] Introduce Plain Packaging For High Fat & High Sugar Content Foods. http://epetitions.direct.gov.uk/petitions/42681

[10] KPMG: Illicit Tobacco in Australia, October, 2013. http://www.bata.com.au/group/sites/bat_7wykg8. nsf/vwPagesWebLive/DO9879X3/% 24FILE/medMD9D4L6C.pdf? openelement

[11] Kattharine Esson & Stephen Leeder. The Millennium Development Goal and Tobacco Control: An Opportunity for Global Paternership, 2004. http://www.who.int/tobacco/publications/mdg_final_for_web.pdf

[12] Luk Joossens. Smuggling, the tobacco industry, and plain packs. http://www.cancerresearchuk.org/prod_consump/groups/cr_common/@ nre/@ pol/documents/generalcontent/smuggling_fullreport.pdf

[13] M Wakefield, C Morley J K Horan & K M Cummings. The Cigarette Pack as Image: New Evidence from Tobacco Industry Documents. http://www.ncbi.nlm.nih.gov/pmc/articles/PMC1766062/pdf/v011p00i73.pdf

[14] Petar Ganev. Plain packaging and Its Unintended Consequences. The Sofia Globe, http://sofiaglobe.com/2012/11/28/plain-packaging-and-its-unintended-consequences/

[15] Roger S. Magnusson. Non-communicable Diseases and Global Health Governance: Enhancing Global Processes to Improve Health Development. www.globalizationandhealth.com/content/3/1/2

[16] Robert Longley. The U.S. Legislative Process: How Bills Become Laws. http://usgovinfo.about.com/od/uscongress/a/legprocess.htm

[17] Scott Burris. Making the Case for Laws and Improve Public Health: A Framework for Public Health Law Research, 88 Milbank Q. 174 (2010). http://www.atds.org.tn/Laws_Improving_Health.pdf

Cases:

[1] British American Tobacco Australasia Limited v Commonwealth of Australia [2012] HCA 43, Matter No S389/2011.

[2] Case 1802—Paraguay, in Annual Report of The Inter-American Commission On Human Rights 1977, April. 20, 1978, OEA/Ser.L/V/Ⅱ.43.

[3] Case 7615—Brazil, in Annual Report of The Inter-American Commission On Human Rights 1984-1985, Oct 1, 1985, OEA/Ser.L/V/Ⅱ.66.

[4] Disc. Tobacco City & Lottery, Inc. v. United States, 674 F.3d 509, 518 (6th Cir. 2012).

[5] Elizabeth Florence Emanuel v. Continental Shelf 128 Ltd, Case C-259/04.

[6] JT International SA v Commonwealth of Australia [2012] HCA 43, Matter No S409/2011.

[7] R.J. Reynolds Tobacco Co. v. FDA, 696 F.3d 1205, 1208 (D.C. Cir. 2012).

后　记

书稿甫定，心回珞珈。遥记当年珞珈生活以这一笔后记划上句号，内心仍会涌起一阵不舍与难过。珞珈山是中国国际法学界的一块圣地，也还记得，2011 年的那个夏末，当我沿着周鲠生和韩德培两位先贤大师注视的方向、一步步走进这块我从未涉足的内心圣地时，心中充满着的使命与光荣。

感谢导师聂建强教授。多年前蒙导师不弃，使我有机会走进这块圣地。入学师门，心中既充满感恩、又深感自己学浅。于是告诉自己，珍惜机会，努力前行。珞珈山的三年，我基本做到"两耳不闻窗外事，一心只读圣贤书"。于是，在珞珈山的读书时光要超我此前所有，而读书研习所得，也将是我一生财富。这一切，都源自于导师的指导、鼓励和帮助。导师曾在他的博士论文中这样向他的导师致谢："His enthusiasm, loyalty and discipline in work impressed me deeply."学生所受的影响又何尝不是呢？其实每一次与导师的讨论交流，都会让我深深感受到自己治学和修身的不足，于是退回来，重修自省。可以说，学生的每一次进步，起点都是老师。另外，硕士导师朱志晟教授，是我学术道路的启蒙者，对我的每一次成长也倾注了大量心血，没有老师的悉心规划和帮助指导，学生的一切进步都无从谈起。

感谢张湘兰教授、张庆麟教授、李仁真教授。自学习国际法以来，自己所读的教材专著大多是出自几位老师。因此，当我真正走近老师身边，内心仍充满着敬畏与紧张。其实几位老师对学生的关爱早已出名，我也有幸得到了老师们的悉心指导与殷切关爱，这或许也是我求学过程中的最大幸运与最难忘回忆。感谢肖军教授、漆彤教授、崔晓静教授和张辉教授，几位老师在专题课上的教诲、在开题报告时的建议都让我受益良多，至今记忆犹新。感谢国际法所邓朝晖老师，邓老师方方面面的帮助与照顾，让我切身感受到了国际法所的亲如一家。

珞珈三年，幸遇好友。同窗叶泉，是珞珈求学过程中的忠实挚友。学习和生活中得到了他的诸多帮助与鼓励，在此要特别感谢；还要感谢马诗琪、刘艳、傅攀峰、乔一涓、周围等同学，三年来同舟共济，共同进步；杨珍华、李爱军两位兄友，在博士论文的撰写过程中互勉互助，图书馆 C 区 4

楼记载了我们共同的欢乐和痛苦，经历难忘，要向二位表达谢意；感谢在海牙相识的范晓亮师兄、哈丽思师姐、周园师妹、余梦颖同学，在海外居然也能如此校友聚会，着实让我感受到了珞珈山的力量；王萌师姐、彭双五师兄、程松亮师兄、赵力师姐对我关爱尤多，几位师兄师姐虽已毕业，但我内心常怀感激；马文、朱光琪、凌洪斌、钟磊等几位同门对我极尽帮助，在此也要深表感谢；国际法所安营，在我无法处理诸多事务时，以她的温和善良，尽力帮助与支持，一直让我感怀于心，在此言谢。

高山仰止，知音常在。从珞珈山到工作场，自己收获了更多的指导与帮助，也幸遇更多的师长和友人。感谢在深圳工作期间刘智勇、杨阳、盛杨怿、黎洲、杨爱婷等领导和同事对我一直以来的关怀，感谢在北京工作期间周宏伟、陈智浩、丁琳、徐启元、朱俊炜等领导同事对我的支持和鼓励，还有其他领导、同事及好友，原谅我无法一一具名，但正是你们让我体会到了什么是家国情怀，与你们在一起总能让我正能量满满。

最深歉疚，致以家人。感谢一直陪伴左右的爱人，三年异地，无暇顾她，也从无怨言，今后只求长伴，不相离弃。二十几年的生长养育，更是凝结了父母大半生的全部心血和辛劳。父母承担了多少的困难与付出，是子女永远无法想象和回报的。成年以后，自己竟也不能陪伴父母十年之久，今后只当尽心服侍，不离左右。

三年历练，我不知道自己是否真正成长为了一名珞珈人，但学习之路，我确信不负师长、家人与自己。珞珈山是我真正的起点和归宿，是我的精神家园。这处精神家园承载着先贤智慧、老师教诲与同学情谊，我将心怀家园，再上征程。

肖声高

2020 年 2 月于深圳

AUSTRALIA

Tobacco Plain Packaging Act 2011

No. 148, 2011

An Act to discourage the use of tobacco products, and for related purposes

Note: An electronic version of this Act is available in ComLaw (http://www.comlaw.gov.au/)

Contents

Tobacco Plain Packaging Act 2011

No. 148, 2011

An Act to discourage the use of tobacco products, and for related purposes

[*Assented to 1 December 2011*]

The Parliament of Australia enacts:

Chapter 1—Preliminary

Part 1—Preliminary

1 Short title

This Act may be cited as the *Tobacco Plain Packaging Act 2011*.

2 Commencement

(1) Each provision of this Act specified in column 1 of the table commences, or is taken to have commenced, in accordance with column 2 of the table. Any other statement in column 2 has effect according to its terms.

Commencement information

Column 1 Provision(s)	Column 2 Commencement	Column 3 Date/Details
1. Sections 1 to 16 and anything in this Act not elsewhere covered by this table	The day this Act receives the Royal Assent.	1 December 2011
2. Sections 17 to 27A	1 October 2012.	1 October 2012
3. Sections 28 and 29	The day this Act receives the Royal Assent.	1 December 2011
4. Sections 30 to 32	1 December 2012.	1 December 2012
5. Sections 33 to 36	1 October 2012.	1 October 2012
6. Sections 37 and 38	1 December 2012.	1 December 2012
7. Section 39	1 October 2012.	1 October 2012
8. Sections 40	1 December 2012.	1 December

Commencement information		
Column 1	**Column 2**	**Column 3**
Provision(s)	**Commencement**	**Date/Details**
and 41		2012
9. Sections 42 to 46	1 October 2012.	1 October 2012
10. Sections 47 and 48	1 December 2012.	1 December 2012
11. Sections 49 to 80	1 October 2012.	1 October 2012
12. Sections 81 and 82	The day this Act receives the Royal Assent.	1 December 2011
13. Sections 83 to 105	1 October 2012.	1 October 2012
14. Sections 106 to 109	The day this Act receives the Royal Assent.	1 December 2011

Note: This table relates only to the provisions of this Act as originally enacted. It will not be amended to deal with any later amendments of this Act.

(2) Any information in column 3 of the table is not part of this Act. Information may be inserted in this column, or information in it may be edited, in any published version of this Act.

3 Objects of this Act

(1) The objects of this Act are:

(a) to improve public health by:

(i) discouraging people from taking up smoking, or using tobacco products; and

(ii) encouraging people to give up smoking, and to stop using tobacco products; and

(iii) discouraging people who have given up smoking, or who have stopped using tobacco products, from relapsing; and

(iv) reducing people's exposure to smoke from tobacco products; and

(b) to give effect to certain obligations that Australia has as a party to the Convention on Tobacco Control.

(2) It is the intention of the Parliament to contribute to achieving the objects in subsection (1) by regulating the retail packaging and appearance of tobacco products in order to:

(a) reduce the appeal of tobacco products to consumers; and

(b) increase the effectiveness of health warnings on the retail packaging of tobacco products; and

(c) reduce the ability of the retail packaging of tobacco products to mislead consumers about the harmful effects of smoking or using tobacco products.

4 Definitions

(1) In this Act:

acquisition of property has the same meaning as in paragraph 51(xxxi) of the Constitution.

Australia includes all the external Territories.

authorised officer means a person appointed under section 81 as an authorised officer.

cigarette means a roll of cut tobacco for smoking, enclosed in paper.

cigarette carton means any container for retail sale that contains smaller containers in which cigarettes are directly placed.

Note: See also the definition of ***container***.

cigarette pack means any container for retail sale in which cigarettes are directly placed.

Note: See also the definition of ***container***.

civil penalty order has the meaning given by section 85.

civil penalty provision (other than in paragraph 11(2)(b)) means a provision of this Act if:

(a) either:

(i) the provision sets out at its foot a pecuniary penalty, or penalties, indicated by the words "Civil penalty"; or

(ii) another provision of this Act provides that the provision is a civil penalty provision; and

(b) the provision is a subsection, or a section that is not divided into subsections.

Note: See section 7 for references to contraventions of civil penalty provisions.

constitutional corporation means a corporation to which paragraph 51(xx) of the Constitution applies.

constitutional trade or commerce means:

(a) trade or commerce between Australia and places outside Australia; or

(b) trade or commerce among the States; or

(c) trade or commerce within a Territory, between a State and a Territory or between 2 Territories.

container includes (without limitation) any pack, carton, box, tin, packet, bag, pouch, tube or other container.

Convention on Tobacco Control means the WHO Framework Convention on Tobacco Control, done at Geneva on 21 May 2003.

Note: The text of the Convention is set out in Australian Treaty Series 2005 No. 7 ([2005] ATS 7). In 2011, the text of a Convention in the Australian Treaty Series was accessible through the Australian Treaties Library on the AustLII website (www.austlii.edu.au).

Deputy President of the Administrative Appeals Tribunal has the meaning given by section 3 of the *Administrative Appeals Tribunal Act 1975*.

evidential burden, in relation to a matter, means the burden of adducing or pointing to evidence that suggests a reasonable possibility that the matter exists or does not exist.

evidential material means:

(a) in respect of an offence against this Act:

(i) any thing with respect to which the offence has been committed or is suspected, on reasonable grounds, to have been committed; or

(ii) any thing as to which there are reasonable grounds for suspecting that it will afford evidence as to the commission of the offence; or

(iii) any thing as to which there are reasonable grounds for suspecting that it is intended to be used for the purpose of committing the offence; and

(b) in respect of a contravention of a civil penalty provision:

(i) any thing with respect to which the civil penalty provision has been contravened or is suspected, on reasonable grounds, of having been contravened; or

(ii) any thing as to which there are reasonable grounds for suspecting that it will afford evidence as to the contravention of the civil penalty provision; or

(iii) any thing as to which there are reasonable grounds for suspecting that it is intended to be used for the purpose of contravening the civil penalty provision.

Federal Court means the Federal Court of Australia.

filter tip of a cigarette means the part of the end of the cigarette that acts as a filter, or purports to act as a filter.

fire risk statement means any statement that is required to appear on the retail packaging of tobacco products by:

(a) regulation 14 of the *Trade Practices (Consumer Product Safety Standard) (Reduced Fire Risk Cigarettes) Regulations 2008*; or

(b) a safety standard made under section 104, or declared under section 105, of Schedule 2 to the *Competition and Consumer Act 2010*, to the extent that the standard relates to fire risk; or

(c) an information standard made under section 134, or declared under section 135, of Schedule 2 to the *Competition and Consumer Act 2010*, to the extent that the standard relates to fire risk.

health warning means any message, information, graphic or other thing that is required to appear on the retail packaging of tobacco products by:

(a) the *Trade Practices (Consumer Product Information Standards) (Tobacco) Regulations 2004*; or

(b) a safety standard made under section 104, or declared under section 105, of Schedule 2 to the *Competition and Consumer Act 2010*, to the extent that the standard relates to the health effects of smoking or using tobacco products; or

(c) an information standard made under section 134, or declared under section 135, of Schedule 2 to the *Competition and Consumer Act 2010*, to the extent that the standard relates to the health effects of smoking or using tobacco products.

imitation cork tip of a cigarette means the part of the paper over the filter tip of the cigarette that is printed brown to resemble cork.

inner surface of a cigarette carton has a meaning affected by subsection 6(2).

insert means any thing (other than a tobacco product) placed inside packaging (within the ordinary meaning of the word), but does not include the lining of a cigarette pack if the lining complies with the requirements of this Act.

inside lip of a cigarette pack means the part of the outer surfaces of the pack that is obscured when the flip-top lid is closed.

issuing officer means:

(a) a Judge of a court created by the Parliament; or

(b) a Federal Magistrate; or

(c) a Deputy President of the Administrative Appeals Tribunal; or

(d) a non-presidential member of the Administrative Appeals Tribunal who:

  (i) is enrolled as a legal practitioner of the High Court, or the Supreme Court of a State or Territory; and

  (ii) has been so enrolled for at least 5 years.

just terms has the same meaning as in paragraph 51(xxxi) of the Constitution.

mark:

(a) includes (without limitation) any line, letters, numbers, symbol, graphic or image; but

(b) (other than when referring to a trade mark) does not include a trade mark.

measurement mark means any information that is required to appear on the retail packaging of tobacco products by regulations made under the *National Measurement Act 1960*.

non-presidential member of the Administrative Appeals Tribunal has the meaning given by section 3 of the *Administrative Appeals Tribunal Act 1975*.

offer a tobacco product for sale has a meaning affected by subsection (2) of this section.

onsert means any thing affixed or otherwise attached to packaging (within the ordinary meaning of the word), but does not include the lining of a cigarette pack if the lining complies with the requirements of this Act.

Note: A sound chip embedded in the cardboard of a cigarette pack is an example of an onsert.

outer surface of a cigarette pack has a meaning affected by subsection 6(1).

package a tobacco product for retail sale has the meaning given by section 5.

person assisting has the meaning given by section 56.

relevant legislative requirement means any of the following:

(a) a health warning;

(b) a fire risk statement;

(c) a trade description;

(d) a measurement mark.

relevant tobacco law has the meaning given by section 11.

retail packaging of a tobacco product means:

(a) any container for retail sale in which the tobacco product is directly placed; or

(b) any container for retail sale that contains a smaller container in which the tobacco product is directly placed; or

(c) any plastic or other wrapper that covers any retail packaging of the tobacco product (within the meaning of paragraph (a) or (b) of this definition); or

(d) any plastic or other wrapper that covers the tobacco product, being a tobacco product that is for retail sale; or

(e) any insert that is placed inside the retail packaging of the tobacco product (within the meaning of any of paragraphs (a) to (d) of this definition); or

(f) any onsert that is affixed or otherwise attached to the retail packaging of the tobacco product (within the meaning of any of paragraphs (a) to (d) of this definition).

Note: See also the definition of ***container***.

search powers has the meaning given by sections 53, 54 and 55.

Secretary means the Secretary of the Department.

sign (when used as a noun) has the meaning given by subsection 6(1) of the *Trade Marks Act 1995*.

this Act includes the regulations.

tobacco advertising and promotion has the meaning given by the Convention on Tobacco Control.

tobacco product means processed tobacco, or any product that contains tobacco, that:

(a) is manufactured to be used for smoking, sucking, chewing or snuffing; and

(b) is not included in the Australian Register of Therapeutic Goods maintained under the *Therapeutic Goods Act 1989*.

Note: Loose tobacco for roll-your-own cigarettes is an example of processed tobacco. A cigar or cigarette is an example of a product that contains tobacco.

tobacco product requirement means the following requirements in relation to the retail packaging or appearance of tobacco products:

(a) a requirement specified in Part 2 of Chapter 2;

(b) a requirement prescribed by regulations made under Part 2 of Chapter 2;

(c) if subsection 15(2) applies (acquisition of property)—a requirement prescribed by regulations made under section 15.

trade description means any trade description that is required to appear on the retail packaging of tobacco products by regulations made under the *Commerce (Trade Descriptions) Act 1905*.

variant name for a tobacco product means the name used to distinguish that kind of tobacco product from other tobacco products that are supplied under the same brand, business or company name, by reference to one or more of the following:

(a) containing or not containing menthol;

(b) being otherwise differently flavoured;

(c) purporting to differ in strength;

(d) having or not having filter tips or imitation cork tips;

(e) being of different length or mass.

warrant means:

(a) a warrant issued by an issuing officer under section 75; or

(b) a warrant signed by an issuing officer under section 76.

(2) In this Act, a reference to offering a tobacco product for sale includes (without limitation) a reference to:

(a) exposing, displaying or advertising the product for sale; and

(b) making the product available for sale even if the product is not visible to the public.

5 Definition of *package* a tobacco product for retail sale

A person ***packages*** a tobacco product for retail sale if:

(a) the person places the tobacco product directly into a container for retail sale; or

(b) the person places a container, in which the tobacco product has been directly placed, into a larger container for retail sale; or

(c) the person covers the retail packaging of the tobacco product (within the meaning of paragraph (a) or (b) of the definition of ***retail packaging***) with a plastic or other wrapper; or

(d) the person covers the tobacco product, being a tobacco product that is for retail sale, with a plastic or other wrapper; or

(e) the person places an insert inside the retail packaging of the tobacco product (within the meaning of any of paragraphs (a) to (d) of the definition of ***retail packaging***); or

(f) the person affixes or otherwise attaches an onsert to the retail packaging of the tobacco product (within the meaning of any of paragraphs (a) to (d) of the definition of ***retail packaging***).

Note 1: See also the definition of ***container***.

Note 2: Other grammatical forms of the word ***package*** (such as packaged) have a corresponding meaning (see section 18A of the *Acts Interpretation Act 1901*).

6 Rules relating to surfaces of cigarette packs and cigarette cartons

Surfaces of cigarette packs

(1) A reference in this Act to an outer surface of a cigarette pack (such as the front outer surface) is a reference to all of that outer surface, including the part of that outer surface that forms part of the flip-top lid.

Surfaces of cigarette cartons

(2) If a cigarette carton has one or more flaps with surfaces that become visible only when the carton is opened, those surfaces are taken to be inner surfaces of the carton.

7 References to contraventions of civil penalty provisions

(1) For the purposes of this Act, if:

(a) a provision of this Act refers to:

(i) a contravention of a civil penalty provision; or

(ii) a person contravening a civil penalty provision; and

(b) the civil penalty provision is in a section in Chapter 3;

the reference includes a reference to a contravention of, or a person contravening, subsection (1) of that section.

(2) Subsection (1) of this section does not apply to section 91 (contravening a civil penalty provision is not an offence).

8 Act extends to external Territories

This Act extends to all the external Territories.

9 Act binds the Crown

(1) This Act binds the Crown in right of the Commonwealth, of each of the States, of the Australian Capital Territory, of the Northern Territory and of Norfolk Island.

(2) This Act does not make the Crown liable to be:

(a) prosecuted for an offence; or

(b) subject to civil proceedings for a civil penalty order; or

(c) given an infringement notice.

10 Inconsistency with other Commonwealth legislation

The following prevail to the extent of any inconsistency with this Act:

(a) the *Trade Practices (Consumer Product Information Standards) (Tobacco) Regulations 2004*;

(b) a safety standard made under section 104, or declared under section 105, of Schedule 2 to the *Competition and Consumer Act 2010*, to the extent that the standard relates to the health effects of smoking or using tobacco products;

(c) an information standard made under section 134, or declared under section 135, of Schedule 2 to the *Competition and Consumer Act 2010*, to the extent that the standard relates to the health effects of smoking or using tobacco products.

11 Operation of State and Territory laws

(1) This Act does not exclude or limit the operation of a relevant tobacco law of a State or Territory that is capable of operating concurrently with this Act.

(2) This Act does not exclude or limit the application of a relevant tobacco law of a State or Territory to particular conduct if:

(a) that conduct constitutes an offence against, or a contravention of a civil penalty provision in, this Act; and

(b) that conduct also constitutes an offence against, or a contravention of a civil penalty provision (however described) in, the relevant tobacco law.

(3) In this Act:

relevant tobacco law means a law, or a provision of a law, that regulates the retail packaging or appearance of tobacco products.

Part 2—Simplified outlines

12 Simplified outline for this Act

The following is a simplified outline of this Act:

- This Act regulates the retail packaging and appearance of tobacco products in order to:

  (a) improve public health; and

  (b) give effect to certain obligations in the Convention on Tobacco Control.

- Part 2 of Chapter 2 specifies requirements for the retail packaging and appearance of tobacco products. (If there is an acquisition of property otherwise than on just terms, regulations made under section 15 might also specify requirements.)

- The retail packaging and appearance of tobacco products must comply with the requirements of this Act.

- Offences and civil penalties apply if tobacco products are supplied, purchased or manufactured and either the retail packaging, or the products themselves, do not comply with the requirements.

13 Simplified outline for this Chapter

The following is a simplified outline of this Chapter:

- Part 1 of this Chapter contains definitions and general rules about the operation of this Act.

- Part 3 of this Chapter contains provisions relating to the constitutional basis of this Act.
- This Act relies on the external affairs power of the Constitution by implementing certain obligations in the Convention on Tobacco Control. However, if this Act is not supported by that power, then this Act will apply in more limited circumstances by relying on the corporations power, the trade and commerce power and the Territories power.
- This Act does not apply to the extent that its operation would infringe certain constitutional protections (such as by acquiring property otherwise than on just terms).

Part 3—Constitutional provisions

14 Additional operation of this Act

(1) Without prejudice to its effect apart from this section, this Act also has effect as provided by this section.

Corporations power

(2) Part 2 of Chapter 3 has, by force of this subsection, the effect it would have if its operation were, by express provision, confined to a person that is a constitutional corporation.

Note: Part 2 of Chapter 3 contains general offences and civil penalty provisions for non-compliant retail packaging and tobacco products.

Trade and commerce power

(3) Part 2 of Chapter 3 has, by force of this subsection, the effect it would have if its operation were, by express provision, confined to a person engaging in conduct to the extent to which the conduct takes place in the course of, or in relation to, constitutional trade or commerce.

(4) Subsection (3) does not apply to the extent (if any) that its application would infringe section 92 of the Constitution.

Note: Section 92 of the Constitution requires trade among the States to be absolutely free.

Territories power

(5) Part 2 of Chapter 3 has, by force of this subsection, the effect it would have if its operation were, by express provision, confined to a person engaging in conduct to the extent to which the conduct takes place wholly or partly in a Territory.

15 Acquisition of property

(1) This Act does not apply to the extent (if any) that its operation would result in an acquisition of property from a person otherwise than on just terms.

(2) In particular, if, apart from this section, this Act would result in such an acquisition of property because it would prevent the use of a trade mark or other sign on or in relation to the retail packaging of tobacco products, or on tobacco products, then despite any other provision of this Act, the trade mark or sign may be used on or in relation to the retail packaging of tobacco products, or on tobacco products, subject to any requirements that may be prescribed in the regulations for the purposes of this subsection.

Note: Offences and civil penalties apply to the supply, purchase and manufacture etc. of tobacco products that do not comply with any requirements specified in the regulations (see Chapter 3).

(3) To avoid doubt, any tobacco product requirement (within the meaning of paragraph (a) or (b) of the definition of ***tobacco product requirement***) that does not result in such an acquisition of property continues to apply in relation to:

(a) the retail packaging of tobacco products; and

(b) the appearance of tobacco products.

16 Implied freedom of political communication

This Act does not apply to the extent (if any) that it would infringe any constitutional doctrine of implied freedom of political communication.

Chapter 2—Requirements for plain packaging and appearance of tobacco products

Part 1—Simplified outline

17 Simplified outline

The following is a simplified outline of this Chapter:

- Part 2 of this Chapter specifies requirements for the retail packaging and appearance of tobacco products.
- Offences and civil penalties in Chapter 3 apply in certain circumstances if retail packaging or tobacco products do not comply with the requirements.
- Division 1 of Part 2 sets out requirements for:
  - (a) the physical features of retail packaging; and
  - (b) the colour and finish of retail packaging; and
  - (c) marks on retail packaging (including a prohibition on trade marks generally appearing on retail packaging); and
  - (d) wrappers; and
  - (e) retail packaging after retail sale.
- Division 2 of Part 2 also prohibits trade marks from generally appearing on the tobacco products themselves.

- Division 3 of Part 2 allows additional regulations to be made in relation to the retail packaging and appearance of tobacco products. That Division also sets out the relationship between this Act, the *Trade Marks Act 1995* and the *Designs Act 2003*.

Part 2—Requirements for retail packaging and appearance of tobacco products

Division 1—Requirements for retail packaging of tobacco products

18 Physical features of retail packaging

Retail packaging of all tobacco products

(1) The retail packaging of tobacco products must comply with the following requirements:

(a) the outer surfaces and inner surfaces of the packaging must not have any decorative ridges, embossing, bulges or other irregularities of shape or texture, or any other embellishments, other than as permitted by the regulations;

(b) any glues or other adhesives used in manufacturing the packaging must be transparent and not coloured.

Cigarette packs and cigarette cartons

(2) A cigarette pack or cigarette carton must comply with the following requirements:

(a) the pack or carton must be rigid and made of cardboard, and only cardboard (subject to paragraphs (1)(b) and (3)(d));

(b) when the pack or carton is closed:

(i) each outer surface of the pack or carton must be rectangular; and

(ii) the surfaces of the pack or carton must meet at firm 90 degree angles;

(c) all edges of the pack or carton must be rigid, straight and not rounded, bevelled or otherwise shaped or embellished in any way, other than as permitted by the regulations.

(3) A cigarette pack must comply with the following requirements:

(a) the dimensions of the pack must comply with the requirements prescribed by the regulations;

(b) the only opening to the pack must be a flip-top lid which must:

(i) be hinged only at the back of the pack; and

(ii) have straight edges;

and neither the lid, nor the edges of the lid, may be rounded, bevelled or otherwise shaped or embellished in any way;

(c) the inside lip of the cigarette pack must have straight edges, other than corners which may be rounded, and neither the lip, nor the edges of the lip, may be bevelled or otherwise shaped or embellished in any way;

(d) if the pack contains lining—the lining of the pack must be made only of foil backed with paper, or any other material prescribed by the regulations.

19 Colour and finish of retail packaging

(1) This section applies to the following things:

(a) all outer surfaces and inner surfaces of the retail packaging of tobacco products (within the meaning of paragraph (a) or (b) of the definition of ***retail packaging***);

(b) both sides of any lining of a cigarette pack.

Note: For the requirements for wrappers, inserts and onserts, see sections 22 and 23.

(2) The things mentioned in subsection (1):

(a) must have a matt finish; and

(b) except as provided by subsection (3):

(i) if regulations are in force prescribing a colour—must be that colour; and

(ii) otherwise—must be drab dark brown.

(3) The following are not required to be the colour mentioned in paragraph (2)(b):

(a) the health warnings;

(b) the text of:

(i) the brand, business or company name, or variant name (if any), for the tobacco products; and

(ii) the relevant legislative requirements (other than the health warnings).

Note: The regulations might require the brand, business, company or variant name, or a relevant legislative requirement, to be a particular colour.

20 Prohibition on trade marks and marks generally appearing on retail packaging

No trade marks

(1) No trade mark may appear anywhere on the retail packaging of tobacco products, other than as permitted by subsection (3).

Note: This section does not apply to wrappers (see subsection (4)).

No marks

(2) No mark may appear anywhere on the retail packaging of tobacco products, other than as permitted by subsection (3).

Note: For the definition of ***mark***, see section 4.

Permitted trade marks and marks

(3) The following may appear on the retail packaging of tobacco products:

(a) the brand, business or company name for the tobacco products, and any variant name for the tobacco products;

(b) the relevant legislative requirements;

(c) any other trade mark or mark permitted by the regulations.

Note: For requirements for brand, business, company or variant names, and relevant legislative requirements, see section 21.

Section not to apply to wrappers

(4) This section does not apply to a plastic or other wrapper that covers:

(a) the retail packaging of tobacco products; or

(b) a tobacco product that is for retail sale.

Note: For the requirements for wrappers, see section 22.

21 Requirements for brand, business, company or variant names, and relevant legislative requirements

Requirements for brand, business, company or variant name—general

(1) Any brand, business or company name, or any variant name, for tobacco products that appears on the retail packaging of those products must comply with any requirements prescribed by the regulations.

Note: This section does not apply to wrappers (see subsection (5)).

Requirements for brand, business, company or variant name—cigarette packs and cigarette cartons

(2) Any brand, business or company name, or any variant name, for cigarettes that appears on a cigarette pack or cigarette carton:

(a) must not obscure any relevant legislative requirement; and

(b) must not appear more than once on any of the following outer surfaces of the pack or carton:

(i) for a cigarette pack—the front, top and bottom outer surfaces of the pack;

(ii) for a cigarette carton—the front outer surface of the carton, and the 2 smallest outer surfaces of the carton; and

(c) may appear only on the surfaces mentioned in paragraph (b); and

(d) must appear across one line only; and

(e) must comply with the requirements in the table in subsection (3).

(3) The following table has effect:

Requirements for brand, business, company or variant names

Item	If this name ...	appears on this surface ...	the name ...
1	a brand, business or company name	the front outer surface of a	must appear: (a) horizontally below, and in the

Chapter 2 Requirements for plain packaging and appearance of tobacco products
Part 2 Requirements for retail packaging and appearance of tobacco products
Division 1 Requirements for retail packaging of tobacco products

Section 21

Requirements for brand, business, company or variant names

Item	**If this name ...**	**appears on this surface ...**	**the name ...**
		cigarette pack	same orientation as, the health warning; and (b) in the centre of the space remaining on the front outer surface beneath the health warning.
2	a brand, business or company name	the front outer surface of a cigarette carton	must appear: (a) in the same orientation as the health warning; and (b) in the centre of the space on the front outer surface that is not occupied by the health warning.
3	a brand, business or company name	any outer surface of a cigarette pack or cigarette carton (other than a front outer surface)	must appear: (a) horizontally; and (b) in the centre of the outer surface of the pack or carton.
4	variant name	any outer surface of a cigarette pack or cigarette carton	must appear: (a) horizontally and immediately below the brand, business or company name; and (b) in the same orientation as the brand, business or company name.

Requirements for relevant legislative requirements (other than health warnings)

(4) Any relevant legislative requirement (other than the health warnings) must comply with any requirements prescribed by the regulations.

Section not to apply to wrappers

(5) This section does not apply to a plastic or other wrapper that covers:
  (a) the retail packaging of tobacco products; or
  (b) a tobacco product that is for retail sale.

Note: For the requirements for wrappers, see section 22.

22 Requirements for wrappers

(1) This section sets out the requirements that a plastic or other wrapper must comply with if the wrapper covers:
  (a) the retail packaging of tobacco products (within the meaning of paragraph (a) or (b) of the definition of ***retail packaging***); or
  (b) a tobacco product that is for retail sale.

(2) For the purposes of subsection (1), the wrapper must comply with the following requirements:
  (a) the wrapper must be transparent and not coloured, marked, textured or embellished in any way, other than as permitted by the regulations;
  (b) no trade mark may appear anywhere on the wrapper, other than as permitted by the regulations;
  (c) no mark may appear anywhere on the wrapper, other than as permitted by the regulations.

23 Retail packaging not to have inserts or onserts

The retail packaging of tobacco products (within the meaning of any of paragraphs (a) to (d) of the definition of ***retail packaging***) must not have any inserts or onserts, other than as permitted by the regulations.

24 Retail packaging not to produce noise or scent

No part of the retail packaging of tobacco products may make a noise, or contain or produce a scent, that could be taken to constitute tobacco advertising and promotion.

Note: For the definition of ***tobacco advertising and promotion***, see section 4.

25 Retail packaging must not change after retail sale

The retail packaging of tobacco products must not include any features designed to change the packaging after retail sale, including (without limitation) the following:

(a) heat activated inks;

(b) inks or embellishments designed to appear gradually over time;

(c) inks that appear fluorescent in certain light;

(d) panels designed to be scratched or rubbed to reveal an image or text;

(e) removable tabs;

(f) fold-out panels.

Division 2—Requirements for appearance of tobacco products

26 Requirements for appearance of tobacco products

(1) No trade mark may appear anywhere on a tobacco product, other than as permitted by the regulations.

(2) No mark may appear anywhere on a tobacco product, other than as permitted by the regulations.

Note: For the definition of ***mark***, see section 4.

Division 3—Miscellaneous

27 Regulations may prescribe additional requirements

(1) To further the objects of this Act, the regulations may prescribe additional requirements in relation to:

(a) the retail packaging of tobacco products; and

(b) the appearance of tobacco products.

Note 1: The objects of this Act are set out in section 3.

Note 2: Offences and civil penalties apply to the supply, purchase and manufacture etc. of tobacco products that do not comply with the requirements (see Chapter 3).

(2) Divisions 1 and 2 of this Part do not limit subsection (1).

27A Legal effect of sections 18 to 27

Sections 18 to 27 have no legal effect other than to specify requirements, and provide for regulations specifying requirements, for the purposes of the definition of ***tobacco product requirement*** in subsection 4(1).

Note: Chapters 3 and 5 contain the offences and civil penalty provisions for failing to comply with a tobacco product requirement.

28 Effect on the *Trade Marks Act 1995* of non-use of trade mark as a result of this Act

(1) For the purposes of the *Trade Marks Act 1995*, and regulations made under that Act, an applicant for the registration of a trade mark in respect of tobacco products is taken to intend to:

(a) use the trade mark in Australia in relation to those products; or

(b) authorise another person to use the trade mark in Australia in relation to those products; or

(c) assign the trade mark to a body corporate that is about to be constituted with a view to the body corporate using the trade mark in Australia in relation to those products;

if the applicant would intend to do so but for the operation of this Act.

(2) To avoid doubt, for the purposes of paragraph 42(b) of the *Trade Marks Act 1995*, this Act does not have the effect that the use of a trade mark in relation to tobacco products would be contrary to law.

(3) To avoid doubt, for the purposes of sections 38 and 84A of the *Trade Marks Act 1995*, and regulations 17A.27 and 17A.42A of the *Trade Marks Regulations 1995*:

(a) the operation of this Act; or

(b) the circumstance that a person is prevented, by or under this Act, from using a trade mark on or in relation to the retail packaging of tobacco products, or on tobacco products;

are not circumstances that make it reasonable or appropriate:

(c) not to register the trade mark; or

(d) to revoke the acceptance of an application for registration of the trade mark; or

(e) to register the trade mark subject to conditions or limitations; or

(f) to revoke the registration of the trade mark.

(4) For the purposes of paragraph 100(1)(c) of the *Trade Marks Act 1995*, an opponent is taken to have rebutted an allegation if the opponent establishes that the registered owner would have used the trade mark in Australia on or in relation to the retail packaging of tobacco products, or on tobacco products, but for the operation of this Act.

Trade Marks regulations applying provisions of Trade Marks Act

(5) Subsections (1) to (4) also apply in relation to regulations made under the *Trade Marks Act 1995* that:

(a) apply provisions of the *Trade Marks Act 1995* that are affected by this section, including where the regulations apply those provisions in modified form; and

(b) provide in similar terms to provisions of the *Trade Marks Act 1995* that are affected by this section.

29 Effect on the *Designs Act 2003* of failure to make products as a result of this Act

A failure to make a product that embodies a registered design merely as a result of complying with the requirements of this Act does not provide the basis for making an order:

(a) under section 90 of the *Designs Act 2003*, requiring the grant of a licence in relation to the design; nor

(b) under section 92 of that Act, revoking the registration of the design.

Chapter 3—Offences and civil penalty provisions

Part 1—Simplified outline

30 Simplified outline

The following is a simplified outline of this Chapter:

- A person must not:

  (a) supply or purchase tobacco products in retail packaging that does not comply with the requirements of this Act; nor

  (b) be involved in the packaging of tobacco products for retail sale if the packaging does not comply with those requirements; nor

  (c) supply, purchase or manufacture tobacco products that do not comply with those requirements; nor

  (d) supply tobacco products that are not packaged for retail sale without certain contractual prohibitions.

- A person who does so:

  (a) may commit a fault-based offence (that is, an offence where fault elements apply to the physical elements of the offence); and

  (b) may also commit a strict liability offence (that is, an offence where no fault elements apply to the physical elements of the offence); and

  (c) may also contravene a civil penalty provision.

- It is up to the Commonwealth to decide whether to prosecute a person for one of the offences or bring proceedings in relation to the contravention of the civil penalty provision. (Division 2 of Part 2 of Chapter 5 has rules about bringing civil proceedings and criminal proceedings.)
- Part 3 of this Chapter contains specific offences and civil penalty provisions in relation to constitutional corporations (for example, supplying non-compliant tobacco products to constitutional corporations).
- Part 4 of this Chapter creates an exception to some of the offences and civil penalty provisions in this Chapter for non-compliant tobacco products that are for export. That Part also clarifies what the physical elements of offences are in this Chapter.

Part 2—General offences and civil penalty provisions for non-compliant retail packaging and tobacco products

Division 1—Non-compliant retail packaging of tobacco products

31 Selling or supplying tobacco products in non-compliant retail packaging

(1) A person contravenes this subsection if:

(a) the person:

(i) sells a tobacco product; or

(ii) offers a tobacco product for sale; or

(iii) otherwise supplies (whether or not for consideration) a tobacco product; and

(b) at the time the product is sold, offered for sale, or otherwise supplied, the product has been packaged for retail sale; and

(c) the retail packaging does not comply with a tobacco product requirement.

Note 1: There is an exception to this subsection in section 49 (non-compliant tobacco products for export).

Note 2: See subsection 4(2) for an extended meaning of ***offer***.

Fault-based offence

(2) A person commits an offence if the person contravenes subsection (1).

Penalty: 2,000 penalty units.

Note: See section 50 in relation to the physical elements of the offence.

(3) For the purposes of subsection (2), strict liability applies to paragraph (1)(b).

Note: For strict liability in relation to a physical element of an offence, see subsection 6.1(2) of the *Criminal Code*.

Strict liability offence

(4) A person commits an offence of strict liability if the person contravenes subsection (1).

Penalty: 60 penalty units.

Note: For offences of strict liability, see subsection 6.1(1) of the *Criminal Code*.

Civil penalty provision

(5) A person is liable to a civil penalty if the person contravenes subsection (1).

Civil penalty: 2,000 penalty units.

Note: It is not necessary to prove a person's state of mind in proceedings for a contravention of a civil penalty provision, except in limited circumstances (see section 98).

32 Purchasing tobacco products in non-compliant retail packaging

(1) A person contravenes this subsection if:
  (a) the person purchases a tobacco product; and
  (b) at the time the product is purchased, the product has been packaged for retail sale; and
  (c) the retail packaging does not comply with a tobacco product requirement.

(2) Subsection (1) does not apply to an individual who purchases the tobacco product for his or her personal use.

Note: There is another exception to subsection (1) in section 49 (non-compliant tobacco products for export).

Fault-based offence

(3) A person commits an offence if the person contravenes subsection (1).

Penalty: 2,000 penalty units.

Note 1: See section 50 in relation to the physical elements of the offence.

Note 2: A defendant bears an evidential burden in relation to the matter in subsection (2) (see subsection 13.3(3) of the *Criminal Code*).

(4) For the purposes of subsection (3), strict liability applies to paragraph (1)(b).

Note: For strict liability in relation to a physical element of an offence, see subsection 6.1(2) of the *Criminal Code*.

Strict liability offence

(5) A person commits an offence of strict liability if the person contravenes subsection (1).

Penalty: 60 penalty units.

Note 1: For offences of strict liability, see subsection 6.1(1) of the *Criminal Code*.

Note 2: A defendant bears an evidential burden in relation to the matter in subsection (2) (see subsection 13.3(3) of the *Criminal Code*).

Civil penalty provision

(6) A person is liable to a civil penalty if the person contravenes subsection (1).

Civil penalty: 2,000 penalty units.

Note: It is not necessary to prove a person's state of mind in proceedings for a contravention of a civil penalty provision, except in limited circumstances (see section 98).

(7) A person who wishes to rely on subsection (2) in proceedings for a civil penalty order bears an evidential burden in relation to the matter in that subsection.

33 Packaging tobacco products in non-compliant retail packaging

(1) A person contravenes this subsection if:

(a) the person packages a tobacco product for retail sale; and

(b) the retail packaging does not comply with a tobacco product requirement.

Note: There is an exception to this subsection in section 49 (non-compliant tobacco products for export).

Fault-based offence

(2) A person commits an offence if the person contravenes subsection (1).

Penalty: 2,000 penalty units.

Note: See section 50 in relation to the physical elements of the offence.

(3) For the purposes of subsection (2), strict liability applies to the element of the offence that the tobacco product is packaged for retail sale.

Note: For strict liability in relation to a physical element of an offence, see subsection 6.1(2) of the *Criminal Code*.

Strict liability offence

(4) A person commits an offence of strict liability if the person contravenes subsection (1).

Penalty: 60 penalty units.

Note: For offences of strict liability, see subsection 6.1(1) of the *Criminal Code*.

Civil penalty provision

(5) A person is liable to a civil penalty if the person contravenes subsection (1).

Civil penalty: 2,000 penalty units.

Note: It is not necessary to prove a person's state of mind in proceedings for a contravention of a civil penalty provision, except in limited circumstances (see section 98).

34 Manufacturing non-compliant retail packaging of tobacco products

(1) A person contravenes this subsection if:

(a) the person manufactures any of the following retail packaging of tobacco products:

(i) a container for retail sale;

(ii) a container for retail sale that contains or will contain smaller containers;

(iii) a plastic or other wrapper that covers or will cover a container or containers for retail sale;

(iv) a plastic or other wrapper that covers or will cover a tobacco product that is for retail sale; and

(b) a tobacco product is packaged for retail sale in the retail packaging by another person; and

(c) the retail packaging does not comply with a tobacco product requirement.

Note: There is an exception to this subsection in section 49 (non-compliant tobacco products for export).

Fault-based offence

(2) A person commits an offence if the person contravenes subsection (1).

Penalty: 2,000 penalty units.

Note: See section 50 in relation to the physical elements of the offence.

(3) For the purposes of subsection (2), strict liability applies to the element of the offence that the packaging is retail packaging.

Note: For strict liability in relation to a physical element of an offence, see subsection 6.1(2) of the *Criminal Code*.

Strict liability offence

(4) A person commits an offence of strict liability if the person contravenes subsection (1).

Penalty: 60 penalty units.

Note: For offences of strict liability, see subsection 6.1(1) of the *Criminal Code*.

Civil penalty provision

(5) A person is liable to a civil penalty if the person contravenes subsection (1).

Civil penalty: 2,000 penalty units.

Note: It is not necessary to prove a person's state of mind in proceedings for a contravention of a civil penalty provision, except in limited circumstances (see section 98).

35 Manufacturing tobacco products that are packaged in non-compliant retail packaging

(1) A person contravenes this subsection if:

(a) the person (the ***manufacturer***) manufactures a tobacco product; and

(b) the manufacturer enters into a contract or arrangement, or arrives at an understanding, for another person to package the tobacco product for retail sale; and

(c) the tobacco product is packaged for retail sale by the other person; and

(d) the retail packaging does not comply with a tobacco product requirement.

(2) Subsection (1) does not apply if the manufacturer took all reasonable steps to ensure that the retail packaging complied with the tobacco product requirements.

Note: There is another exception to subsection (1) in section 49 (non-compliant tobacco products for export).

Fault-based offence

(3) A person commits an offence if the person contravenes subsection (1).

Penalty: 2,000 penalty units.

Note 1: See section 50 in relation to the physical elements of the offence.

Note 2: A defendant bears an evidential burden in relation to the matter in subsection (2) (see subsection 13.3(3) of the *Criminal Code*).

Strict liability offence

(4) A person commits an offence of strict liability if the person contravenes subsection (1).

Penalty: 60 penalty units.

Note 1: For offences of strict liability, see subsection 6.1(1) of the *Criminal Code*.

Note 2: A defendant bears an evidential burden in relation to the matter in subsection (2) (see subsection 13.3(3) of the *Criminal Code*).

Civil penalty provision

(5) A person is liable to a civil penalty if the person contravenes subsection (1).

Civil penalty: 2,000 penalty units.

Note: It is not necessary to prove a person's state of mind in proceedings for a contravention of a civil penalty provision, except in limited circumstances (see section 98).

(6) A person who wishes to rely on subsection (2) in proceedings for a civil penalty order bears an evidential burden in relation to the matter in that subsection.

36 Certain supplies of tobacco products that have not been packaged for retail sale

(1) A person contravenes this subsection if:

(a) the person:

(i) sells a tobacco product; or

(ii) otherwise supplies (whether or not for consideration) a tobacco product;

to another person (the ***purchaser***); and

(b) the product is not packaged for retail sale; and

(c) at the time of the supply, the person does not have a contract with the purchaser that prohibits the purchaser from supplying the product in Australia in retail packaging that does not comply with the tobacco product requirements.

(2) To avoid doubt, the contract may allow the purchaser to supply the tobacco product without having packaged the product for retail sale.

Fault-based offence

(3) A person commits an offence if the person contravenes subsection (1).

Penalty: 2,000 penalty units.

Note: See section 50 in relation to the physical elements of the offence.

(4) For the purposes of subsection (3), strict liability applies to paragraph (1)(b).

Note: For strict liability in relation to a physical element of an offence, see subsection 6.1(2) of the *Criminal Code*.

Strict liability offence

(5) A person commits an offence of strict liability if the person contravenes subsection (1).

Penalty: 60 penalty units.

Note: For offences of strict liability, see subsection 6.1(1) of the *Criminal Code*.

Civil penalty provision

(6) A person is liable to a civil penalty if the person contravenes subsection (1).

Civil penalty: 2,000 penalty units.

Note: It is not necessary to prove a person's state of mind in proceedings for a contravention of a civil penalty provision, except in limited circumstances (see section 98).

Division 2—Non-compliant tobacco products

37 Selling or supplying non-compliant tobacco products

(1) A person contravenes this subsection if:

(a) the person:

(i) sells a tobacco product; or

(ii) offers a tobacco product for sale; or

(iii) otherwise supplies (whether or not for consideration) a tobacco product; and

(b) the product does not comply with a tobacco product requirement.

Note 1: There is an exception to this subsection in section 49 (non-compliant tobacco products for export).

Note 2: See subsection 4(2) for an extended meaning of ***offer***.

Fault-based offence

(2) A person commits an offence if the person contravenes subsection (1).

Penalty: 2,000 penalty units.

Note: See section 50 in relation to the physical elements of the offence.

Strict liability offence

(3) A person commits an offence of strict liability if the person contravenes subsection (1).

Penalty: 60 penalty units.

Note: For offences of strict liability, see subsection 6.1(1) of the *Criminal Code*.

Civil penalty provision

(4) A person is liable to a civil penalty if the person contravenes subsection (1).

Civil penalty: 2,000 penalty units.

Note: It is not necessary to prove a person's state of mind in proceedings for a contravention of a civil penalty provision, except in limited circumstances (see section 98).

38 Purchasing non-compliant tobacco products

(1) A person contravenes this subsection if:

(a) the person purchases a tobacco product; and

(b) the product does not comply with a tobacco product requirement.

(2) Subsection (1) does not apply to an individual who purchases the tobacco product for his or her personal use.

Note: There is another exception to subsection (1) in section 49 (non-compliant tobacco products for export).

Fault-based offence

(3) A person commits an offence if the person contravenes subsection (1).

Penalty: 2,000 penalty units.

Note 1: See section 50 in relation to the physical elements of the offence.

Note 2: A defendant bears an evidential burden in relation to the matter in subsection (2) (see subsection 13.3(3) of the *Criminal Code*).

Strict liability offence

(4) A person commits an offence of strict liability if the person contravenes subsection (1).

Penalty: 60 penalty units.

Note 1: For offences of strict liability, see subsection 6.1(1) of the *Criminal Code*.

Note 2: A defendant bears an evidential burden in relation to the matter in subsection (2) (see subsection 13.3(3) of the *Criminal Code*).

Civil penalty provision

(5) A person is liable to a civil penalty if the person contravenes subsection (1).

Civil penalty: 2,000 penalty units.

Note: It is not necessary to prove a person's state of mind in proceedings for a contravention of a civil penalty provision, except in limited circumstances (see section 98).

(6) A person who wishes to rely on subsection (2) in proceedings for a civil penalty order bears an evidential burden in relation to the matter in that subsection.

39 Manufacturing non-compliant tobacco products

(1) A person contravenes this subsection if:

(a) the person manufactures a tobacco product; and

(b) the product does not comply with a tobacco product requirement.

Note: There is an exception to this subsection in section 49 (non-compliant tobacco products for export).

Fault-based offence

(2) A person commits an offence if the person contravenes subsection (1).

Penalty: 2,000 penalty units.

Note: See section 50 in relation to the physical elements of the offence.

Strict liability offence

(3) A person commits an offence of strict liability if the person contravenes subsection (1).

Penalty: 60 penalty units.

Note: For offences of strict liability, see subsection 6.1(1) of the *Criminal Code*.

Civil penalty provision

(4) A person is liable to a civil penalty if the person contravenes subsection (1).

Civil penalty: 2,000 penalty units.

Note: It is not necessary to prove a person's state of mind in proceedings for a contravention of a civil penalty provision, except in limited circumstances (see section 98).

Part 3—Offences and civil penalty provisions relating to constitutional corporations

Division 1—Non-compliant retail packaging of tobacco products

40 Selling or supplying tobacco products to a constitutional corporation in non-compliant retail packaging

(1) A person contravenes this subsection if:

(a) the person:

(i) sells a tobacco product; or

(ii) offers a tobacco product for sale; or

(iii) otherwise supplies (whether or not for consideration) a tobacco product;

to another person; and

(b) that other person is a constitutional corporation; and

(c) at the time the product is sold, offered for sale, or otherwise supplied, the product has been packaged for retail sale; and

(d) the retail packaging does not comply with a tobacco product requirement.

Note 1: There is an exception to this subsection in section 49 (non-compliant tobacco products for export).

Note 2: See subsection 4(2) for an extended meaning of ***offer***.

Fault-based offence

(2) A person commits an offence if the person contravenes subsection (1).

Penalty: 2,000 penalty units.

Note: See section 50 in relation to the physical elements of the offence.

(3) For the purposes of subsection (2), strict liability applies to paragraphs (1)(b) and (c).

Note: For strict liability in relation to a physical element of an offence, see subsection 6.1(2) of the *Criminal Code.*

Strict liability offence

(4) A person commits an offence of strict liability if the person contravenes subsection (1).

Penalty: 60 penalty units.

Note: For offences of strict liability, see subsection 6.1(1) of the *Criminal Code.*

Civil penalty provision

(5) A person is liable to a civil penalty if the person contravenes subsection (1).

Civil penalty: 2,000 penalty units.

Note: It is not necessary to prove a person's state of mind in proceedings for a contravention of a civil penalty provision, except in limited circumstances (see section 98).

41 Purchasing tobacco products from a constitutional corporation in non-compliant retail packaging

(1) A person contravenes this subsection if:

(a) the person purchases a tobacco product from another person; and

(b) the other person is a constitutional corporation; and

(c) at the time the product is purchased, the product has been packaged for retail sale; and

(d) the retail packaging does not comply with a tobacco product requirement.

(2) Subsection (1) does not apply to an individual who purchases the tobacco product for his or her personal use.

Note: There is another exception to subsection (1) in section 49 (non-compliant tobacco products for export).

Fault-based offence

(3) A person commits an offence if the person contravenes subsection (1).

Penalty: 2,000 penalty units.

Note 1: See section 50 in relation to the physical elements of the offence.

Note 2: A defendant bears an evidential burden in relation to the matter in subsection (2) (see subsection 13.3(3) of the *Criminal Code*).

(4) For the purposes of subsection (3), strict liability applies to paragraphs (1)(b) and (c).

Note: For strict liability in relation to a physical element of an offence, see subsection 6.1(2) of the *Criminal Code*.

Strict liability offence

(5) A person commits an offence of strict liability if the person contravenes subsection (1).

Penalty: 60 penalty units.

Note 1: For offences of strict liability, see subsection 6.1(1) of the *Criminal Code*.

Note 2: A defendant bears an evidential burden in relation to the matter in subsection (2) (see subsection 13.3(3) of the *Criminal Code*).

Civil penalty provision

(6) A person is liable to a civil penalty if the person contravenes subsection (1).

Civil penalty: 2,000 penalty units.

Note: It is not necessary to prove a person's state of mind in proceedings for a contravention of a civil penalty provision, except in limited circumstances (see section 98).

(7) A person who wishes to rely on subsection (2) in proceedings for a civil penalty order bears an evidential burden in relation to the matter in that subsection.

42 Packaging tobacco products in non-compliant retail packaging under a contract with a constitutional corporation

(1) A person contravenes this subsection if:

(a) the person packages a tobacco product for retail sale; and

(b) the product is packaged under a contract with a constitutional corporation; and

(c) the retail packaging does not comply with a tobacco product requirement.

Note: There is an exception to this subsection in section 49 (non-compliant tobacco products for export).

Fault-based offence

(2) A person commits an offence if the person contravenes subsection (1).

Penalty: 2,000 penalty units.

Note: See section 50 in relation to the physical elements of the offence.

(3) For the purposes of subsection (2), strict liability applies to:

(a) the element of the offence that the tobacco product is packaged for retail sale; and

(b) paragraph (1)(b).

Note: For strict liability in relation to a physical element of an offence, see subsection 6.1(2) of the *Criminal Code*.

Strict liability offence

(4) A person commits an offence of strict liability if the person contravenes subsection (1).

Penalty: 60 penalty units.

Note: For offences of strict liability, see subsection 6.1(1) of the *Criminal Code*.

Civil penalty provision

(5) A person is liable to a civil penalty if the person contravenes subsection (1).

Civil penalty: 2,000 penalty units.

Note: It is not necessary to prove a person's state of mind in proceedings for a contravention of a civil penalty provision, except in limited circumstances (see section 98).

43 Manufacturing non-compliant retail packaging of tobacco products under a contract with a constitutional corporation

(1) A person contravenes this subsection if:

(a) the person (the ***manufacturer***) manufactures any of the following retail packaging of tobacco products:

(i) a container for retail sale;

(ii) a container for retail sale that contains or will contain smaller containers;

(iii) a plastic or other wrapper that covers or will cover a container or containers for retail sale;

(iv) a plastic or other wrapper that covers or will cover a tobacco product that is for retail sale; and

(b) the retail packaging is manufactured under a contract with a constitutional corporation; and

(c) a tobacco product is packaged for retail sale in the retail packaging by a person other than the manufacturer; and

(d) the retail packaging does not comply with a tobacco product requirement.

Note: There is an exception to this subsection in section 49 (non-compliant tobacco products for export).

Fault-based offence

(2) A person commits an offence if the person contravenes subsection (1).

Penalty: 2,000 penalty units.

Note: See section 50 in relation to the physical elements of the offence.

(3) For the purposes of subsection (2), strict liability applies to:

(a) the element of the offence that the packaging is retail packaging; and

(b) paragraph (1)(b).

Note: For strict liability in relation to a physical element of an offence, see subsection 6.1(2) of the *Criminal Code*.

Strict liability offence

(4) A person commits an offence of strict liability if the person contravenes subsection (1).

Penalty: 60 penalty units.

Note: For offences of strict liability, see subsection 6.1(1) of the *Criminal Code*.

Civil penalty provision

(5) A person is liable to a civil penalty if the person contravenes subsection (1).

Civil penalty: 2,000 penalty units.

Note: It is not necessary to prove a person's state of mind in proceedings for a contravention of a civil penalty provision, except in limited circumstances (see section 98).

44 Packaging tobacco products in non-compliant retail packaging bearing identifying mark of a constitutional corporation

(1) A person contravenes this subsection if:

(a) the person packages a tobacco product for retail sale; and

(b) the trade mark, brand, business or company name, or other identifying mark, of a constitutional corporation appears on the retail packaging; and

(c) the retail packaging does not comply with a tobacco product requirement.

Note: There is an exception to this subsection in section 49 (non-compliant tobacco products for export).

Fault-based offence

(2) A person commits an offence if the person contravenes subsection (1).

Penalty: 2,000 penalty units.

Note: See section 50 in relation to the physical elements of the offence.

(3) For the purposes of subsection (2), strict liability applies to:
  (a) the element of the offence that the tobacco product is packaged for retail sale; and
  (b) paragraph (1)(b).

Note: For strict liability in relation to a physical element of an offence, see subsection 6.1(2) of the *Criminal Code*.

Strict liability offence

(4) A person commits an offence of strict liability if the person contravenes subsection (1).

Penalty: 60 penalty units.

Note: For offences of strict liability, see subsection 6.1(1) of the *Criminal Code*.

Civil penalty provision

(5) A person is liable to a civil penalty if the person contravenes subsection (1).

Civil penalty: 2,000 penalty units.

Note: It is not necessary to prove a person's state of mind in proceedings for a contravention of a civil penalty provision, except in limited circumstances (see section 98).

45 Manufacturing non-compliant retail packaging of tobacco products that bears identifying mark of a constitutional corporation

(1) A person contravenes this subsection if:
  (a) the person (the ***manufacturer***) manufactures any of the following retail packaging of tobacco products:
    (i) a container for retail sale;
    (ii) a container for retail sale that contains or will contain smaller containers;

(iii) a plastic or other wrapper that covers or will cover a container or containers for retail sale;

(iv) a plastic or other wrapper that covers or will cover a tobacco product that is for retail sale; and

(b) the trade mark, brand, business or company name, or other identifying mark, of a constitutional corporation appears on the retail packaging; and

(c) a tobacco product is packaged for retail sale in the retail packaging by a person other than the manufacturer; and

(d) the retail packaging does not comply with a tobacco product requirement.

Note: There is an exception to this subsection in section 49 (non-compliant tobacco products for export).

Fault-based offence

(2) A person commits an offence if the person contravenes subsection (1).

Penalty: 2,000 penalty units.

Note: See section 50 in relation to the physical elements of the offence.

(3) For the purposes of subsection (2), strict liability applies to:

(a) the element of the offence that the packaging is retail packaging; and

(b) paragraph (1)(b).

Note: For strict liability in relation to a physical element of an offence, see subsection 6.1(2) of the *Criminal Code*.

Strict liability offence

(4) A person commits an offence of strict liability if the person contravenes subsection (1).

Penalty: 60 penalty units.

Note: For offences of strict liability, see subsection 6.1(1) of the *Criminal Code*.

Civil penalty provision

(5) A person is liable to a civil penalty if the person contravenes subsection (1).

Civil penalty: 2,000 penalty units.

Note: It is not necessary to prove a person's state of mind in proceedings for a contravention of a civil penalty provision, except in limited circumstances (see section 98).

46 Certain supplies, by or to a constitutional corporation, of tobacco products that have not been packaged for retail sale

(1) A person contravenes this subsection if:

(a) the person:

(i) sells a tobacco product; or

(ii) otherwise supplies (whether or not for consideration) a tobacco product;

to another person (the ***purchaser***); and

(b) either the person or the purchaser is a constitutional corporation; and

(c) the product is not packaged for retail sale; and

(d) at the time of the supply, the person does not have a contract with the purchaser that prohibits the purchaser from supplying the product in Australia in retail packaging that does not comply with the tobacco product requirements.

(2) To avoid doubt, the contract may allow the purchaser to supply the tobacco product without having packaged the product for retail sale.

Fault-based offence

(3) A person commits an offence if the person contravenes subsection (1).

Penalty: 2,000 penalty units.

Note: See section 50 in relation to the physical elements of the offence.

(4) For the purposes of subsection (3), strict liability applies to paragraphs (1)(b) and (c).

Note: For strict liability in relation to a physical element of an offence, see subsection 6.1(2) of the *Criminal Code*.

Strict liability offence

(5) A person commits an offence of strict liability if the person contravenes subsection (1).

Penalty: 60 penalty units.

Note: For offences of strict liability, see subsection 6.1(1) of the *Criminal Code*.

Civil penalty provision

(6) A person is liable to a civil penalty if the person contravenes subsection (1).

Civil penalty: 2,000 penalty units.

Note: It is not necessary to prove a person's state of mind in proceedings for a contravention of a civil penalty provision, except in limited circumstances (see section 98).

Division 2—Non-compliant tobacco products

47 Selling or supplying non-compliant tobacco products to a constitutional corporation

(1) A person contravenes this subsection if:

(a) the person:

(i) sells a tobacco product; or

(ii) offers a tobacco product for sale; or

(iii) otherwise supplies (whether or not for consideration) a tobacco product;

to another person; and

(b) the other person is a constitutional corporation; and

(c) the product does not comply with a tobacco product requirement.

Note 1: There is an exception to this subsection in section 49 (non-compliant tobacco products for export).

Note 2: See subsection 4(2) for an extended meaning of ***offer***.

Fault-based offence

(2) A person commits an offence if the person contravenes subsection (1).

Penalty: 2,000 penalty units.

Note: See section 50 in relation to the physical elements of the offence.

(3) For the purposes of subsection (2), strict liability applies to paragraph (1)(b).

Note: For strict liability in relation to a physical element of an offence, see subsection 6.1(2) of the *Criminal Code*.

Strict liability offence

(4) A person commits an offence of strict liability if the person contravenes subsection (1).

Penalty: 60 penalty units.

Note: For offences of strict liability, see subsection 6.1(1) of the *Criminal Code*.

Civil penalty provision

(5) A person is liable to a civil penalty if the person contravenes subsection (1).

Civil penalty: 2,000 penalty units.

Note: It is not necessary to prove a person's state of mind in proceedings for a contravention of a civil penalty provision, except in limited circumstances (see section 98).

48 Purchasing non-compliant tobacco products from a constitutional corporation

(1) A person contravenes this subsection if:

(a) the person purchases a tobacco product from another person; and

(b) the other person is a constitutional corporation; and

(c) the product does not comply with a tobacco product requirement.

(2) Subsection (1) does not apply to an individual who purchases the tobacco product for his or her personal use.

Note: There is another exception to subsection (1) in section 49 (non-compliant tobacco products for export).

Fault-based offence

(3) A person commits an offence if the person contravenes subsection (1).

Penalty: 2,000 penalty units.

Note 1: See section 50 in relation to the physical elements of the offence.

Note 2: A defendant bears an evidential burden in relation to the matter in subsection (2) (see subsection 13.3(3) of the *Criminal Code*).

(4) For the purposes of subsection (3), strict liability applies to paragraph (1)(b).

Note: For strict liability in relation to a physical element of an offence, see subsection 6.1(2) of the *Criminal Code*.

Strict liability offence

(5) A person commits an offence of strict liability if the person contravenes subsection (1).

Penalty: 60 penalty units.

Note 1: For offences of strict liability, see subsection 6.1(1) of the *Criminal Code*.

Note 2: A defendant bears an evidential burden in relation to the matter in subsection (2) (see subsection 13.3(3) of the *Criminal Code*).

Civil penalty provision

(6) A person is liable to a civil penalty if the person contravenes subsection (1).

Civil penalty: 2,000 penalty units.

Note: It is not necessary to prove a person's state of mind in proceedings for a contravention of a civil penalty provision, except in limited circumstances (see section 98).

(7) A person who wishes to rely on subsection (2) in proceedings for a civil penalty order bears an evidential burden in relation to the matter in that subsection.

Part 4—Export exception and physical elements of offences

49 Export exception for non-compliant tobacco products

(1) Subsection (1) of any of sections 31 to 48 (other than section 36 or 46) does not apply if:

(a) a person (the ***relevant person***):

(i) engages in the conduct to which that subsection applies in relation to a tobacco product; or

(ii) manufactures retail packaging, and a tobacco product is packaged for retail sale in the retail packaging by another person; and

(b) a contract or arrangement has been entered into, or an understanding has been arrived at, for the tobacco product to be exported (whether or not the relevant person is a party to that contract, arrangement or understanding); and

(c) the relevant person engages in that conduct, or manufactures that retail packaging, in the course of, or for the purposes of, the tobacco product being exported; and

(d) if the relevant person supplies or purchases the tobacco product, or offers to supply the tobacco product:

(i) the supply is not a retail sale; or

(ii) the relevant person does not purchase the product in the course of a retail sale; or

(iii) the relevant person does not offer the product for retail sale;

(as the case requires).

Note: A defendant bears an evidential burden in relation to the matters in subsection (1) (see subsection 13.3(3) of the *Criminal Code*).

(2) A person who wishes to rely on subsection (1) in proceedings for a civil penalty order bears an evidential burden in relation to the matters in that subsection.

50 Physical elements of offences

For the purposes of applying Chapter 2 of the *Criminal Code* to an offence in a section in this Chapter, the physical elements of the offence are set out in subsection (1) of the section.

Note: Chapter 2 of the *Criminal Code* sets out general principles of criminal responsibility.

Chapter 4—Powers to investigate contraventions of this Act

Part 1—Simplified outline

51 Simplified outline

The following is a simplified outline of this Chapter:

- An authorised officer may enter premises under Part 2 of this Chapter if there are reasonable grounds for suspecting that there may be material on the premises related to the commission of an offence or the contravention of a civil penalty provision in this Act.
- Entry must be with the consent of the occupier of the premises or under a warrant.
- An authorised officer who enters premises may exercise search powers. The authorised officer may be assisted by other persons if that assistance is necessary and reasonable.
- The occupier of the premises has certain rights and responsibilities.
- An authorised officer can require information or documents to be produced under Part 3 of this Chapter.
- Authorised officers are appointed by the Secretary under Part 4 of this Chapter.

Part 2—Search warrants

Division 1—Search powers

52 Authorised officer may enter premises by consent or under a warrant

(1) If an authorised officer has reasonable grounds for suspecting that there may be evidential material on any premises, the authorised officer may:

(a) enter the premises; and

(b) exercise the search powers (set out in sections 53, 54 and 55).

(2) However, an authorised officer is not authorised to enter the premises unless:

(a) the occupier of the premises has consented to the entry and the authorised officer has shown his or her identity card if required by the occupier; or

(b) the entry is made under a warrant.

Note: If entry to the premises is with the occupier's consent, the authorised officer must leave the premises if the consent ceases to have effect (see section 59).

53 Search powers of authorised officers

The following are the ***search powers*** that an authorised officer may exercise in relation to premises under section 52:

(a) if entry to the premises is with the occupier's consent—the power to search the premises and any thing on the premises for the evidential material the authorised officer has reasonable grounds for suspecting may be on the premises;

(b) if entry to the premises is under a warrant:

(i) the power to search the premises and any thing on the premises for the kind of evidential material specified in the warrant; and

(ii) the power to seize evidential material of that kind if the authorised officer finds it on the premises;

(c) the power to inspect, examine, take measurements of, conduct tests on or take samples of evidential material referred to in paragraph (a) or (b);

(d) the power to make any still or moving image or any recording of the premises or evidential material referred to in paragraph (a) or (b);

(e) the power to take onto the premises such equipment and materials as the authorised officer requires for the purpose of exercising powers in relation to the premises;

(f) the powers set out in subsections 54(1) and (2) and section 55.

54 Powers relating to electronic equipment

(1) The ***search powers*** include the power to operate electronic equipment on the premises if the authorised officer has reasonable grounds for suspecting that:

(a) the equipment; or

(b) a disk, tape or other storage device that:

(i) is on the premises; and

(ii) can be used with the equipment or is associated with it;

contains evidential material referred to in paragraph 53(a) or (b).

(2) The ***search powers*** include the following powers in relation to evidential material described in subsection (1) found in the exercise of the power under that subsection:

(a) if entry to the premises is under a warrant—the power to seize the equipment and the disk, tape or other storage device referred to in that subsection;

(b) the power to operate electronic equipment on the premises to put the evidential material in documentary form and remove the documents so produced from the premises;

(c) the power to operate electronic equipment on the premises to transfer the evidential material to a disk, tape or other storage device that:

(i) is brought to the premises for the exercise of the power; or

(ii) is on the premises and the use of which for that purpose has been agreed in writing by the occupier of the premises;

and remove the disk, tape or other storage device from the premises.

(3) An authorised officer may operate electronic equipment as mentioned in subsection (1) or (2) only if he or she believes on reasonable grounds that the operation of the equipment can be carried out without damage to the equipment.

Note: For compensation for damage to electronic equipment, see section 66.

(4) An authorised officer may seize equipment or a disk, tape or other storage device as mentioned in paragraph (2)(a) only if:

(a) it is not practicable to put the evidential material in documentary form as mentioned in paragraph (2)(b) or to transfer the evidential material as mentioned in paragraph (2)(c); or

(b) possession of the equipment or the disk, tape or other storage device by the occupier could constitute an offence against a law of the Commonwealth.

55 Seizing other evidential material

The ***search powers*** include seizing a thing from premises if:

(a) entry to the premises is under a warrant; and

(b) the authorised officer finds the thing in the course of searching for the kind of evidential material specified in the warrant; and

(c) the authorised officer believes on reasonable grounds that the thing is other evidential material; and

(d) the authorised officer believes on reasonable grounds that it is necessary to seize the thing in order to prevent its concealment, loss or destruction.

56 Persons assisting authorised officers

Authorised officers may be assisted by other persons

(1) An authorised officer may be assisted by other persons in exercising powers or performing functions or duties under this Part, if that assistance is necessary and reasonable. A person giving such assistance is a ***person assisting*** the authorised officer.

Powers of a person assisting the authorised officer

(2) A person assisting the authorised officer:
   (a) may enter the premises; and
   (b) may exercise powers and perform functions and duties under this Part in relation to evidential material; and
   (c) must do so in accordance with a direction given to the person assisting by the authorised officer.

(3) A power exercised by a person assisting the authorised officer as mentioned in subsection (2) is taken for all purposes to have been exercised by the authorised officer.

(4) A function or duty performed by a person assisting the authorised officer as mentioned in subsection (2) is taken for all purposes to have been performed by the authorised officer.

(5) If a direction is given under paragraph (2)(c) in writing, the direction is not a legislative instrument.

57 Use of force in executing a warrant

In executing a warrant, an authorised officer, or a person assisting an authorised officer, may use such force against things as is necessary and reasonable in the circumstances.

Division 2—Powers of authorised officers to ask questions and seek production of documents

58 Authorised officer may ask questions and seek production of documents

Entry with consent—officer may ask questions etc.

(1) If an authorised officer is authorised to enter premises because the occupier of the premises consented to the entry, the authorised officer may ask the occupier to:

(a) answer any questions relating to the reasons for the authorised officer entering the premises that are put by the authorised officer; and

(b) produce any document relating to the reasons for the authorised officer entering the premises that is requested by the authorised officer.

Entry under a warrant—officer may require answers etc.

(2) If an authorised officer is authorised to enter premises by a warrant, the authorised officer may require any person on the premises to:

(a) answer any questions relating to the reasons for the authorised officer entering the premises that are put by the authorised officer; and

(b) produce any document relating to the reasons for the authorised officer entering the premises that is requested by the authorised officer.

Note: For self-incrimination, see section 83.

Offence for failure to comply when entry under warrant

(3) A person commits an offence if:

(a) the person is subject to a requirement under subsection (2); and

(b) the person fails to comply with the requirement.

Penalty for contravention of this subsection: 30 penalty units.

Division 3—Obligations and incidental powers of authorised officers

59 Consent

(1) Before obtaining the consent of an occupier of premises for the purposes of paragraph 52(2)(a), an authorised officer must inform the occupier that the occupier may refuse consent.

(2) A consent has no effect unless the consent is voluntary.

(3) A consent may be expressed to be limited to entry during a particular period. If so, the consent has effect for that period unless the consent is withdrawn before the end of that period.

(4) A consent that is not limited as mentioned in subsection (3) has effect until the consent is withdrawn.

(5) If an authorised officer has entered premises because of the consent of the occupier of the premises, the authorised officer, and any person assisting the authorised officer, must leave the premises if the consent ceases to have effect.

60 Announcement before entry under warrant

(1) Before entering premises under a warrant, an authorised officer must:

(a) announce that he or she is authorised to enter the premises; and

(b) show his or her identity card to the occupier of the premises, or to another person who apparently represents the occupier, if the occupier or other person is present at the premises; and

(c) give any person at the premises an opportunity to allow entry to the premises.

(2) However, an authorised officer is not required to comply with subsection (1) if he or she believes on reasonable grounds that immediate entry to the premises is required:

(a) to ensure the safety of a person; or

(b) to ensure that the effective execution of the warrant is not frustrated.

(3) If:

(a) an authorised officer does not comply with subsection (1) because of subsection (2); and

(b) the occupier of the premises, or another person who apparently represents the occupier, is present at the premises;

the authorised officer must show his or her identity card to the occupier or other person, as soon as practicable after entering the premises.

61 Authorised officer to be in possession of warrant

An authorised officer who is executing a warrant must be in possession of:

(a) the warrant issued by the issuing officer under section 75 (ordinary warrants), or a copy of the warrant as so issued; or

(b) the form of warrant completed under subsection 76(6) (telephone warrants), or a copy of the form as so completed.

62 Details of warrant etc. to be given to occupier

(1) An authorised officer must comply with subsection (2) if:

(a) a warrant is being executed in relation to premises; and

(b) the occupier of the premises, or another person who apparently represents the occupier, is present at the premises.

(2) The authorised officer must, as soon as practicable:

(a) do one of the following:

(i) if the warrant was issued under section 75 (ordinary warrants)—make a copy of the warrant available to the occupier or other person (which need not include the signature of the issuing officer who issued it);

(ii) if the warrant was signed under section 76 (telephone warrants)—make a copy of the form of warrant completed under subsection 76(6) available to the occupier or other person; and

(b) inform the occupier or other person of the rights and responsibilities of the occupier or other person under Division 4.

63 Completing execution of warrant after temporary cessation

(1) This section applies if an authorised officer, and all persons assisting, who are executing a warrant in relation to premises temporarily cease its execution and leave the premises.

(2) The authorised officer, and persons assisting, may complete the execution of the warrant if:

(a) the warrant is still in force; and

(b) the officers and persons assisting are absent from the premises:

(i) for not more than 1 hour; or

(ii) if there is an emergency situation, for not more than 12 hours or such longer period as allowed by an issuing officer under subsection (5); or

(iii) for a longer period if the occupier of the premises consents in writing.

Application for extension in emergency situation

(3) An authorised officer, or person assisting, may apply to an issuing officer for an extension of the 12-hour period mentioned in subparagraph (2)(b)(ii) if:

(a) there is an emergency situation; and

(b) the officer or person assisting believes on reasonable grounds that the officer and the persons assisting will not be able to return to the premises within that period.

(4) If it is practicable to do so, before making the application, the authorised officer or person assisting must give notice to the occupier of the premises of his or her intention to apply for an extension.

Extension in emergency situation

(5) An issuing officer may extend the period during which the authorised officer and persons assisting may be away from the premises if:

(a) an application is made under subsection (3); and

(b) the issuing officer is satisfied, by information on oath or affirmation, that there are exceptional circumstances that justify the extension; and

(c) the extension would not result in the period ending after the warrant ceases to be in force.

64 Completing execution of warrant stopped by court order

An authorised officer, and any persons assisting, may complete the execution of a warrant that has been stopped by an order of a court if:

(a) the order is later revoked or reversed on appeal; and

(b) the warrant is still in force when the order is revoked or reversed.

65 Expert assistance to operate electronic equipment

(1) This section applies to premises to which a warrant relates.

Securing equipment

(2) An authorised officer may do whatever is necessary to secure any electronic equipment that is on premises if he or she believes on reasonable grounds that:

(a) there is on the premises evidential material of the kind specified in the warrant; and

(b) that evidential material may be accessible by operating the equipment; and

(c) expert assistance is required to operate the equipment; and

(d) the evidential material may be destroyed, altered or otherwise interfered with, if the authorised officer does not take action under this subsection.

The equipment may be secured by locking it up, placing a guard or any other means.

(3) The authorised officer must give notice to the occupier of the premises, or another person who apparently represents the occupier, of:

(a) his or her intention to secure the equipment; and

(b) the fact that the equipment may be secured for up to 24 hours.

Period equipment may be secured

(4) The equipment may be secured until the earlier of the following happens:

(a) the 24-hour period ends;

(b) the equipment has been operated by the expert.

Note: For compensation for damage to electronic equipment, see section 66.

Extensions

(5) The authorised officer may apply to an issuing officer for an extension of the 24-hour period if he or she believes on reasonable grounds that the equipment needs to be secured for more than that period.

(6) Before making the application, the authorised officer must give notice to the occupier of the premises, or another person who apparently represents the occupier, of his or her intention to apply for an extension. The occupier or other person is entitled to be heard in relation to that application.

(7) The provisions of this Part relating to the issue of warrants apply, with such modifications as are necessary, to the issue of an extension.

(8) The 24-hour period may be extended more than once.

66 Compensation for damage to electronic equipment

(1) This section applies if:

(a) as a result of electronic equipment being operated as mentioned in this Part:
   (i) damage is caused to the equipment; or
   (ii) the data recorded on the equipment is damaged; or
   (iii) programs associated with the use of the equipment, or with the use of the data, are damaged or corrupted; and

(b) the damage or corruption occurs because:
   (i) insufficient care was exercised in selecting the person who was to operate the equipment; or
   (ii) insufficient care was exercised by the person operating the equipment.

(2) The Commonwealth must pay the owner of the equipment, or the user of the data or programs, such reasonable compensation for the damage or corruption as the Commonwealth and the owner or user agree on.

(3) However, if the owner or user and the Commonwealth fail to agree, the owner or user may institute proceedings in a court of competent jurisdiction for such reasonable amount of compensation as the court determines.

(4) In determining the amount of compensation payable, regard is to be had to whether the occupier of the premises, or the occupier's employees or agents, if they were available at the time, provided any appropriate warning or guidance on the operation of the equipment.

Division 4—Occupier's rights and responsibilities

67 Occupier entitled to observe execution of warrant

(1) The occupier, or another person who apparently represents the occupier, is entitled to observe the execution of a warrant if the occupier or other person is present at the premises while the warrant is being executed.

(2) The right to observe the execution of the warrant ceases if the occupier or other person impedes that execution.

(3) This section does not prevent the execution of the warrant in 2 or more areas of the premises at the same time.

68 Occupier to provide authorised officer with facilities and assistance

(1) The occupier of premises to which a warrant relates, or another person who apparently represents the occupier, must provide:

(a) an authorised officer executing the warrant; and

(b) any person assisting the authorised officer;

with all reasonable facilities and assistance for the effective exercise of their powers, and the effective performance of their functions and duties.

Offence

(2) A person commits an offence if:

(a) the person is subject to subsection (1); and

(b) the person fails to comply with that subsection.

Penalty for contravention of this subsection: 30 penalty units.

Division 5—General provisions relating to seizure

69 Copies of seized things to be provided

(1) This section applies if:

(a) a warrant is being executed in relation to premises; and

(b) an authorised officer seizes one or more of the following from the premises under this Part:

(i) a document, film, computer file or other thing that can be readily copied;

(ii) a storage device, the information in which can be readily copied.

(2) The occupier of the premises, or another person who apparently represents the occupier and who is present when the warrant is executed, may request the authorised officer to give a copy of the thing or the information to the occupier or other person.

(3) The authorised officer must comply with such a request as soon as practicable after the seizure.

(4) However, the authorised officer is not required to comply with such a request if possession of the document, film, computer file, thing or information by the occupier or other person could constitute an offence against a law of the Commonwealth.

70 Receipts for seized things

(1) An authorised officer must provide a receipt for a thing that is seized under this Part.

(2) One receipt may cover 2 or more things that are seized.

71 Return of seized things

(1) The Secretary must take reasonable steps to return a thing seized under this Part when the earliest of the following happens:

(a) the reason for the thing's seizure no longer exists;

(b) it is decided that the thing is not to be used in evidence;
(c) the period of 60 days after the thing's seizure ends.

Note: See subsections (2) and (3) for exceptions to this rule.

Exceptions

(2) Subsection (1):
(a) is subject to any contrary order of a court; and
(b) does not apply if the thing:
(i) is forfeited or forfeitable to the Commonwealth; or
(ii) is the subject of a dispute as to ownership.

(3) The Secretary is not required to take reasonable steps to return a thing because of paragraph (1)(c) if:
(a) proceedings in respect of which the thing may afford evidence were instituted before the end of the 60 days and have not been completed (including an appeal to a court in relation to those proceedings); or
(b) the thing may continue to be retained because of an order under section 72; or
(c) the Commonwealth, the Secretary or an authorised officer is otherwise authorised (by a law, or an order of a court, of the Commonwealth or of a State or Territory) to retain, destroy, dispose of or otherwise deal with the thing.

Return of thing

(4) A thing that is required to be returned under this section must be returned to the person from whom it was seized (or to the owner if that person is not entitled to possess it).

72 Issuing officer may permit a seized thing to be retained

Application to retain seized thing

(1) The Secretary may apply to an issuing officer for an order permitting the retention of a thing seized under this Part for a further period if proceedings in respect of which the thing may afford evidence have not commenced before the end of:

(a) 60 days after the seizure; or

(b) a period previously specified in an order of an issuing officer under this section.

(2) Before making the application, the Secretary must:

(a) take reasonable steps to discover who has an interest in the retention of the thing; and

(b) if it is practicable to do so, notify each person whom the Secretary believes to have such an interest of the proposed application.

Order to retain seized thing

(3) The issuing officer may order that the thing may continue to be retained for a period specified in the order if the issuing officer is satisfied that it is necessary for the thing to continue to be retained:

(a) for the purposes of investigating whether:

(i) an offence has been committed against this Act, or the *Crimes Act 1914* or the *Criminal Code* to the extent that it relates to this Act; or

(ii) a civil penalty provision in this Act has been contravened; or

(b) to enable evidence of such an offence or contravention to be secured for the purposes of a prosecution or action.

(4) The period specified must not exceed 3 years.

73 Disposal of seized things

(1) The Secretary may dispose of a thing seized under this Part if:

(a) the Secretary has taken reasonable steps to return the thing to a person; and

(b) either:

(i) the Secretary has been unable to locate the person; or

(ii) the person has refused to take possession of the thing.

(2) The Secretary may dispose of the thing in any manner that he or she thinks appropriate.

74 Compensation for acquisition of property

(1) If the operation of section 73 would result in an acquisition of property from a person otherwise than on just terms, the Commonwealth is liable to pay a reasonable amount of compensation to the person.

(2) If the Commonwealth and the person do not agree on the amount of the compensation, the person may institute proceedings in a court of competent jurisdiction for the recovery from the Commonwealth of such reasonable amount of compensation as the court determines.

Division 6—Issue of warrants

75 Issue of warrants

Application for warrant

(1) An authorised officer may apply to an issuing officer for a warrant under this section in relation to premises.

Issue of warrant

(2) The issuing officer may issue the warrant if the issuing officer is satisfied, by information on oath or affirmation, that there are reasonable grounds for suspecting that there is, or there may be within the next 72 hours, evidential material on the premises.

(3) However, the issuing officer must not issue the warrant unless the authorised officer or some other person has given to the issuing officer, either orally or by affidavit, such further information (if any) as the issuing officer requires concerning the grounds on which the issue of the warrant is being sought.

Content of warrant

(4) The warrant must:

(a) state the offence or offences, or civil penalty provision or civil penalty provisions, to which the warrant relates; and

(b) describe the premises to which the warrant relates; and

(c) state that the warrant is issued under this Division; and

(d) specify the kind of evidential material that is to be searched for under the warrant; and

(e) state that the evidential material specified, and any other evidential material found in the course of executing the warrant, may be seized under the warrant; and

(f) name one or more authorised officers; and

(g) authorise the authorised officers named in the warrant:

(i) to enter the premises; and

(ii) to exercise the powers set out in this Part in relation to the premises; and

(h) state whether entry is authorised to be made at any time of the day or during specified hours of the day; and

(i) specify the day (not more than 1 week after the issue of the warrant) on which the warrant ceases to be in force.

76 Warrants by telephone, fax etc.

Application for warrant

(1) An authorised officer may apply to an issuing officer by telephone, fax or other electronic means for a warrant under section 75 in relation to premises:

(a) in an urgent case; or

(b) if the delay that would occur if an application were made in person would frustrate the effective execution of the warrant.

(2) The issuing officer may require communication by voice to the extent that it is practicable in the circumstances.

(3) Before applying for the warrant, the authorised officer must prepare an information of the kind mentioned in subsection 75(2) in relation to the premises that sets out the grounds on which the warrant is sought. If it is necessary to do so, the authorised officer may apply for the warrant before the information is sworn or affirmed.

Issuing officer may complete and sign warrant

(4) The issuing officer may complete and sign the same warrant that would have been issued under section 75 if the issuing officer is satisfied that there are reasonable grounds for doing so:

(a) after considering the terms of the information; and

(b) after receiving such further information (if any) as the issuing officer requires concerning the grounds on which the issue of the warrant is being sought.

(5) After completing and signing the warrant, the issuing officer must inform the authorised officer, by telephone, fax or other electronic means, of:

(a) the terms of the warrant; and

(b) the day on which, and the time at which, the warrant was signed.

Obligations on authorised officer

(6) The authorised officer must then do the following:

(a) complete a form of warrant in the same terms as the warrant completed and signed by the issuing officer;

(b) state on the form the following:

(i) the name of the issuing officer;

(ii) the day on which, and the time at which, the warrant was signed;

(c) send the following to the issuing officer:

(i) the form of warrant completed by the authorised officer;

(ii) the information referred to in subsection (3), which must have been duly sworn or affirmed.

(7) The authorised officer must comply with paragraph (6)(c) by the end of the day after the earlier of the following:

(a) the day on which the warrant ceases to be in force;

(b) the day on which the warrant is executed.

Issuing officer to attach documents together

(8) The issuing officer must attach the documents provided under paragraph (6)(c) to the warrant signed by the issuing officer.

77 Authority of warrant

(1) A form of warrant duly completed under subsection 76(6) is authority for the same powers as are authorised by the warrant signed by the issuing officer under subsection 76(4).

(2) In any proceedings, a court is to assume (unless the contrary is proved) that an exercise of power was not authorised by a warrant under section 76 if:

(a) it is material, in those proceedings, for the court to be satisfied that the exercise of power was authorised by that section; and

(b) the warrant signed by the issuing officer authorising the exercise of the power is not produced in evidence.

78 Offence relating to warrants by telephone, fax etc.

An authorised officer must not:

(a) state in a document that purports to be a form of warrant under section 76 the name of an issuing officer unless that issuing officer signed the warrant; or

(b) state on a form of warrant under that section a matter that, to the authorised officer's knowledge, departs in a material particular from the terms of the warrant signed by the issuing officer under that section; or

(c) purport to execute, or present to another person, a document that purports to be a form of warrant under that section that the authorised officer knows departs in a material particular from the terms of a warrant signed by an issuing officer under that section; or

(d) give to an issuing officer a form of warrant under that section that is not the form of warrant that the authorised officer purported to execute.

Penalty: Imprisonment for 2 years.

Division 7—Powers of issuing officers

79 Powers of issuing officers

Consent to conferral of powers

(1) An issuing officer may, by writing, consent to have powers conferred by this Part.

Nomination by Attorney-General

(2) The Attorney-General may, by writing, nominate an issuing officer in relation to whom a consent is in force under subsection (1) to exercise powers conferred by this Part.

Powers conferred personally

(3) A power conferred on an issuing officer by this Part is conferred on the issuing officer:
 (a) in a personal capacity; and
 (b) in relation to a Judge of a court created by the Parliament or a Federal Magistrate—not as a court or a member of a court.

Protection and immunity—Judges and Federal Magistrates

(4) An issuing officer who is a Judge of a court created by the Parliament, or a Federal Magistrate, exercising a power conferred by this Part has the same protection and immunity as if he or she were exercising the power:
 (a) as the court of which the issuing officer is a member; or
 (b) as a member of the court of which the issuing officer is a member.

Protection and immunity—Deputy Presidents and non-presidential members

(5) An issuing officer who is a Deputy President or non-presidential member of the Administrative Appeals Tribunal exercising a

power conferred by this Part has the same protection and immunity as a Justice of the High Court.

Part 3—Power to require persons to give information, produce documents or answer questions

80 Power to require persons to give information, produce documents or answer questions

(1) An authorised officer may give a notice to a person under subsection (2) if the authorised officer has reason to believe that the person has information or a document that is relevant to the administration or enforcement of this Act.

(2) The authorised officer may, by written notice given to the person, require the person:

(a) to give any such information to a specified authorised officer; or

(b) to produce any such document to a specified authorised officer; or

(c) to appear before a specified authorised officer to answer questions.

Note: For self-incrimination, see section 83.

(3) The notice must:

(a) if paragraph (2)(a) or (b) applies:

(i) specify the period (which must be at least 14 days after the notice is given to the person) within which the person is required to comply with the notice; and

(ii) specify the manner in which the person is required to comply with the notice; and

(b) if paragraph (2)(c) applies—specify a time and place at which the person is to appear; and

(c) in any case—state the effect of subsection (6) (offence for failure to comply).

Oath or affirmation

(4) An authorised officer may require answers provided under paragraph (2)(c) to be verified by, or given on, oath or affirmation and either orally or in writing.

(5) An authorised officer to whom information or answers are verified or given may administer the oath or affirmation.

Offence

(6) A person commits an offence if:

(a) the person is given a notice under subsection (2); and

(b) the person fails to comply with the notice.

Penalty for contravention of this subsection: 30 penalty units.

Part 4—Miscellaneous

81 Appointment of authorised officers

(1) The Secretary may, in writing, appoint the following persons as authorised officers:

(a) a person who is appointed or engaged under the *Public Service Act 1999*;

(b) a member or special member of the Australian Federal Police.

(2) The Secretary may appoint a person as an authorised officer only if the Secretary is satisfied that the person has suitable qualifications, training or experience.

(3) An authorised officer is appointed for the period specified in the instrument of appointment.

Note: An authorised officer is eligible for reappointment (see section 33AA of the *Acts Interpretation Act 1901*).

82 Identity cards

(1) The Secretary must issue an identity card to an authorised officer.

Form of identity card

(2) The identity card must:

(a) be in the form approved by the Secretary; and

(b) contain a recent photograph of the authorised officer.

Authorised officer must carry card

(3) An authorised officer must carry the identity card at all times when exercising powers and performing functions and duties as an authorised officer.

Offence

(4) A person commits an offence if:

(a) the person ceases to be an authorised officer; and
(b) within 14 days of so ceasing, the person does not return the person's identity card to the Secretary.

Penalty: 1 penalty unit.

(5) Subsection (4) is an offence of strict liability.

Note: For offences of strict liability, see subsection 6.1(1) of the *Criminal Code*.

Exception—card lost or destroyed

(6) Subsection (4) does not apply if the identity card was lost or destroyed.

Note: A defendant bears an evidential burden in relation to the matter in this subsection (see subsection 13.3(3) of the *Criminal Code*).

83 Self-incrimination

(1) A person is not excused from giving information, producing a document or answering a question under subsection 58(2) or 80(2) on the ground that the information, the production of the document, or answer to the question, might tend to incriminate the person or expose the person to a penalty.

(2) However, in the case of an individual none of the following is admissible in evidence against the individual in criminal proceedings:
(a) the information given, the document produced or the answer given;
(b) giving the information, producing the document or answering the question;
(c) any information, document or thing obtained as a direct or indirect consequence of giving the information, producing the document or answering the question.

Chapter 5—Enforcing compliance with this Act

Part 1—Simplified outline

84 Simplified outline

The following is a simplified outline of this Chapter:

- Civil penalty orders may be sought under Part 2 of this Chapter from the Federal Court in relation to contraventions of civil penalty provisions.
- Part 2 also contains some rules of general application in relation to civil penalty provisions.
- Alternatively, a person can be given an infringement notice under Part 3 of this Chapter in relation to a contravention of an offence of strict liability.
- A person who is given an infringement notice can choose to pay an amount as an alternative to having court proceedings brought against the person for a contravention of an offence or civil penalty provision. If the person does not choose to pay the amount, proceedings can be brought against the person in relation to the contravention.

Part 2—Civil penalty provisions

Division 1—Obtaining a civil penalty order

85 Civil penalty orders

Application for order

(1) The Secretary may apply to the Federal Court for an order that a person, who is alleged to have contravened a civil penalty provision, pay the Commonwealth a pecuniary penalty.

(2) The Secretary must make the application within 6 years of the alleged contravention.

Court may order person to pay pecuniary penalty

(3) If the Federal Court is satisfied that the person has contravened the civil penalty provision, the court may order the person to pay to the Commonwealth such pecuniary penalty for the contravention as the court determines to be appropriate.

Note: Subsection (5) sets out the maximum penalty that the court may order the person to pay.

(4) An order under subsection (3) is a ***civil penalty order***.

Determining pecuniary penalty

(5) The pecuniary penalty must not be more than:
  (a) if the person is a body corporate—5 times the amount of the pecuniary penalty specified for the civil penalty provision; and
  (b) otherwise—the amount of the pecuniary penalty specified for the civil penalty provision.

(6) In determining the pecuniary penalty, the court may take into account all relevant matters, including:
  (a) the nature and extent of the contravention; and

(b) the nature and extent of any loss or damage suffered because of the contravention; and

(c) the circumstances in which the contravention took place; and

(d) whether the person has previously been found by a court in proceedings under one or more of the following to have engaged in any similar conduct:

(i) this Act;

(ii) the *Crimes Act 1914* or the *Criminal Code* in relation to this Act.

86 Civil enforcement of penalty

(1) A pecuniary penalty is a debt payable to the Commonwealth.

(2) The Commonwealth may enforce a civil penalty order as if it were an order made in civil proceedings against the person to recover a debt due by the person. The debt arising from the order is taken to be a judgement debt.

87 Conduct contravening more than one civil penalty provision

(1) If conduct constitutes a contravention of 2 or more civil penalty provisions, proceedings may be instituted under this Part against a person in relation to the contravention of any one or more of those provisions.

(2) However, the person is not liable to more than one pecuniary penalty under this Part in relation to the same conduct.

88 Multiple contraventions

(1) The Federal Court may make a single civil penalty order against a person for multiple contraventions of a civil penalty provision if proceedings for the contraventions are founded on the same facts, or if the contraventions form, or are part of, a series of contraventions of the same or a similar character.

(2) However, the penalty must not exceed the sum of the maximum penalties that could be ordered if a separate penalty were ordered for each of the contraventions.

89 Proceedings may be heard together

The Federal Court may direct that 2 or more proceedings for civil penalty orders are to be heard together.

90 Civil evidence and procedure rules for civil penalty orders

The Federal Court must apply the rules of evidence and procedure for civil matters when hearing proceedings for a civil penalty order.

91 Contravening a civil penalty provision is not an offence

A contravention of a civil penalty provision is not an offence.

Division 2—Civil proceedings and criminal proceedings

92 Civil proceedings after criminal proceedings

The Federal Court may not make a civil penalty order against a person for a contravention of a civil penalty provision if the person has been convicted of an offence constituted by conduct that is the same, or substantially the same, as the conduct constituting the contravention.

93 Criminal proceedings during civil proceedings

(1) Proceedings for a civil penalty order against a person for a contravention of a civil penalty provision are stayed if:

(a) criminal proceedings are commenced or have already been commenced against the person for an offence; and

(b) the offence is constituted by conduct that is the same, or substantially the same, as the conduct alleged to constitute the contravention.

(2) The proceedings for the order (the ***civil proceedings***) may be resumed if the person is not convicted of the offence. Otherwise, the civil proceedings are dismissed.

94 Criminal proceedings after civil proceedings

Criminal proceedings may be commenced against a person for conduct that is the same, or substantially the same, as conduct that would constitute a contravention of a civil penalty provision regardless of whether a civil penalty order has been made against the person in relation to the contravention.

95 Evidence given in civil proceedings not admissible in criminal proceedings

(1) Evidence of information given, or evidence of production of documents, by an individual is not admissible in criminal proceedings against the individual if:

(a) the individual previously gave the evidence or produced the documents in proceedings for a civil penalty order against the individual for an alleged contravention of a civil penalty provision (whether or not the order was made); and

(b) the conduct alleged to constitute the offence is the same, or substantially the same, as the conduct alleged to constitute the contravention.

(2) However, subsection (1) does not apply to criminal proceedings in relation to the falsity of the evidence given by the individual in the proceedings for the civil penalty order.

Division 3—Miscellaneous

96 Ancillary contravention of civil penalty provisions

(1) A person must not:
  (a) attempt to contravene a civil penalty provision; or
  (b) aid, abet, counsel or procure a contravention of a civil penalty provision; or
  (c) induce (by threats, promises or otherwise) a contravention of a civil penalty provision; or
  (d) be in any way, directly or indirectly, knowingly concerned in, or party to, a contravention of a civil penalty provision; or
  (e) conspire with others to effect a contravention of a civil penalty provision.

Note: Section 98 (which provides that a person's state of mind does not need to be proven in relation to a civil penalty provision) does not apply to this subsection.

Civil penalty

(2) A person who contravenes subsection (1) in relation to a civil penalty provision is taken to have contravened the provision.

97 Mistake of fact

(1) A person is not liable to have a civil penalty order made against the person for a contravention of a civil penalty provision if:
  (a) at or before the time of the conduct constituting the contravention, the person:
    (i) considered whether or not facts existed; and
    (ii) was under a mistaken but reasonable belief about those facts; and
  (b) had those facts existed, the conduct would not have constituted a contravention of the civil penalty provision.

(2) For the purposes of subsection (1), a person may be regarded as having considered whether or not facts existed if:

(a) the person had considered, on a previous occasion, whether those facts existed in the circumstances surrounding that occasion; and

(b) the person honestly and reasonably believed that the circumstances surrounding the present occasion were the same, or substantially the same, as those surrounding the previous occasion.

(3) A person who wishes to rely on subsection (1) or (2) in proceedings for a civil penalty order bears an evidential burden in relation to that matter.

98 State of mind

(1) In proceedings for a civil penalty order against a person for a contravention of a civil penalty provision (other than subsection 96(1)), it is not necessary to prove:

(a) the person's intention; or

(b) the person's knowledge; or

(c) the person's recklessness; or

(d) the person's negligence; or

(e) any other state of mind of the person.

(2) Subsection (1) of this section does not affect the operation of section 97 (mistake of fact).

99 Civil penalty provisions contravened by employees, agents or officers

If an element of a civil penalty provision is done by an employee, agent or officer of a body corporate acting within the actual or apparent scope of his or her employment, or within his or her actual or apparent authority, the element must also be attributed to the body corporate.

Part 3—Infringement notices

100 When an infringement notice may be given

(1) If an authorised officer has reasonable grounds to believe that a person has contravened an offence of strict liability in Chapter 3, the authorised officer may give to the person an infringement notice for the alleged contravention.

(2) The infringement notice must be given within 12 months after the day on which the contravention is alleged to have taken place.

(3) A single infringement notice must relate only to a single contravention of a single provision.

101 Matters to be included in an infringement notice

An infringement notice must:

(a) be identified by a unique number; and
(b) state the day on which it is given; and
(c) state the name of the person to whom the notice is given; and
(d) state the name of the person who gave the notice; and
(e) give brief details of the alleged contravention, including:
  (i) the provision that was allegedly contravened; and
  (ii) the maximum penalty that a court could impose for the contravention; and
  (iii) the time (if known) and day of, and the place of, the alleged contravention; and
(f) state that the following amount is payable under the notice:
  (i) if the person is a body corporate—60 penalty units;
  (ii) otherwise—12 penalty units; and
(g) give an explanation of how payment of the amount is to be made; and
(h) state that, if the person to whom the notice is given pays the amount within 28 days after the day the notice is given, then

(unless the notice is withdrawn) neither criminal proceedings, nor proceedings for a civil penalty order, will be brought in relation to the alleged contravention; and

(i) state that payment of the amount is not an admission of guilt or liability; and

(j) state that the person may apply to the Secretary to have the period in which to pay the amount extended; and

(k) state that the person may choose not to pay the amount and, if the person does so, the person may be prosecuted in a court for the alleged contravention, or proceedings for a civil penalty order may be brought in relation to the alleged contravention; and

(l) set out how the notice can be withdrawn; and

(m) state that if the notice is withdrawn:

  (i) any amount paid under the notice must be refunded; and

  (ii) the person may be prosecuted in a court for the alleged contravention, or proceedings for a civil penalty order may be brought in relation to the alleged contravention; and

(n) state that the person may make written representations to the Secretary seeking the withdrawal of the notice.

102 Extension of time to pay amount

(1) A person to whom an infringement notice has been given may apply to the Secretary for an extension of the period referred to in paragraph 101(h).

(2) If the application is made before the end of that period, the Secretary may, in writing, extend that period. The Secretary may do so before or after the end of that period.

(3) If the Secretary extends that period, a reference in this Part, or in a notice or other instrument under this Part, to the period referred to in paragraph 101(h) is taken to be a reference to that period so extended.

(4) If the Secretary does not extend that period, a reference in this Part, or in a notice or other instrument under this Part, to the period

referred to in paragraph 101(h) is taken to be a reference to the period that ends on the later of the following days:

(a) the day that is the last day of the period referred to in paragraph 101(h);

(b) the day that is 7 days after the day the person was given notice of the Secretary's decision not to extend.

(5) The Secretary may extend the period more than once under subsection (2).

103 Withdrawal of an infringement notice

Representations seeking withdrawal of notice

(1) A person to whom an infringement notice has been given may make written representations to the Secretary seeking the withdrawal of the notice.

Withdrawal of notice

(2) The Secretary may withdraw an infringement notice given to a person (whether or not the person has made written representations seeking the withdrawal).

(3) When deciding whether or not to withdraw an infringement notice (the ***relevant infringement notice***), the Secretary:

(a) must take into account any written representations seeking the withdrawal that were given by the person to the Secretary; and

(b) may take into account the following:

(i) whether a court has previously imposed a penalty on the person for a contravention of an offence or civil penalty provision in this Act;

(ii) the circumstances of the alleged contravention;

(iii) whether the person has paid an amount, stated in an earlier infringement notice, for an offence that is constituted by conduct that is the same, or substantially the same, as the conduct alleged to constitute the offence in the relevant infringement notice;

(iv) any other matter the Secretary considers relevant.

Notice of withdrawal

(4) Notice of the withdrawal of the infringement notice must be given to the person. The withdrawal notice must state:
   (a) the person's name and address; and
   (b) the day the infringement notice was given; and
   (c) the identifying number of the infringement notice; and
   (d) that the infringement notice is withdrawn; and
   (e) that the person may be prosecuted in a court for the alleged contravention, or proceedings for a civil penalty order may be brought in relation to the alleged contravention.

Refund of amount if infringement notice withdrawn

(5) If:
   (a) the Secretary withdraws the infringement notice; and
   (b) the person has already paid the amount stated in the notice;

the Commonwealth must refund to the person an amount equal to the amount paid.

104 Effect of payment of amount

(1) If the person to whom an infringement notice for an alleged contravention of a provision is given pays the amount stated in the notice before the end of the period referred to in paragraph 101(h):
   (a) any liability of the person for the alleged contravention is discharged; and
   (b) neither criminal proceedings, nor proceedings for a civil penalty order, may be brought in relation to the alleged contravention; and
   (c) the person is not regarded as having admitted guilt or liability for the alleged contravention; and
   (d) the person is not regarded as having been convicted of the alleged offence.

(2) Subsection (1) does not apply if the notice has been withdrawn.

105 Effect of this Part

This Part does not:

(a) require an infringement notice to be given to a person for an alleged contravention of an offence; or

(b) affect the liability of a person for an alleged contravention of an offence if:

  (i) the person does not comply with an infringement notice given to the person for the contravention; or

  (ii) an infringement notice is not given to the person for the contravention; or

  (iii) an infringement notice is given to the person for the contravention and is subsequently withdrawn; or

(c) prevent the giving of 2 or more infringement notices to a person for an alleged contravention of an offence; or

(d) limit a court's discretion to determine the amount of a penalty to be imposed on a person who is found to have contravened an offence.

Chapter 6—Miscellaneous provisions

Part 1—Simplified outline

106 Simplified outline

The following is a simplified outline of this Chapter:

- Part 2 of this Chapter contains miscellaneous provisions, such as the Secretary's delegation power and reporting to Parliament on contraventions of this Act.

Part 2—Miscellaneous provisions

107 Delegation

(1) The Secretary may, in writing, delegate to an SES employee, or acting SES employee, in the Department all or any of the Secretary's powers or functions under this Act.

Note: ***SES employee*** and ***acting SES employee*** are defined in section 2B of the *Acts Interpretation Act 1901*.

(2) In exercising powers or functions delegated under subsection (1), the delegate must comply with any directions of the Secretary.

108 Reports to Parliament

(1) As soon as practicable after the end of each financial year, the Minister must cause to be prepared a report on:

(a) the number and nature of any contraventions of this Act occurring in the financial year; and

(b) action taken in response to each contravention.

(2) A person who prepares a report under subsection (1) must give a copy to the Minister.

(3) The Minister must cause the report to be included in the annual report of the Department for that financial year.

109 Regulations

(1) The Governor-General may make regulations prescribing matters:

(a) required or permitted by this Act to be prescribed; or

(b) necessary or convenient to be prescribed for carrying out or giving effect to this Act.

(2) Without limiting subsection (1), the regulations may, for the purposes of section 46 of the *Trans-Tasman Mutual Recognition*

Act 1997, declare that this Act is exempt from the operation of that Act.

Note: The exemption operates for a period of up to 12 months (see subsection 46(4) of that Act).

[*Minister's second reading speech made in—*
House of Representatives on 6 July 2011
Senate on 25 August 2011]

Tobacco Plain Packaging Regulations 2011[1]

Select Legislative Instrument 2011 No. 263

I, QUENTIN BRYCE, Governor-General of the Commonwealth of Australia, acting with the advice of the Federal Executive Council, make the following Regulations under the *Tobacco Plain Packaging Act 2011*.

Dated 7 December 2011

QUENTIN BRYCE
Governor-General

By Her Excellency's Command

NICOLA ROXON
Minister for Health and Ageing

Page

Contents

Part 1 Preliminary

1.1.1 Name of Regulations

These Regulations are the *Tobacco Plain Packaging Regulations 2011*.

1.1.2 Commencement

These Regulations commence on the commencement of sections 17 to 27A of the *Tobacco Plain Packaging Act 2011*.

1.1.3 Definitions

In these Regulations:

Act means the *Tobacco Plain Packaging Act 2011*.

bar code means a mark containing information about a product in the form of a series of bars of varying thickness designed to be read by an optical scanner.

calibration mark means a mark used only for the purpose of the automated manufacture of retail packaging.

lowered permeability band — see subregulation 3.1.1 (2).

origin mark means a mark on the retail packaging of tobacco products to distinguish the origin of the tobacco products and does not include a date by which it is recommended that the product be used.

primary packaging means retail packaging of a tobacco product within the meaning of paragraph (a) of the definition of ***retail packaging*** in subsection 4 (1) of the Act.

secondary packaging means retail packaging of a tobacco product within the meaning of paragraph (b) of the definition of ***retail packaging*** in subsection 4 (1) of the Act.

tear strip means a line of plastic incorporated into a plastic or other wrapper, to enable the wrapper to be opened quickly, but does not include any part of the wrapper that is removed with the tear strip when the wrapper is opened.

Note Several other words and expressions used in these Regulations have the meaning given by subsection 4 (1) of the Act, for example:

- cigarette carton
- cigarette pack
- filter tip
- fire risk statement
- health warning
- imitation cork tip
- measurement mark
- relevant legislative requirement
- retail packaging
- tobacco advertising and promotion
- tobacco product
- trade description
- variant name.

1.1.4 Purpose

These Regulations prescribe requirements for the retail packaging and appearance of tobacco products for Part 2 of Chapter 2 of the Act.

1.1.5 Exemption from *Trans-Tasman Mutual Recognition Act 1997*

For section 109 of the Act, on and from 1 October 2012 the Act is exempt from the operation of the *Trans-Tasman Mutual Recognition Act 1997*.

1.1.6 Application

These Regulations only apply to the retail packaging and appearance of cigarettes.

Note The requirements for the retail packaging and appearance of other tobacco products are being developed.

Part 2 Requirements for retail packaging of tobacco products

Division 2.1 Physical features of retail packaging

2.1.1 Physical features of cigarette packs

(1) The dimensions of a cigarette pack, when the flip-top lid is closed, must not be:

(a) height — less than 85 mm or more than 125 mm; and

(b) width — less than 55 mm or more than 82 mm; and

(c) depth — less than 20 mm or more than 42 mm.

(2) A cigarette pack must not contain an opening that can be re-closed or re-sealed after the opening is first opened, other than the flip-top lid.

(3) The flip-top lid to a cigarette pack must be hinged only at the top of the pack.

Note 1 Subsection 18 (1) of the Act sets out general requirements for the physical features of retail packaging for all tobacco products. Subsections 18 (2) and (3) of the Act set out additional requirements relating to the physical features of cigarette packs and cigarette cartons.

Note 2 Paragraph 18 (3) (b) of the Act sets out other requirements in relation to flip-top lids.

2.1.2 Physical features of cigarette cartons

A cigarette carton may include a perforated strip for opening the carton that leaves serrations on the edge of a surface of the carton when the carton is opened.

2.1.3 Physical features of lining of cigarette packs

(1) The lining of a cigarette pack may be textured over the entire surface of the lining with small dots or squares embossed into the lining, for the purpose of the automated manufacture of cigarette packs, or the packing of cigarettes into cigarette packs.

(2) If the lining is embossed as permitted by subregulation (1), the dots or squares embossed into the lining must be:

(a) equidistant from each other; and

(b) closely spaced; and

(c) of uniform size.

(3) However, the embossing of the lining must not:

(a) except as permitted by subregulations (1) and (2), form a pattern; or

(b) form an image or other symbol; or

(c) constitute tobacco advertising and promotion.

Division 2.2 Colour and finish of retail packaging

2.2.1 Colour and finish of primary packaging and secondary packaging

(1) This regulation is made for subparagraph 19 (2) (b) (i) of the Act.

(2) All outer surfaces of primary packaging and secondary packaging must be the colour known as Pantone 448C.

(3) Each inner surface of a cigarette pack or cigarette carton must be white.

(4) The lining of a cigarette pack must be silver coloured foil with a white paper backing.

(5) This regulation does not apply to calibration marks.

Note Section 19 of the Act sets out other requirements relating to the colour and finish of retail packaging.

Division 2.3 Trade marks or marks on retail packaging

2.3.1 Trade marks or marks appearing on retail packaging

(1) The following are permitted to appear on primary packaging and secondary packaging:

(a) one or more origin marks in accordance with regulation 2.3.2;

(b) one or more calibration marks in accordance with regulation 2.3.3;

(c) a measurement mark and trade description in accordance with regulation 2.3.4;

(d) a bar code in accordance with regulation 2.3.5;

(e) a fire risk statement in accordance with regulation 2.3.6;

(f) a locally made product statement in accordance with regulation 2.3.7;

(g) a name and address in accordance with regulation 2.3.8.

(2) In addition to subregulation (1), a consumer contact telephone number in accordance with regulation 2.3.9 may appear on primary packaging.

(3) One or more calibration marks in accordance with regulation 2.3.3 may appear on a plastic or other wrapper that covers primary packaging or secondary packaging or that covers a tobacco product that is for retail sale.

(4) In addition to subregulation (3):

(a) one or more origin marks in accordance with regulation 2.3.2 may appear on a plastic or other wrapper that covers a tobacco product that is for retail sale; and

(b) the following marks may appear on a plastic or other wrapper that covers more than one item of primary packaging:

(i) a measurement mark and trade description in accordance with regulation 2.3.4;

(ii) a bar code in accordance with regulation 2.3.5;

(iii) a fire risk statement in accordance with regulation 2.3.6;

(iv) one or more marks to conceal bar codes in accordance with regulation 2.5.1.

(5) The trade mark or mark mentioned in subregulation (1), (2), (3) or (4) must not:

(a) obscure any relevant legislative requirement; or

(b) constitute tobacco advertising and promotion; or

(c) provide access to tobacco advertising and promotion.

2.3.2 Origin mark

(1) An origin mark must be:

(a) an alphanumeric code; or

(b) a covert mark that is not visible to the naked eye.

(2) If an origin mark is an alphanumeric code, it must:

(a) appear only once on the retail packaging; and

(b) for a cigarette pack or cigarette carton — appear on either:

(i) the side outer surface of the pack or carton that does not bear a health warning; or

(ii) the bottom outer surface of the pack or carton; and

(c) be printed:

(i) in the typeface known as Lucida Sans; and

(ii) no larger than 10 points in size; and

(iii) in a normal weighted regular font; and

(iv) in either white or black.

(3) However, if the origin mark is printed in black, it may include a white background in the form of a rectangle no larger than 20 mm by 5 mm.

2.3.3 Calibration mark

A calibration mark on retail packaging of tobacco products:

(a) must appear only as necessary for the automated manufacture of the packaging; and

(b) if visible or otherwise detectable on the packaging — must be as inconspicuous as possible consistent with the calibration mark's function in the manufacturing process.

2.3.4 Measurement mark and trade description

(1) A measurement mark or trade description on primary packaging or secondary packaging must be printed:

(a) in the typeface known as Lucida Sans; and

(b) for the statement of measurement required by Division 4.4 of the *National Trade Measurement Regulations 2009* — no larger than the minimum size required by those Regulations; and

(c) for any other measurement mark or trade description — no larger than 10 points in size; and

(d) in normal weighted regular font; and

(e) in the colour known as Pantone Cool Gray 2C.

(2) A measurement mark or trade description on a plastic or other wrapper that covers more than one item of primary packaging must be printed:

(a) in white; and

(b) on a black rectangular background.

(3) For a cigarette pack or cigarette carton:

(a) the name and address required by Division 4.3 of the *National Trade Measurement Regulations 2009* must:

(i) appear only on the side outer surface of the pack or carton that does not bear a health warning; and

(ii) appear only once on that surface; and

(b) the statement of measurement required by Division 4.4 of the *National Trade Measurement Regulations 2009* may appear once on no more than 2 of the front, top and bottom outer surfaces of the pack or carton; and

(c) the trade description must:

(i) appear only on the side outer surface of the pack or carton that does not bear a health warning; and

(ii) appear only once on that surface.

(4) For a plastic or other wrapper that covers more than one item of primary packaging:

(a) the name and address required by Division 4.3 of the *National Trade Measurement Regulations 2009* must appear only once on the packaging; and

(b) the statement of measurement required by Division 4.4 of the *National Trade Measurement Regulations 2009* may appear once on no more than 2 surfaces of the packaging; and

(c) the trade description must appear only once on the packaging.

2.3.5 Bar code

(1) A bar code must:

(a) appear only once on the retail packaging; and

(b) for a cigarette pack or cigarette carton — appear only on the side outer surface of the pack or carton that does not bear a health warning; and

(c) be printed in either:

(i) black and white; or

(ii) the colour known as Pantone 448C and white; and

(d) be rectangular in shape.

(2) The bar code must not form a picture, symbol or design.

(3) For a plastic or other wrapper covering more than one item of primary packaging, the bar code may be:

(a) included on an adhesive label fixed to the wrapper; or

(b) printed on the wrapper.

2.3.6 Fire risk statement

(1) The following requirements apply to a fire risk statement on primary packaging or secondary packaging:

(a) the text of the statement must be printed:

(i) in the typeface known as Lucida Sans; and

(ii) no larger than 10 points in size; and

(iii) in normal weighted regular font; and

(iv) in the colour known as Pantone Cool Gray 2C;

(b) for a cigarette pack — the statement must be placed beneath the health warning on the back outer surface of the pack;

(c) for a cigarette carton — the statement must be placed on the back outer surface of the carton.

(2) A fire risk statement on a plastic or other wrapper that covers more than one item of primary packaging must be printed:

(a) in white; and

(b) on a black rectangular background.

(3) The fire risk statement may be included on an adhesive label on retail packaging of tobacco products (other than an insert or onsert) if the background of the adhesive label is the colour known as Pantone 448C and the adhesive label is permitted by:

(a) regulation 14 of the *Trade Practices (Consumer Product Safety Standard) (Reduced Fire Risk Cigarettes) Regulations 2008*; or

(b) a safety standard made under section 104, or declared under section 105, of Schedule 2 to the *Competition and Consumer Act 2010*, to the extent that the standard relates to fire risk; or

(c) an information standard made under section 134, or declared under section 135, of Schedule 2 to the *Competition and Consumer Act 2010*, to the extent that the standard relates to fire risk.

(4) However, if an adhesive label mentioned in subregulation (3) is on a plastic or other wrapper covering more than one item of primary packaging, the background of the adhesive label must be black.

2.3.7 Locally made product statement

(1) If a tobacco product is made or produced in Australia, the primary packaging and secondary packaging of the product may include one sentence to that effect stating any of the following:

(a) the product's country of origin;

(b) the country of origin for components of the product;

(c) that components of the product are imported;

but must not otherwise describe the product or the components of the product.

Example

"Made in Australia from imported tobacco", not "Made in Australia from imported premium tobacco".

(2) The words must:

(a) appear only once on the retail packaging; and

(b) for a cigarette pack or cigarette carton — appear only on the side outer surface of the pack or carton that does not bear a health warning; and

(c) be printed:

(i) in the typeface known as Lucida Sans; and

(ii) no larger than 10 points in size; and

(iii) in a normal weighted regular font; and

(iv) in the colour known as Pantone Cool Gray 2C.

2.3.8 Marking of name and address on packaging

(1) If regulation 4.7 of the *National Trade Measurement Regulations 2009* does not apply to the primary packaging and secondary packaging of a tobacco product, that packaging of the product may include the name and address of the person who packed the product or on whose behalf it was packed.

Note Regulation 4.8 of the *National Trade Measurement Regulations 2009* has an exemption for imported prepackaged products.

(2) The words must:

(a) appear only once on the retail packaging; and

(b) for a cigarette pack or cigarette carton — appear only on the side outer surface of the pack or carton that does not bear a health warning; and

(c) be printed:

(i) in the typeface known as Lucida Sans; and

(ii) no larger than 10 points in size; and

(iii) in a normal weighted regular font; and

(iv) in the colour known as Pantone Cool Gray 2C.

(3) The address must be a place in Australia where a document may be served personally on the person.

Note A post office box address is not a place where a document may be served personally.

2.3.9 Consumer contact telephone number

(1) A consumer contact telephone number:

(a) must be printed:

(i) in the typeface known as Lucida Sans; and

(ii) no larger than 10 points in size; and

(iii) in normal weighted regular font; and

(iv) in the colour known as Pantone Cool Gray 2C; and

(b) must only:

(i) appear as numerals or as any combination of numerals, hyphens and brackets; and

(ii) be prefaced with the abbreviation "Phone:" or "Ph:", exactly in one of those forms; and

(iii) appear once on the primary packaging; and

(iv) for a cigarette pack — appear only on the side outer surface of the pack that does not bear a health warning; and

(c) must not:

(i) be false, misleading, deceptive or likely to create an erroneous impression about the characteristics, health effects, hazards or emissions of the tobacco product; or

(ii) directly or indirectly create a false impression that a particular tobacco product is less harmful than other tobacco products; or

(iii) represent, or be linked or related in any way to, the emission yields of the tobacco product, such as tar, nicotine or carbon monoxide; or

(iv) represent, or be related in any way to, the brand or variant name of the tobacco product.

Note Subregulation 2.3.1 (5) also provides restrictions in relation to tobacco advertising and promotion.

Division 2.4 Brand, business, company and variant names

2.4.1 Appearance of names on retail packaging of cigarettes

Any brand, business or company name, or any variant name, appearing on cigarette packs or cigarette cartons must be printed:

(a) in the typeface known as Lucida Sans; and

(b) for a brand, business or company name — no larger than 14 points in size; and

(c) for a variant name — no larger than 10 points in size; and

(d) with the first letter in each word capitalised and with no other upper case letters; and

(e) in a normal weighted regular font; and

(f) in the colour known as Pantone Cool Gray 2C.

Note Subsections 21 (2) and (3) of the Act set out additional requirements for the appearance of brand, business, company, and variant, names on cigarette packs and cigarette cartons.

Division 2.5 Wrappers

2.5.1 Mark on wrapper to conceal bar codes

A plastic or other wrapper covering more than one item of primary packaging may be marked with a solid black rectangle to conceal the bar code on each item of primary packaging covered by the wrapper.

2.5.2 Tear strips on wrappers

(1) A plastic or other wrapper that covers primary packaging or secondary packaging, or that covers a tobacco product for retail sale, may include one tear strip.

(2) The tear strip must:

(a) be either:

(i) entirely black; or

(ii) entirely transparent and not coloured; and

(b) form a single continuous straight line of constant width, not wider than 3 mm, around the circumference of the primary packaging or secondary packaging covered by the wrapper.

(3) However, a transparent and not coloured tear strip may include a single solid black line not more than 15 mm long indicating where the tear strip begins.

(4) A tear strip on a plastic or other wrapper that covers one cigarette pack must be parallel, and as close as possible, to the bottom edge of the flip-top lid.

(5) A tear strip on a plastic or other wrapper that covers a cigarette carton or more than one cigarette pack must be parallel to any straight edge of the cigarette carton or cigarette packs.

Part 3 Requirements for appearance of tobacco products

Division 3.1 Appearance of cigarettes

3.1.1 Paper casing for cigarettes

(1) The paper casing, and lowered permeability band (if any), of cigarettes must be:

(a) white; or

(b) white with an imitation cork tip.

(2) In this regulation:

lowered permeability band means a concentric band of paper or other material that is included in, or applied to, cigarette paper in order to inhibit the burning of the cigarette.

3.1.2 Alphanumeric code on cigarettes

(1) A cigarette may be marked with an alphanumeric code.

(2) The alphanumeric code must:

(a) appear only once on the cigarette; and

(b) be printed:

(i) parallel to, and not more than 38 mm from, the end of the cigarette that is not designed to be lit; and

(ii) in the typeface known as Lucida Sans; and

(iii) no larger than 8 points in size; and

(iv) in normal weighted regular font; and

(v) in black.

(3) The alphanumeric code must not:

(a) constitute tobacco advertising and promotion; or

(b) provide access to tobacco advertising and promotion; or

(c) be false, misleading, deceptive or likely to create an erroneous impression about the cigarette's characteristics, health effects, hazards or emissions; or

(d) directly or indirectly create a false impression that a particular tobacco product is less harmful than other tobacco products; or

(e) represent, or be linked or related in any way to, the emission yields of the cigarette, such as tar, nicotine or carbon monoxide; or

(f) represent, or be related in any way to, the brand or variant name of the cigarette.

3.1.3 Colour of filter tip of cigarettes

If a cigarette includes a filter tip, the filter tip must be white.

Note

1. All legislative instruments and compilations are registered on the Federal Register of Legislative Instruments kept under the *Legislative Instruments Act 2003*. See http://www.frli.gov.au.